PÉDAGOGIES POUR DEMAIN

DIDACTIQUES

1er DEGRÉ

ENSEIGNER LA GÉOGRAPHIE À L'ÉCOLE

Pierre Giolitto

Préface de Pierre George

HACHETTE
Éducation

L'auteur

Inspecteur général de l'Éducation nationale, Pierre Giolitto est chargé de la formation des maîtres, de l'éducation à l'environnement et de l'adaptation et intégration scolaires (A.I.S.).

Du même auteur

Histoire de l'enseignement primaire au XIXe siècle (deux volumes), Nathan, 1983 et 1984.
L'enseignement de l'histoire aujourd'hui, A. Colin, 1986.
Abécédaire et férule. Maîtres et écoliers de Charlemagne à Jules Ferry, Imago, 1986.
Histoire de la jeunesse sous Vichy, Perrin, 1991.

ISBN 2 01 019628-7

Cet ouvrage a été réalisé par l'Atelier d'édition européen, 75002 Paris

Création maquette : *Insolencre*

Couverture : *Studio Favre-Lhaïk*

Sommaire

Préface

On enseignait naguère la géographie à partir de l'espace vécu et observé par agrandissement progressif de l'échelle, des alentours du quotidien aux évasions périodiques, la foire, la fête, symbolisant la ville.

Aujourd'hui, l'information arrive à domicile, sur le petit écran, apportant dans le désordre de l'actualité des images de tous les continents sans que l'on ait le loisir de les localiser et de les attribuer à une nation ou à un peuple.

L'espace vécu n'est plus *un coin de terre* ou une *rue* c'est un lieu multipartite de rencontre, l'immeuble, la cour, l'*ensemble*, l'école, et indirectement l'écho des lieux de travail et de vie sociale des parents. On n'est plus *cousins* on est voisins, et voisins contraints avec tout ce que cela comporte de contradictions. On découvre la diversité du monde dans l'escalier.

Le milieu vécu n'est plus une vallée, un rivage, un vignoble ou un bocage. La géographie physique n'est révélée qu'à l'occasion des vacances. Elle prend pour certains la dimension du tourisme lointain mal localisé. On perd la conscience des distances et des lieux. La terre devient un substrat d'agences de voyage.

Et pourtant elle tourne, et pourtant, elle est peuplée par des masses d'hommes et d'enfants que les conditions mêmes de l'inégal développement et des disparités démographiques amèneront dans le proche avenir à se côtoyer.

Certes, il ne faut pas abandonner l'initiation au concret par la géographie physique, mais elle n'a plus, comme il y a un demi siècle l'appui de l'expérience personnelle. L'agriculture mécanisée est en crise et on peut imaginer qu'un jour prochain un petit citadin demande «*Dessine-moi un mouton ?*»

Il faut repenser les formes de la transmission du message géographique, aider à découvrir ce qui est devenu l'inconnu quotidien, la nature, les signes du relief et les avertissements du climat, la région, l'État, l'Europe, le monde, distinguer ce qui demeure et doit demeurer pour que l'espèce survive, la géographie physique devenue introduction à l'étude, à l'intelligence et à la conservation de l'environnement, l'identité des peuples, des nations, des cultures, de ce qui est changeant, conjoncturel, fragile : l'économie, l'organisation politique, la ville elle-même.

Et l'on s'aperçoit que l'objet et les moyens de la géographie n'ont pas changé : connaître le monde dans lequel on est appelé à vivre, en commençant par l'initiation au voisinage, la vieille géographie générale dans sa vertu concrète des excursions et des travaux pratiques, la typologie des formes, des réalisations techniques, des conditions d'existence des uns et des autres, la vieille formule de Maximilien Sorre *« pour connaître et comprendre une ville... s'asseoir sur un banc et regarder vivre les habitants »*.

Au delà, le monde, le monde en continuel changement, dans l'incertitude du lendemain, mais pourtant avec ses assises durables de terre, de mer et de culture millénaire ou au moins séculaire. La géographie régionale, au sens large du mot, offre aujourd'hui le moyen de savoir où se passe, où s'est passé, ce que transmet l'éclair de la télévision.

Le risque est de vouloir entrer en compétition avec l'*information* ou pire encore de se substituer à elle en la commentant. **La mission de l'enseignement est de donner les moyens de mettre chaque chose et chaque événement à sa place et non de se substituer à l'éphémère événementiel.** La carte reste l'auxiliaire de base de toute analyse géographique et le passage d'une échelle à une autre, du plan du quartier au planisphère, le moyen d'initier à la réalité de la distance et de la diversité. Mais l'objet pédagogique et la responsabilité de la géographie sont de préparer les enfants et les adolescents à vivre avec les autres dans un monde qui leur offre à la fois des possibilités nouvelles d'expression et de réalisation et des risques sans commune mesure avec les dangers qu'ont connus et subis les générations précédentes, pourtant épisodiquement cruellement éprouvées... à vivre mais aussi à **agir en responsabilité.**

Science sociale avant tout – sans pour autant oublier que l'on est quelque part et que ce quelque part n'est pas n'importe où et n'importe quoi – l'objet de la géographie physique – parce que le monde dans lequel nous vivons est modulé, arbitré et, dans le meilleur des cas maîtrisé par des sociétés et des économies qui négocient sans cesse la forme de leurs relations.

Assurément, pour réussir, il faut utiliser les instruments forgés et utilisés depuis un demi siècle, en ayant conscience de leur insuffisance et de leurs contradictions, comme le montre la première partie du livre. Mais répondre à la question comment enseigner la géographie n'est pas facile surtout dans le cadre de la concurrence de l'information **aspatialisée** ou mal spatialisée. Avec les sciences de la nature auxquelles elle reste reliée, même dans la version de la géographie humaine, la géographie reste porteuse d'un message concret, dont il faut savoir faire varier la dimension des images. La deuxième partie du livre est un guide de l'action concrète du maître. En s'affranchissant de discours théoriques qui demeurent utiles pour tracer son chemin, il doit faire chercher à ses élèves l'intelligence du monde et sa turbulence permanente dans l'expérience du quotidien, ici et avec les autres, ailleurs. La généralisation est ensuite action didactique relativement facile.

S'il est aisé de définir des méthodes, l'application est à charge du maître, en fonction des contingences du lieu – qui sont une donnée géographique elles aussi – et de l'intimité entre le lieu et ses habitants. L'important est qu'il soit éclairé sur la problématique et les moyens de son enseignement. Ce livre qui se refuse à être un *manuel* appelle à la réflexion et à l'initiative au quotidien, en offrant aux enseignants le fruit de cinquante années d'approche d'une réalité qui ne cesse de se dérober. Pour la saisir, il n'est d'autre façon que d'initier les élèves à la **connaissance personnelle de leur environnement,** à l'échelle de la perception immédiate et à la conscience des différences par l'image et la description orale ou écrite localisée par la référence au plan ou à la carte. Les vieilles notions de position et de site restent valables ; celles de pays, de région et d'État encore que plus abstraites guident vers l'universel. La maîtrise de sa langue et l'apprentissage de celles des autres sont aussi des manières d'apprendre la géographie, car celle-ci est initiation à la fois à l'identité et à la différence.

En dépit des illusions que peuvent susciter les médias, le monde n'est pas abstrait et indifférent ; il est fait de voisinages, qui impliquent assistances ou conflits, tout comme l'environnement immédiat. Il appartient à un enseignement progressif de la géographie de faire passer de la connaissance, de l'expérience des lieux vécus, avec leurs contraintes et les variantes de la quotidienneté, à la représentation des ensembles, la ville, la région, la patrie, l'Europe, le monde. Naguère on aurait recommandé de partir des *leçons de choses*. Aujourd'hui on dira leçons de la vie, pour la vie... Et, en ce qui concerne l'enseignement de la géographie, retour aux sources.

Pierre George

La géographie, pourquoi ?

« *Les géographies sont les livres les plus précieux de tous les livres. Elles ne se démodent jamais.* »
A. de Saint-Exupéry

« *La géographie est ma plus chère et ma plus vieille amie...* »
F. Mitterrand

« *Apprendre la géographie, c'est apprendre à vivre. L'enseigner est un devoir de convivialité et de démocratie* »
P. George

« *Si la géographie est centrée sur elle-même, il n'y a plus rien à découvrir (...); mais centrée sur le jeune enfant, l'univers est sans cesse à redécouvrir.* »
A. Frémont

La géographie, une discipline mal aimée

Humble servante de l'histoire, la géographie s'est toujours modestement cantonnée dans son ombre. Véritable Cendrillon de notre système éducatif, elle fait peu de bruit et se tient à distance respectueuse de ces disciplines de prestige que sont les langues vivantes, le français et surtout les mathématiques. Il est rare que les enseignants se passionnent pour elle. Un inspecteur faisant une enquête à son propos auprès de 156 instituteurs, n'a obtenu que 19 réponses. Désintérêt identique chez les parents. S'ils sont toujours prêts à monter au créneau pour défendre la place de l'histoire dans les programmes, voire de la physique et de la chimie, il n'en va pas de même pour la géographie qui, contrairement à l'histoire, se situe quelque peu en marge de leur univers culturel.

On dévore les livres d'histoire qui emplissent les rayons des librairies, alors qu'on ignore les quelques bons livres de géographie qui paraissent. À dire vrai, nos compatriotes méritent sans doute un peu la réputation d'analphabétisme géographique que, depuis Goethe, on leur fait.

Quant aux élèves, la géographie leur semble inutile, car non *payante* aux examens, et surtout ennuyeuse à souhait, avec son insipide nomenclature à mémoriser et ses interminables données chiffrées à interpréter. Comment s'intéresser à une discipline purement et étroitement *scolaire*, au sens le plus péjoratif du terme, et très souvent entièrement déconnectée du réel ?

Cette désaffection à peu près générale à propos d'une science dont l'objet est pourtant, selon la belle formule de Georges Gursdorf,

« l'entrée en possession de la planète Terre », n'échappe pas à toute explication logique, et il faut admettre que si la géographie est la *mal aimée* de notre société et de notre système éducatif, elle y met un peu du sien. Contrairement aux historiens, qui *font* dans le médiatique et savent atteindre le grand public, les géographes, à quelques exceptions près[1], restent enfermés dans leur tour d'ivoire scientifique, hautement protégés par une armature conceptuelle et sémantique difficilement pénétrable. À l'égard des enseignants, comment les séduire en leur présentant une géographie *éclatée*, tiraillée entre des tendances contraires, oscillant entre les sciences de la nature et les sciences sociales, et perpétuellement à la recherche d'une impossible unité. On comprend la perplexité des enseignants ayant pour partenaires, non *la géographie*, mais *des géographes*, persuadés chacun de détenir la vérité et jetant allègrement l'anathème sur ceux qui ne pensent pas comme eux. Comment reprocher aux enseignants, conscients d'avoir à transmettre un savoir constitué, et non en voie d'élaboration, soit de s'abstenir, soit de se cantonner dans un prudent enseignement traditionnel, face à ce que tout un chacun s'accorde, avec une sorte de délectation morose, à baptiser la *crise* de la géographie ?[2]

La géographie partout présente

Or, paradoxalement, au moment même où la géographie a du mal, en tant que science, à définir sa fonction et son objet et, en tant que domaine d'enseignement, sa finalité et sa méthode, elle envahit, sous une forme dérivée, nos magazines, nos quotidiens et nos écrans. L'actualité regorge de géographie et les enfants baignent dans cette science sans en avoir conscience. Qu'il s'agisse du *Mondial*, du *Paris-Dakar* ou de la *Transat*, d'une guérilla en Amérique centrale ou d'un putsch en Afrique, qu'il s'agisse de l'effondrement de l'URSS, de la libération de l'Europe de l'Est ou de *la faim dans le monde*, la géographie est partout présente. Elle est encore présente dans les cartes routières utilisées sur le chemin des vacances, dans les cartes météorologiques que la télévision présente, ou dans les horaires de nos chemins de fer.

Nécessité d'un enseignement géographique

Et le problème de se poser. Cette masse d'informations *spatiales* déversée chaque jour par les médias sur nos têtes, l'école ne doit-elle pas y introduire quelque élément d'ordre et d'explication, en initiant les jeunes – ces futurs citoyens du monde – aux données géo-

1. A. Frémont, *France, Géographie d'une société*, op. cit. P. George, *Les hommes sur la terre, la géographie en mouvement*, op. cit.
2. J. Dresch, « Crise de la géographie », in *La Pensée*, n° 194, août 1987.

graphiques qui les sous-tendent? Pierre George n'a-t-il pas raison lorsqu'il affirme que *«jamais on a eu autant besoin de la géographie pour mettre de l'ordre dans le désordre de l'imagerie personnelle du monde*[1]*»* ? À l'heure où la technologie raccourcit spectaculairement les distances, où les lieux les plus éloignés frappent chaque jour à notre porte, privera-t-on les jeunes de la connaissance scientifique d'un milieu qui, aussi large soit-il, appartient déjà, par médias interposés, à leur *vécu*, et avec lequel ils entretiennent des rapports de familiarité qui surprennent parfois les adultes? Renoncera-t-on à leur enseigner, selon la formule de Philippe Pinchemel, le *«bon usage de la terre»* ?

Et puis, cet espace qui l'entoure, l'enfant aura un jour à participer à son aménagement. Il aura, en tant que citoyen, à connaître la fonction d'un POS (plan d'occupation des sols) ou d'un SDAU (schéma directeur d'aménagement ou d'urbanisme). Comment pourra-t-il participer à l'amélioration de son cadre de vie, s'il ne dispose pas de l'outil géographique? Comment pourra-t-il appréhender les problèmes d'environnement qui assaillent le monde d'aujourd'hui, s'il n'a jamais eu l'occasion à l'école de réfléchir à la place de l'homme dans la biosphère?

Et enfin, quel appauvrissement de l'imaginaire des jeunes, si la géographie n'était plus là pour le nourrir et l'enrichir! *«La géographie : bonjour le monde»*, proclame un dépliant diffusé par la Fédération belge des professeurs de géographie. La géographie est appel au voyage. Elle est pourvoyeuse de rêve, source de plaisir et de joie, et elle mérite de devenir, aux côtés de l'histoire et des disciplines scientifiques, l'un des points d'ancrage de notre culture moderne.

Dépoussiérer l'enseignement de la géographie

Qui oserait prétendre que l'École n'a pas son mot à dire dans cette affaire ? Il est donc urgent pour elle de dépoussiérer l'enseignement de la géographie. Et pour cela de l'ouvrir au vaste monde, dont il est chargé de donner la clé aux élèves. Sur le plan conceptuel, l'enseignement géographique doit sortir du ghetto déterministe dans lequel il est trop souvent encore enfermé. Il doit s'ouvrir aux géographies d'aujourd'hui, non pour s'essouffler à suivre écoles et chapelles, mais pour faire profiter les élèves des apports les plus assurés du *savoir savant* actuel. Une discipline d'enseignement qui se couperait du savoir qui se fait serait vouée à la routine et à l'étiolement.

Quant aux enseignants, instituteurs et professeurs des écoles, s'ils entendent participer à la remise à flot de la géographie, à son néces-

1. P. George, *Les hommes sur la terre*, op. cit., p. 206.

saire *aggiornamento*, il importe qu'ils réfléchissent activement à la discipline qu'ils ont pour mission d'enseigner. Qu'ils en connaissent les principales données – pas toutes, cela est impossible et... inutile –, qu'ils soient en mesure de *transposer* le savoir de l'Université en un savoir d'enseignement, qu'ils maîtrisent les méthodes et techniques pédagogiques permettant à ce *savoir enseigné* d'atteindre les élèves et de se transformer, selon la terminalogie des didacticiens, en *savoir-acquis*. Et surtout, qu'ils aient assimilé les principaux concepts et les grandes orientations méthodologiques de la géographie d'aujourd'hui. Maîtriser son contenu ne suffit pas, en effet, pour enseigner valablement une discipline. Encore faut-il en connaître les principaux acquis épistémologiques.

Les enseignants, on le voit, ne sont pas à court de besogne. Mais la tâche à laquelle ils sont conviés saura les mobiliser. Son but n'est-il pas de faire connaître aux jeunes la planète qu'ils habitent, de les inciter à la bien gérer et, finalement, peut-être, à l'aimer? Quant au travail à accomplir, il ne consiste nullement à se gorger de connaissances, mais à réfléchir à la spécificité conceptuelle et méthodologique de la discipline qu'ils enseignent.

Le présent ouvrage ambitionne de susciter et de faciliter cette réflexion.

La géographie et sa didactique

Son plan est simple. Dans une première partie, c'est du côté de la science géographique que nous nous tournons, pour essayer de la percer à jour, en nous demandant d'où elle vient, quel est son objet et sa méthode, quels sont les concepts qui entrent dans son champ, et enfin comment elle se situe par rapport à ses congénères, sciences de la nature et sciences humaines. Dans une seconde partie, c'est à la pédagogie et à la didactique que nous faisons appel, pour répondre à la question : comment enseigner la géographie aujourd'hui ? Avant de passer en revue les outils dont dispose cet enseignement, et voir comment, concrètement, il peut être dispensé, nous essaierons de savoir si l'enfant est en mesure d'accéder à cette science qu'on prétend lui enseigner; nous nous interrogerons ensuite sur l'intérêt – voire la nécessité – de procéder à un tel enseignement, et enfin sur les contenus et les méthodes à employer pour ouvrir aux enfants et aux jeunes les portes de l'univers.

Les contenus d'enseignement figurant dans des programmes nationaux, nous nous attarderons longuement sur ceux-ci, non seulement pour les analyser, mais surtout pour dresser la liste la plus large possible des thèmes d'étude s'y rapportant. Nous n'ignorons pas les dérives encyclopédistes auxquelles les visées exhaustives d'une telle liste peuvent conduire. C'est pourquoi nous disons fortement que tous les thèmes évoqués n'ont pas à être traités en classe. La liste que nous proposons n'est pas autre chose qu'un vivier, dans lequel les enseignants ont toute latitude de puiser, au gré de leurs besoins et des attentes de leurs élèves. Et peut-être quelques-uns de ces thèmes, à propos desquels les connaissances acquises autrefois se sont un peu émoussées, inciteront-ils certains à recourir à une documentation adéquate, pour raviver quelques souvenirs ou mettre à jour quelques connaissances.

Modestement, le présent ouvrage se propose de suggérer aux enseignants, sans trop les ennuyer, quelques pistes de réflexion, au niveau du savoir géographique et de sa méthode d'enseignement, qui leur permettront peut-être de se montrer plus efficaces encore, en même temps que plus à l'aise – donc plus heureux – dans l'accomplissement de leur parfois rude besogne.

1

Une naissance tardive, une histoire mouvementée

Fille des sciences naturelles, la géographie a d'abord connu un âge d'or, sous la magistrale houlette de Vidal de la Blache, avant d'éclater en courants divers, tout en revendiquant son appartenance aux sciences sociales.

SOMMAIRE

Des premiers balbutiements au bel ordonnancement de la géographie classique

La Grèce, berceau de la géographie

Aux origines de la géographie, comme de beaucoup d'autres sciences, il y a la Grèce. C'est en effet dans l'œuvre du géographe et mathématicien Érathostène (v. 284-v. 192), – par ailleurs directeur de la fameuse bibliothèque d'Alexandrie – qu'apparaît pour la première fois le terme de *géographie*. Considéré comme le père de la cartographie, Érathostène est le premier à avoir évalué la longueur de la circonférence terrestre et dressé la carte du monde, avec indication des latitudes et des longitudes des points considérés.

Mais déjà Hécatée de Milet (VIe s. av. J.-C.) avait inventé la géographie historique, en décrivant, dans son *Voyage autour du monde*, les paysages et les mœurs des habitants de l'Empire Perse qu'il avait visité. Quant à Claude Ptolémée (v. 90-v. 168), à la fois astronome, mathématicien et géographe, il a précisé les coordonnées de quelque 8 000 lieux géographiques, dressé les premières cartes et rédigé une *Géographia* qui devait, jusqu'à la Renaissance, demeurer la bible de tous ceux que tentaient la découverte et l'exploration du monde.

On ne saurait oublier Strabon (v. 58 av. J.-C. - entre 21 et 25 ap. J.-C.), qui rédige, en dix-sept volumes, la première encyclopédie géographique, en même temps qu'il tente d'élucider les rapports qu'entretiennent les peuples et les empires avec leur milieu physique. Tentative porteuse d'avenir s'il en est ! Bien des orientations futures de la géographie sont ainsi en germe dans l'œuvre des précurseurs hellènes. Mais il faudra attendre le XVIIIe siècle, pour que se dissocient les deux courants issus de la géographie antique, celui fondé sur la géométrie, qui devait donner naissance à la cosmologie et à la cartographie, et celui soucieux de décrire des itinéraires, des régions et des pays, et qui devait ouvrir la voie à la géographie proprement dite.

C'est alors que la géographie abandonne le domaine des sciences pour devenir, ce qu'elle est restée jusqu'à nos jours – et ce que certains déplorent –, une discipline littéraire.

Effacer les blancs de la carte

Le premier but de ceux qu'on n'appelle pas encore des *géographes*, est d'*effacer les blancs de la carte*, en précisant les contours des mers (et en les représentant sur les portulans), puis, remontant les fleuves (Nil, Congo, Amazone), en explorant l'intérieur des continents, («*On connaît très bien les contours mais pas l'intérieur des terres*», assure Vidal de la Blache dans sa leçon inaugurale à la Sorbonne en 1899), afin de percer les mystères de la *terra-incognita*, et juguler la hantise qu'avait l'humanité primitive des *pays estranges.*

Favorisés par l'utilisation de nouvelles techniques, au premier rang desquelles il faut placer **l'astrolabe** et la **boussole**, mais également le **collier d'épaule** pour les chevaux, les grands voyages de découverte des XVe et XVIe siècles, qui font la gloire des Vasco de Gama, Magellan et autre Christophe Colomb, sont à l'origine, suivis au XIXe siècle par la pénétration systématique des masses continentales d'Afrique, d'Asie, d'Amérique et d'Australie, de la création des empires coloniaux. Ce qui tend à prouver, s'il en était besoin, que les buts de cette *géographie exploratoire* étaient beaucoup plus mercantiles et religieux que scientifiques.

Localiser et nommer

Les contours, les tracés et les étendues de la surface terrestre explorés, ce sont les *lieux*, naturels (formes du relief, cours d'eau, végétation, etc.), et humains (maisons, champs, routes, villes, ports, etc.) qu'on se préoccupe ensuite d'inventorier, de localiser, de nommer et de décrire, les incorporant ainsi au patrimoine de l'humanité. Philippe Pinchemel insiste sur l'importance de la *prise de possession toponymique*(1) de l'espace. «*Donner un nom aux lieux*, écrit-il, *c'est*

1. Ph. Pinchemel, «La géographie en perspective», in *Enseigner la géographie du collège au lycée*, op. cit., p. 50.

planter le fanion au nom du roi, au nom de l'empereur, ou au nom de qui veut (la femme bien-aimée)».

Le but de la géographie étant alors *la description rationnelle de la Terre,* (A. Cholley), celle-ci se présente comme une discipline statique et énumérative, privilégiant *la trame solide et stable du paysage* (P. Claval), dont les réalités matérielles sont aisément localisables. Certains croient devoir aujourd'hui jeter la pierre à cette géographie quelque peu naïve des origines, négligeant de voir qu'elle était un passage obligé, pour accéder à une géographie plus raisonnée et plus scientifique.

Notons d'ailleurs que le souci des premiers géographes de procéder à l'inventaire systématique de tout ce qui se trouve à la surface du globe est encore celui des scientifiques d'aujourd'hui qui, employant des techniques de plus en plus sophistiquées (télédétection aérospatiale, photographie panchromatique, photogrammétrie), s'efforcent d'établir une banque de données spatiales la plus complète et la plus précise possible.

Après la description, vient l'explication, qui devait transformer cette ***science des lieux*** qu'était la géographie, en ***science des hommes dans les lieux.***

La géographie, fille des sciences de la terre

Tant qu'elle se contente de procéder à une description statique du monde, la géographie ne saurait prétendre à un quelconque statut scientifique. Elle franchit le premier pas en direction d'un tel statut lorsque, dépassant l'idée que la civilisation n'est qu'une sorte de *végétation spontanée du globe* (E. Levasseur), elle entreprend d'expliquer le monde qu'elle vient de si complaisamment décrire.

Le premier à s'engager dans cette voie – prometteuse s'il en est – est le baron Alexander von Humboldt (1769-1859), naturaliste allemand qui ne peut faire autrement que de placer la géographie naissante dans le sillage des sciences de la nature. Grand voyageur et écrivain prolifique, Humboldt étudie en effet l'influence des facteurs naturels sur la constitution et la vie des sociétés vivantes, qu'elles soient végétales, animales ou humaines.

Le géographe Emmanuel de Martonne devait déclarer plus tard que nul, plus que le savant allemand, *« n'a montré de façon plus précise comment l'homme dépend du sol, du climat, de la végétation ».*

Poussant dans leur logique extrême les intuitions de Humboldt, son contemporain Karl Ritter (1779-1859), qui en appelle à l'histoire en même temps qu'aux sciences naturelles, met en place la doctrine déterministe, en assurant que les peuples *« marchent à leur développement sous l'influence fatale de la nature »*. Doctrine qui, des décennies durant, devait constituer le fin du fin de toute philosophie géographique.

Darwin et la toute-puissance du milieu

En 1859, un autre naturaliste, mais anglais celui-là, Charles Darwin (1805-1882), publie un livre intitulé *« De l'origine des espèces par voie de sélection naturelle »*, qui devait faire effectuer à la science un prodigieux bond en avant. Pour Darwin, tout, y compris la pensée humaine, dépend du milieu. Les espèces en effet se transforment, et seules les mieux adaptées aux conditions du milieu survivent.

Ce dernier représente donc le moteur de toute évolution, et c'est à ce titre qu'il préside au développement des sociétés. L'*évolutionnisme* de Darwin ne pouvait qu'apporter de l'eau au moulin de la théorie déterministe esquissée par Humboldt et Ritter. Grâce au savant anglais, et dans l'euphorie *scientiste* de la seconde moitié du XIXe siècle, l'étude du milieu accède au rang de science à part entière.

Propagateur du darwinisme en Allemagne, le naturaliste Ernst Haeckel (1834-1919) étudie avec minutie ce tout-puissant milieu qui conditionne l'évolution des êtres vivants. Et pour ce faire, il crée de toutes pièces une discipline scientifique destinée à étudier l'influence du milieu sur les êtres vivants. Appelée à une belle postérité, cette science nouvelle, Haeckel la baptise *écologie.*(1)

Le déterminisme outrancier de Ratzel

Élève de Haeckel, et fortement influencé par le père de l'évolutionnisme, Friedrich Ratzel (1844-1904) – qui passe des sciences naturelles à la géographie – doit être considéré comme le véritable père de la géographie explicative et déterministe.

La géographie de Ratzel, telle qu'elle apparaît dans son œuvre maîtresse : l'*Anthropogéographie* (1882-1891), se présente comme une science écologique, privilégiant l'influence du milieu physique, lorsqu'il s'agit d'expliquer la répartition des groupes humains sur la terre, l'organisation des sociétés et jusqu'au développement des mentalités.

L'*environnementalisme* exacerbé de Ratzel le conduit à affirmer que *« le sol sert de support rigide aux humeurs et aux aspirations changeantes des hommes et règle la destinée des peuples avec une aveugle brutalité »*. On ne saurait mieux dire que l'homme est, pieds et poings liés, à la merci de la nature, et que la science géographique naissante, qui devait logiquement se situer à la jonction des sciences naturelles

1. Les objectifs de cette science se sont par la suite élargis. L'écologie étudie aujourd'hui les interactions entre les êtres vivants et le milieu.

et de celles de l'homme, se trouve d'emblée beaucoup plus proche des premières que des secondes.[1]

Ratzel invente la notion de *genre de vie*

Étudiant dans une optique déterministe les sociétés primitives (les *peuples de la nature)*, Ratzel met au point la notion de *genre de vie*, qui devait, des décennies durant, imprégner la géographie française. Pour Ratzel, la chasse, la cueillette, l'agriculture sédentaire, la vie pastorale, constituent, pour les groupes humains qui s'y adonnent, autant de *genres de vie* spécifiques. Figurent également, parmi les éléments constitutifs de cette notion, les pratiques collectives, les techniques de production, en rapport avec le milieu naturel, et enfin l'ensemble des liens sociaux et des représentations spirituelles du groupe.

Ajoutons que l'idée chère à Ratzel, selon laquelle les peuples, qu'ils soient *de la nature* ou de *Kultur*, sont des organismes (on parle de l'*organicisme* ratzelien), des espèces biologiques, en phase avec l'espace dans lequel ils se meuvent, a conduit certains à voir en lui l'initiateur de la théorie de l'*espace vital*, de sinistre mémoire.

Enfin Vidal de la Blache vint...

La science géographique française est une science jeune, née à la fin du XIXe siècle, sous les auspices d'un déterminisme assagi, baptisé *possibilisme*. L'auteur de cette vision nouvelle des rapports de l'homme et du milieu, est *« un méridional froid et mesuré »*, (P. Claval), qui mérite amplement le titre de *« père de la géographie française »*, qu'on lui attribue couramment : Paul Vidal de la Blache (1845-1918).

Né en 1845, Vidal de la Blache est agrégé d'histoire en 1866. Il vient d'avoir vingt et un ans. Élève de l'École d'Athènes, il écrit, à 26 ans, une thèse sur... le rhéteur grec Hérode Atticus. Nommé à la Faculté des Lettres de Nancy, il choisit d'y enseigner... la géographie. Après avoir voyagé en Allemagne, il devient maître de conférence à l'École Normale Supérieure (1877), avant d'en être nommé sous-directeur. Les quelque vingt années qu'il passe rue d'Ulm, lui donnent l'occasion de former la plupart des futurs maîtres de l'École française de géographie. De 1898 à 1909, date à laquelle il prend sa retraite, Vidal de la Blache enseigne à la Sorbonne. Membre de l'Académie des Sciences Morales et Politiques en 1906, président du Comité d'Études pour les négociations de paix en 1917, Vidal de la Blache s'éteint à l'issue de la Première Guerre mondiale, en 1918.

1. L'Américaine Ellen Churchill Semple, élève de Ratzel, devait aller plus loin encore que son maître. Pour elle, la religion même dépend du milieu, et dans les paysages aux horizons monotones, celle-ci devient monothéiste. *« Et Dieu se fait un et sans rival, comme le sable au désert ou l'herbe dans les steppes »* (cité par P. Claval, *Essai sur l'évolution de la géographie humaine*, op. cit., p. 46.)

Ses idées, Vidal de La Blache les développe dans ses cours à l'École Normale, à la Sorbonne et à l'École libre des sciences politiques, mais également dans les *Annales de Géographie*, qu'il fonde en 1891, et surtout dans son célèbre *Tableau de la géographie de la France* (1903), qui introduit la grande *Histoire de France* de Lavisse, ainsi que dans ses *Principes de Géographie Humaine*, publiés en 1922 par son gendre Emmanuel de Martonne.

Il devait revenir à l'historien Lucien Febvre de dégager, dans son livre *La Terre et l'évolution humaine* (1922), la portée philosophique de l'œuvre du grand géographe qui venait de disparaître. Et c'est le fondateur des *Annales d'histoire économique et sociale* qui propose de baptiser *possibilisme*, la théorie destinée à dépasser le déterminisme sommaire des premiers géographes.

L'homme n'est pas l'esclave du milieu

À l'origine de la pensée de Vidal de la Blache, il y a Buffon, pour qui l'homme ne subit pas sans réagir le joug des conditions naturelles. L'homme ne demeure en effet pas inerte et passif face au milieu. Il agit sur lui, le transforme, le violente au besoin, pour le ployer à son usage.

Au même titre que les autres données du milieu, l'homme représente donc un *agent naturel*. En bon humaniste qu'il est, Vidal de la Blache défend le principe de la liberté humaine, contre tous ceux qui n'imaginent l'homme que courbé sous le joug du Dieu-Milieu.

Pour Vidal de la Blache, il n'y a pas adéquation absolue et obligatoire entre les conditions naturelles et la vie des peuples. Il est illusoire de prétendre établir de quelconques *lois* à partir du milieu, car « *tout ce qui touche à l'homme est frappé de contingence* ». L'homme n'est en effet pas « *une plante esclave du milieu où il a pris racine* ». Quant à « *l'être géographique d'une contrée (il) n'est point une chose donnée d'avance par la nature* », mais « *un produit de l'activité de l'homme, conférant l'unité à des matériaux qui, par eux-mêmes, ne l'ont pas* ».

Et le grand géographe d'énoncer la formule qui devait passer à la postérité : « *la nature permet, l'homme dispose* ». Loin d'être soumis à la nature, l'homme joue avec elle, et il est plus souvent *cause* qu'*effet*. Parmi toutes les *possibilités* offertes par le milieu, les peuples choisissent celles qu'il est intéressant pour eux d'exploiter.

Ce qui suppose que le géographe, lorsqu'il se propose d'expliquer les phénomènes spatiaux, prenne en compte, certes, le jeu des facteurs naturels, mais également celui des facteurs humains, tels que les révèlent la sociologie et l'histoire.

«*Dans l'aspect actuel de nos vieux pays*, écrit Vidal de la Blache, *des causes de tout ordre se croisent et interfèrent. L'étude est délicate. On saisit des groupes de causes et d'effets mais rien qui ressemble à une impression totale de nécessité. Il est visible qu'à tel moment, les choses auraient pu prendre un autre cours et que cela dépend d'un accident historique.»* Et le grand géographe de conclure : *«Il ne peut être question d'un déterminisme géographique.»*

Mais, qu'on ne s'y trompe pas, cela ne fait aucunement de la géographie une science *sociale.* L'homme demeure, pour Vidal de la Blache, un fidèle *disciple du sol.* Quant à l'espace géographique vidalien, il se confond toujours avec l'espace concret des naturalistes. Un espace qu'on appréhende à l'aide d'enquêtes *de terrain,* conduites sac au dos et carte en main. Un espace dont on découvre le fonctionnement grâce à l'*intuition* (le fameux œil du géographe), au moins autant qu'au raisonnement. La géographie vidalienne demeure une science des lieux, et non des hommes. Tout au plus, selon André Meynier, une science *des hommes dans les lieux.* Une science qui, pour Antoine Bailly et Hubert Beguin, repose sur une problématique *morpho-fonctionnelle,* son but étant *«de rendre compte de l'espace à travers l'analyse des formes et des fonctions au niveau des régions naturelles».*[1]

Mais que sont les *lieux,* s'interroge Philippe Pinchemel, sinon *«les productions des sociétés et des hommes».*[2]

L'âge d'or de la géographie française

Entre les deux guerres, la géographie française connaît son heure de gloire. Elle s'épanouit pleinement, grâce à la pléiade d'éminents géographes formés par Vidal de la Blache. Sûre de sa doctrine, qui la conduit à analyser les rapports de l'homme et du milieu naturel, et qui fait d'elle une sorte d'écologie humaine, elle donne lieu à des œuvres qu'on lit toujours, ne serait-ce qu'en raison de leurs qualités littéraires, – comme la magistrale étude de Raoul Blanchard sur les *Alpes Occidentales* – et mérite pleinement le titre de *classique* qu'on lui a décerné.

Cette géographie, qui devait durablement orienter l'enseignement, fait encore la part belle aux *conditions naturelles.* La géographie classique éprouve en effet mille difficultés à abandonner l'idée qu'au point de départ de toute géographie, il y a le moule de la nature, dans lequel l'homme se contente de se couler. Il y a chez elle, assure André Meynier, comme une *«inconsciente nostalgie du déterminisme».* Ce qui explique la prépondérance de la géographie physique et l'essor de la géomorphologie.

---

1. A. Bailly et H. Béguin, *Introduction à la géographie humaine,* op. cit., p. 16.
2. Ph. Pinchemel, «La géographie en perspective», in : *Enseigner la géographie du collège au lycée,* op. cit., p. 47.

géographie physique

■ Une discipline reine : la géomorphologie

C'est en effet l'époque où les géographes français s'engouffrent d'enthousiasme dans les théories du géologue américain William Morris Davis (1850-1933) – un astronome devenu géographe – relatives au modelé d'*érosion normale*, adoptant sans broncher sa terminologie génétique concernant le cycle d'érosion (jeunesse, maturité, vieillesse : profil d'équilibre des cours d'eau et pénéplaine) et, plusieurs cycles d'érosion (policyclisme) pouvant se succéder, à la suite d'un soulèvement du sol provoquant un nouvel assaut de l'érosion régressive, traquant, loupe en main, les vestiges des cycles d'érosion passés, et tentant de retrouver, dans ce palimpseste que représente la surface terrestre, la trace des pénéplaines d'antan. Et ce n'est pas un hasard si le *Traité de Géographie physique* d'Emmanuel de Martonne, qui paraît en 1909 et se fonde sur cette théorie, devait faire autorité un demi-siècle durant.

■ Les difficultés de la géographie humaine

À la différence de la géographie physique, la géographie humaine a du mal à se constituer en science, dégageant les lois générales de la répartition spatiale des faits géographiques. Et cela, bien que quelques œuvres majeures paraissent alors. La *Géographie humaine* de Jean Brunhes (1869-1930), publiée en 1910, étudie les résultats de l'action de l'homme sur le milieu, et les paysages issus de cette action. Les *Principes de géographie humaine* de Vidal de la Blache, s'attachent à faire apparaître les rapports qu'entretiennent avec le milieu les différents types de sociétés. Quant aux *Problèmes de géographie humaine* d'Albert Demangeon (1872-1940) (publiés après la mort de leur auteur, en 1942, et laissés, comme le livre de Vidal, inachevés, (Demangeon préférant se consacrer à la rédaction de manuels scolaires, qui furent vite célèbres), ils mettent l'accent sur l'importance des structures sociales et de l'économie, mais également de l'histoire, pour expliquer les phénomènes géographiques (forme des villages et des maisons, emplacement des villes, etc.). Demangeon n'étudie plus la Terre aménagée par l'homme, mais *l'homme-habitant* (M. Le Lannou) la Terre. Quant à Max Sorre (1880-1962), il synthétise, dans *les Fondements de la géographie humaine* (1943-1952), tous les apports antérieurs, en étudiant les rapports de l'homme et du milieu, dans les domaines biologique, historique, sociologique...

■ Les grandes heures de la géographie régionale

«La synthèse régionale est l'accomplissement dernier du travail du géographe, le seul terrain sur lequel il soit pleinement lui-même», assure Vidal de la Blache. Et de fait, le plus beau titre de gloire de la géographie classique, réside dans les célèbres monographies régionales qui

font universellement connaître l'École géographique française. Qu'il s'agisse des grandes thèses de Raoul Blanchard sur *la Flandre* (1905) et d'Albert Demangeon sur *la Plaine picarde* (1905), ou encore des derniers volumes de la *Géographie universelle* (publiée de 1927 à 1948).

L'importance des monographies originales

Ces maîtres-livres constituent la géographie régionale en véritable *genre littéraire* (P. Claval), le géographe brossant des tableaux comme l'historien narre des événements[1]. L'objectif de ces chefs-d'œuvre de composition et de style, est de décrire, le plus minutieusement possible, les *contours du réel*, et de les expliquer par la nature et par l'histoire. Et cela dans le cadre des régions naturelles ou historiques. Régions dont on s'efforce de cerner au plus près la *personnalité* (mot *vidalien*, s'il en est), en en précisant la *physionomie* (autre terme *vidalien*), bref, en en décrivant la *biographie*. La géographie devient alors *science de la différence*, de l'*unique*, ce que Bailly et Béguin traduisent en parlant de *discipline (et non pas de science) idiographique*, c'est-à-dire du particulier.

1. P. Claval, *Géographie humaine et économie contemporaine*, op. cit., p. 343.

Étudier les faits dans leurs *relations spatiales*

Mais on oublie trop souvent de dire que la géographie classique n'en reste pas là. Qu'elle s'emploie à comparer les faits géographiques entre eux, à préciser leurs rapports et leur extension, en vue d'en établir une typologie qui soit la plus pertinente et la plus complète possible. « *L'étude d'un phénomène*, écrit Emmanuel de Martonne, *suppose la constante préoccupation des phénomènes analogues qui peuvent se montrer en d'autres points du globe.* »

Mais déjà Vidal de la Blache était allé au delà, lorsqu'il avait écrit, en 1894, dans la préface de son *Atlas général historique* : « *La géographie a donc devant elle un beau et difficile problème, celui de saisir, dans l'ensemble des caractères qui composent la physionomie d'une contrée, l'enchaînement qui les relie, et dans cet enchaînement une expression des lois générales de l'organisme terrestre.* »[1]

Curieuse discipline *idiographique* que cette discipline qui se fixe pour but la recherche de *lois générales*. On trouve donc bien chez Vidal de la Blache les germes de cette *science nomothétique* (qui cherche à établir des lois) dont raffolent les géographes d'aujourd'hui ? Dressant l'inventaire de la diversité du monde, dont elle décrivait de manière raisonnée et explicative les paysages physiques et humains, la géographie classique répond ainsi parfaitement à la définition qu'en donne Kant : « *Étude des faits dans leurs relations spatiales, leurs localisations et leurs extensions.* »

1. Cité par A. Frémont, *La région espace vécu*, op. cit., p. 85.

Haro sur la géographie classique

Après quatre ou cinq décennies de gloire, la situation de monopole dont jouit la géographie classique commence à s'effriter. Jusqu'alors animée d'un militantisme dominateur, elle est désormais contrainte à la défensive. Il faut dire que le monde a beaucoup changé depuis que Vidal de la Blache régnait en maître sur la géographie française. L'activité agricole étant alors prépondérante, c'est tout naturellement vers la ruralité que la géographie s'était tournée. Une ruralité qui a provoqué la naissance de notions telles que celles de *région naturelle* et de *genres de vie*, et qui a fait de l'habitat rural, des systèmes agraires et des paysages ruraux, les objets d'étude de prédilection de la géographie classique.

Or, la civilisation moderne tend de plus en plus à devenir une civilisation urbaine, et la géographie se voit contrainte de prendre en compte cette évolution. Mais les outils conceptuels dont elle dispose ne le lui permettant pas, il lui appartient d'en forger d'autres, en mettant notamment en avant la notion de *région urbaine*, en lieu et place de celle de *région naturelle*, la liaison ville-campagne se révélant désormais plus apte à façonner une région, que la *nature*, l'histoire ou l'économie rurale.

■ La géographie doit passer des sciences de la nature à celles de l'homme

De même, la géographie se doit de prendre plus fortement en compte les faits économiques, dont la crise de 1929 et la mondialisation des échanges, provoqués par la Seconde Guerre mondiale, ont révélé l'importance. De *science de l'homme-habitant*, la géographie doit devenir *science de l'homme consommateur* – consommateur de biens et d'espace – et également de *l'homme producteur*. Cessant de se polariser sur le milieu naturel, la géographie doit s'intéresser aux rapports des hommes entre eux, en relation avec l'espace. Bref, de *science naturelle*, elle doit devenir *science sociale.*

Dans un monde en pleine mutation technique, économique et sociale, la géographie doit en outre s'extraire de l'académisme dans lequel elle s'est longtemps cantonnée. Elle ne doit plus se contenter d'apparaître comme une simple discipline de culture, au sens rétrospectif du terme, mais se muer en discipline d'action. Il lui appartient en effet de conseiller les *décideurs*, et pour cela de se faire prospective. L'aménagement du territoire, la régionalisation, l'environnement doivent entrer dans son champ d'étude et d'action.

Il n'est pas jusqu'à la géographie régionale, qui a pourtant fait la gloire de la géographie française, à laquelle on ne s'en prenne, et parfois avec violence. S'enlisant dans le fait particulier, cultivant à outrance le spécifique, l'exceptionnel, elle se serait révélée incapable d'aboutir aux généralisations dont se nourrit toute science. La description, raille-t-on, n'a jamais relevé de la science mais de la littérature.

Et François Dagognet de conclure, sans souci des nuances : «*Il est important d'arracher la science des paysages à son infirmité congénitale, par où elle s'enferme dans l'étendue concrète et colorée, teintée de nostalgie, au lieu d'apercevoir l'espace et ses lois, ce qui nous a valu aussi bien le lyrisme de la poésie de campagne (...) que la platitude pseudo-savante de l'interminable monographie.*[1]

1. F. Dagognet, *Une épistémologie de l'espace concret : néo-géographie*, Paris, Vrin, 1977, p. 219.

Quand la géographie vole en éclats

Ce vaste mouvement de contestation de la géographie descriptive et littéraire, élaborée dans la foulée des travaux de Vidal de la Blache – et dont l'origine remonte à Homère –, ouvre pour la géographie, dans les années soixante, l'ère *« des ruptures majeures et des révisions déchirantes »* (P. Claval). Se manifestent alors de multiples tentatives pour sortir la géographie de l'ornière *naturaliste* dans laquelle l'avait imprudemment enlisée Vidal de la Blache, lorsqu'il avait déclaré qu'elle était science des lieux et non des hommes. Ainsi que pour l'affranchir du *mythe* faisant d'elle une science *de synthèse* entre les sciences de la Terre et celles de l'Homme. L'heure, estiment les jeunes turcs de la géographie nouvelle, n'est plus à la *synthèse* entre les sœurs ennemies, mais au choix délibéré des secondes au détriment des premières. Tous les efforts des courants novateurs qui se développent alors, visent en effet à intégrer la géographie aux sciences sociales, de manière à la rendre apte à un dialogue d'égal à égal avec l'histoire, l'économie ou la sociologie. Nouvelle science sociale, la géographie viserait à *déchiffrer les écritures des sociétés* (Ph. Pinchemel), à percer à jour la logique de leurs aménagements, bref à étudier, selon la formule de Fernand Braudel, *« la société par l'espace »*.

Mais il faut tenter d'y voir clair dans le foisonnement novateur qu'on regroupe habituellement sous l'appellation de *nouvelle géographie*.

Stricto sensu, la *nouvelle géographie*, ou géographie théorique (qualificatif qui fait hurler de rire les géographes *classiques* – il en existe encore ! – : comment cette *science du terrain* qu'est la géographie pourrait-elle être affublée d'un tel qualificatif?) et quan*titative, n'est que l'un des éléments de cette géographie en miettes* qui a vu le jour après que le somptueux ordonnancement unitaire de la géographie classique ait volé en éclats.

Naissance d'une géographie théorique et quantitative...

Né dans les années cinquante, en Suède et en Amérique, le courant géographique qui, selon ses détracteurs, sacrifie la géographie sur l'autel des mathématiques, acquiert, dix ans plus tard, un peu partout dans le monde une grande notoriété. Il est baptisé *nouvelle géographie* par Peter Gould, dans un article de 1969. L'expression devait faire fortune, après qu'elle ait été reprise par Paul Claval, dans un ouvrage publié en 1977.[1]

Cette géographie nouvelle abandonne les concepts de *milieu,* de *région naturelle,* et de *paysage,* chers aux tenants de la géographie classique, pour se polariser sur un concept unique, celui d'*espace.* L'espace étant conçu comme un *produit social,* dont la géographie se propose d'étudier l'organisation. La géographie nouvelle n'est donc plus la science « *des collectivités humaines dans leur cadre spatial, comme le croyait naïvement André Cholley* » – ce qui faisait fâcheusement référence à un *contenant* et à un *contenu,* – mais « *le mode d'existence spatial des sociétés* » (J. Maréchal). Ce qui fait de l'espace, non pas le cadre, mais la résultante de la vie sociale. Précisant les choses, Hildebert Isnard fixe, en 1981, comme objet à la géographie «*l'analyse des espaces que les sociétés produisent à leur image à partir des données écologiques que leurs techniques intègrent dans leur construction*».

■ Le *modèle* se substitue à l'observation

Cette géographie renouvelée, se veut avant tout rigoureuse. C'est la raison pour laquelle elle conteste vigoureusement l'empirisme de la géographie traditionnelle, à base d'observations et de descriptions. Procéder par induction, à partir de certaines *intuitions,* n'est pas de bonne méthode scientifique. Il convient au contraire de se livrer à une réflexion théorique débouchant sur la construction de *modèles* d'organisation territoriale, qui permettront de découvrir les régularités, voire les lois, qui régissent les phénomènes spatiaux. La nouvelle géographie, écrit Paul Claval, «*essaie de proposer une interprétation théorique*» des phénomènes géographiques. Elle tente de «*dégager les principes à partir desquels il est possible de comprendre leur articulation, de saisir leur fonctionnement et de reconstituer leur logique interne*[1]». Et cela, ajoute notre auteur, en procédant selon le modèle hypothé-

1. P. Claval, *La nouvelle géographie,* coll., *Que sais-je?,* Paris, PUF, 1977.

tico-déductif propre à toute science. De *science du particulier*, la géographie doit donc devenir *science du général*.

Travaillant sur des masses de données numériques, et cherchant à faire apparaître corrélations et fréquences, cette géographie nouvelle utilise largement l'outil mathématique. (Ce qui la fait péjorativement traiter par certains de *néopositiviste*). Elle se veut donc, non seulement *théorique*, mais également *quantitative*. Et les méthodes statistiques d'analyse des données, l'analyse factorielle, la théorie des ensembles et celle des graphes, sont pour elle d'usage courant. De même, à plus forte raison, l'ordinateur.

Tout est *système*

Développant l'une des idées-clés de la géographie classique, qui était de *« ne point morceler ce que la nature rassemble »* (Vidal de la Blache), de travailler sur des *ensembles* et de dégager les *rapports fonctionnels* (Max Sorre) existant entre leurs éléments naturels et humains, la nouvelle géographie ne se propose plus d'étudier seulement les objets géographiques, mais leurs interrelations, les réseaux à l'intérieur desquels ils s'insèrent, les flux qui les traversent, et les *nœuds* qui les caractérisent. Bref, la nouvelle géographie se veut *systémique*, et son ambition est de mettre à jour le fonctionnement des systèmes spatiaux dans leur équilibre dynamique. C'est dans ce sens qu'est étudiée la ville, conçue comme élément d'un réseau urbain hiérarchisé, inséré dans un système complexe de relations avec son environnement, proche ou lointain.

L'économie, moteur de la géographie

Si la géographie traditionnelle lorgnait indûment du côté des sciences naturelles et de l'histoire, c'est aux sciences économiques que la nouvelle géographie emprunte – peut-être tout aussi indûment – ses principaux concepts. Elle marque en effet le triomphe de *l'homo œconomicus*, cet être abstrait, *sans individualité et sans culture*, dont parle Jean-Bernard Racine.[2] Mode de production, mécanismes sociaux et forces productives deviennent les maîtres-mots du vocabulaire géographique. Pour Pierre George, le chef de file des géographes privilégiant l'économique, « *la conduite première pour être homme-habitant, c'est d'être consommateur, et pour être consommateur, d'être directement ou indirectement producteur. Le point de départ de la géographie humaine nous paraît donc être l'inventaire des forces productives ou, si l'on préfère, des moyens d'existence des groupes humains* ».

Quant à l'espace géographique, qui se voulait visuel et concret, il devient une sorte de plan homogène, rationnellement organisé, et où se concrétisent les principaux mécanismes économiques.

1. P. Claval, *La nouvelle géographie*, coll., *Que sais-je ?*, op. cit., p. 22.
2. H. Isnard, J.-B. Racine, N. Raymond, *Problématique de la géographie*, op. cit., p.113.

Mise en cause de la géographie théorique et quantitative

Les critiques ne manquent pas, à l'égard de cette géographie abstraite, froide et désincarnée, qui réduit la géographie humaine à une géométrie, et fait étudier l'espace par des sortes de robots rationnels et objectifs qui s'appliquent à décoder le réel, un manuel d'économie en main. Évacuer le paysage, lieu chargé d'histoire et produit, certes, de la raison de l'homme, mais également de ses désirs, de ses croyances et de son imaginaire, c'est faire œuvre d'ingénieur, non de géographe. Et certains de s'étonner qu'on prétende chasser la nature de la géographie, au moment même où celle-ci revient en force dans les préoccupations de tous, au nom d'une saine gestion de l'environnement. Nombreux sont ceux qui font valoir que l'homme n'est pas une simple entité économique, pas plus qu'un simple être social, dont les motivations et les décisions seraient dépendantes du terreau social dans lequel il a pris racine, mais qu'il est également un individu, au sens psychologique et affectif du terme, affublé de certaines *représentations* qui souvent, plus que la froide raison, dictent son action. Bref, reprenant la formule de Vidal de la Blache, on rappelle que tout ce qui est humain, est *frappé de contingence.*

Quant au parti pris *quantitatif* de la nouvelle géographie, il fait lui aussi l'objet de critiques sévères. Les statistiques utilisées, le plus souvent officielles, sont-elles fiables ? N'applique-t-on pas l'objectivité des mathématiques à des faits subjectivement choisis par les géographes ? Pierre George se montre féroce à l'égard du *mythe du nombre* et du *nouveau déterminisme* qu'il recouvre.(1) Il qualifie la modélisation de *« jeux académiques reposant sur des données fractionnées, en partie inexactes, orientées par la problématique propre aux collecteurs des dites données ».* Et le grand géographe de mettre en garde tout un chacun. Devenue scientifique, la géographie doit, comme toute science, *« se garder des errements du scientisme qui l'enferme dans un univers clos et irréel, où il n'y a plus rien à découvrir, puisqu'il se suffit à lui-même et échappe à la dynamique des faits ».*(2)

... et d'une autre, psychologique et comportementale

Si, dans les années soixante, c'est l'économie qui inspire la géographie, dix ans plus tard, c'est la psychologie. On s'avise en effet alors, que s'il existe un espace rationnellement *conçu*, il en est un autre, tout aussi important, affectivement et sentimentalement *vécu*. C'est à cet espace-là que s'intéresse le courant géographique auquel

1. P. George, « Difficultés et incertitudes de la géographie », in *Annales de géographie*, n° 467, 1976 ; article repris in *Le Métier de géographe*, op. cit., pp. 81-93.
2. A. Frémont, *La région espace vécu*, op. cit.

André Frémont a donné en France ses lettres de noblesse.[1] Se développe ainsi, à côté de la géographie quantitative, une géographie qu'on peut qualifier de *qualitative*.

Cela commence par le souci des géographes novateurs de se démarquer du néo-positivisme de la *nouvelle géographie*, en pratiquant une approche *phénoménologique*, ou *psycho-spirituelle*, de l'espace, en s'appuyant sur les réflexions des psychologues, comme Piaget ou Bachelard, des anthropologues, comme Lévi-Strauss, et des sociologues s'intéressant au monde rural ou au monde urbain. Cette *géographie de la perception* prend naissance aux États-Unis, où elle s'inspire du béhaviorisme, qui critique les généralisations sans prise sur le réel, les explications simplistes, parce qu'uniquement rationnelles, issues des théories économiques. Ces géographes estiment que l'espace traduit, par delà les sollicitations du milieu, la puissance technologique et les choix économiques des sociétés, les valeurs dont sont porteuses ces sociétés, leurs représentations mentales, voire les fantasmes nichés dans leur inconscient.

Plaidoyer pour un espace *subjectif*

Pour les géographes *comportementalistes*, l'essence de l'espace ne réside pas dans l'espace lui-même, mais dans la manière dont les individus se le représentent, dans l'idée – subjective – qu'ils s'en font, bref, dans *l'image mentale* qu'ils en ont. Avant d'être historique, économique ou social, l'espace est donc psychologique. Et nombre de phénomènes spatiaux trouvent leur explication dans les attitudes et les comportements des individus.

Ainsi, contrairement à ce qu'affirme le géographe allemand Christaller, dans sa théorie des *lieux centraux*, la distance n'est pas le seul facteur pris en compte par les ruraux, lorsqu'ils se rendent en ville pour y effectuer leurs achats. L'attrait qu'exerce sur eux telle ou telle ville joue un rôle non négligeable. Le choix des localisations ne se fonde pas non plus toujours sur des critères objectifs et rationnels.

Par delà *la géométrie des relations spatiales*, chères à la nouvelle géographie, il importe donc de mettre à jour les motivations et les processus psycho-sociaux entrant en ligne de compte dans l'élaboration de l'espace géographique. L'homme qui édifie cet espace n'est pas un individu neutre, qu'on pourrait mettre en équation, mais un être de chair et de sang, qui obéit parfois à des pulsions dans lesquelles la rationalité n'a rien à faire. Ce sont ses mythes et ses idéologies qu'il projette sur l'espace. La mer, la neige et la forêt n'ont-elles pas cessé d'être des faits physiques, pour devenir, sous l'effet des représentations sociales, des espaces de sport, de loisir et de détente ?

1. A. Frémont, *La région espace vécu*, op. cit.

■ Quelle *représentation* de l'espace avons-nous ?

Les hommes ne vivent pas l'espace de manière neutre. Et ils ne le vivent pas tous de la même manière. Chacun d'eux réagit culturellement, affectivement et sentimentalement à son égard. Un paysage, rural ou urbain, ne constitue pas seulement une réalité objective, mais également subjective, résultant de la manière dont il est perçu, et des images qu'il fait naître dans l'esprit des individus. Il peut en effet être ressenti de manière fort différente. Etre aimé ou rejeté, ou encore laisser indifférent. La géographie se doit de prendre en compte ces valeurs attribuées par les individus à l'espace. Elle se doit de faire apparaître la manière dont *ils le mettent en image* (A. Frémont). D'où la *géographie des représentations*, secteur de pointe de la géographie psychologique, dont se délectent les chercheurs avant-gardistes d'aujourd'hui.

L'étude de la région tire abondamment parti d'une telle conception géographique. La région ne serait en effet pas seulement celle de la nature, de l'économie ou de l'administration, mais également celle vécue par des individus ayant le sentiment d'appartenir à un espace qui fait un peu parti d'eux-mêmes.

Notons que, sur le plan pédagogique, la *géographie de la perception* met en œuvre une démarche proche de celle utilisée dans l'étude du milieu. Une démarche qui vise à faire passer l'élève d'une vision subjective de l'espace à une analyse objective, d'un espace vécu à un espace perçu et conçu.

Quand la géographie physique refait surface, sous la forme d'une géo-écologie

La géographie est donc devenue une science sociale. Est-ce à dire qu'elle ne doive plus faire aucune place à la géographie physique ? L'homme étant parvenu à s'affranchir des contraintes naturelles, cela pourrait paraître logique. Si certains géographes se rallient volontiers à un tel point de vue, d'autres, comme J. Tricard, F. Joly ou G. Rougerie, le rejettent catégoriquement, refusant d'abandonner la géographie physique aux géologues, ou la climatologie aux climatologues. Ces géographes font remarquer que certains ensembles climatiques et végétaux, certains milieux, comme les milieux montagnards et insulaires, dont les caractères physiques sont toujours très prégnants, jouent encore un rôle non négligeable dans les modes d'organisation de l'espace. Les phénomènes bioclimatiques ont d'ailleurs pris le relais des phénomènes géomorphologiques pour déterminer à la surface de la terre un certain nombre de *zones* ou de *domaines*. Et les programmes d'enseignement font une large place à cette géographie *zonale* (zone tempérée, équatoriale, tropicale humide, tropicale aride, froide). Se trouve ainsi remis au goût du jour un courant écologique, qui remonte aux origines de la géographie, et qui se préoccupe d'étudier l'adaptation de l'homme à son *environnement*.

La grille de référence géosystémique de Georges Bertrand

Georges Bertrand propose, pour analyser l'espace sous l'angle de la géographie physique, une *grille de référence géosystémique*, qui met en relation hiérarchique des espaces fonctionnant à différents niveaux d'échelle :

Échelle I : Le globe, géosystème par excellence

Échelle II : La zone, essentiellement bioclimatique

Échelle III: Le domaine (exemple : le domaine méditerranéen)

Échelle IV : La région naturelle (exemple : la Picardie, le Roussillon)

Échelle V : Le *pays*

Échelle VI : Le géocomplexe (exemple : un versant de colline)

Échelle VII : Le géofaciès (exemple : la parcelle agricole)

Échelle VIII : Le géotope (exemple : une source, un rocher)

G. Bertrand, « Pour une didactique de la géographie physique », in *Enseigner la géographie du collège au lycée*, op. cit., p. 20.

Paradoxalement, la géographie, qui comprend pourtant l'écologie dans son arbre géologique, n'a jamais entretenu de bons rapports avec cette science. C'est même par opposition à elle, et pour affirmer sa spécificité, que Vidal de la Blache a conçu la géographie comme une science se préoccupant davantage d'étudier les étapes de la mise en valeur du milieu naturel par l'homme, que ce milieu lui-même et son influence sur l'homme. Ce qui ne laisse pas de surprendre, lorsqu'on sait que la géographie classique parle des *possibilités* offertes par le milieu naturel. Pour déceler ces *possibilités*, ne convient-il pas d'étudier le milieu ? Les efforts de Max Sorre, pour placer la géographie au carrefour de l'écologie et des sciences sociales, font long feu. Le territoire est bien gardé. La géographie ne se laissera pas contaminer par l'écologie.

Rencontre de la géographie et de l'écologie

Plus historique au début qu'écologique, puis devenue plus sociale qu'historique, la géographie redécouvre l'écologie dans les années soixante/soixante-dix, grâce en partie à Georges Bertrand, et sous l'effet des atteintes portées à l'environnement par une urbanisation et une industrialisation outrancières. Les pollutions diverses, la pénurie d'énergie et de matière première, le développement et les dangers du nucléaire ouvrent les yeux de certains géographes. Et c'est ainsi que naît la géo-écologie.

La géo-écologie se propose d'étudier les rapports que les sociétés humaines entretiennent avec leur environnement, au niveau notamment des flux d'énergie et des transferts de matière. Considérant l'espace comme une série de systèmes hiérarchisés, de dimension croissante, emboîtés les uns dans les autres, du géotope (un bouquet d'arbres sur un causse), au géofaciès (le causse portant le bouquet d'arbres), et au géosystème (une plaine alluviale), du simple écosystème à la zone climatique, elle se préoccupe de faire apparaître les équilibres et déséquilibres, physiques et biologiques, qui se manifestent au sein de ces systèmes. Étudiant l'interdépendance du biophysique et du social, la géo-écologie met tout naturellement en œuvre une démarche de type systémique, dans laquelle la géographie physique retrouve sa juste place, qui est de faire état des contraintes physiques interréagissant avec les contraintes techniques, démographiques ou économiques, dans le fonctionnement des systèmes spatiaux. Ce qui fait dire à certains que l'hydre du déterminisme n'est pas complètement terrassé.

Du côté des géographies contestataires et révolutionnaires

« *La géographie, ça sert d'abord à faire la guerre* », lance Yves Lacoste à la fin des années soixante... Affirmation provocatrice, qui introduit une critique radicale des géographies classiques et néo-positivistes, accusées d'avoir châtré la géographie, en l'expurgeant du *politique*, sous prétexte de lui assurer on ne sait quelle fallacieuse objectivité scientifique. Accusées également de s'être délibérément mises au service du pouvoir, et d'être sous-tendues par une idéologie conservatrice, néolibérale et technocratique. Se référant au matérialisme historique, cette géographie estime qu'on ne peut accéder à la compréhension de l'espace, si on ne prend pas en compte les structures sociales et les antagonismes qu'elles génèrent. La géographie, d'autre part, ne doit pas demeurer passive, face à l'exploitation de l'homme par l'homme. Elle doit se mettre au service de la lutte politique et révolutionnaire. Inlassablement, elle doit dénoncer les mécanismes de domination qui, à travers les rapports de production, aliènent les hommes dans l'espace. Qui d'ailleurs, mieux que le géographe, qui connaît jusqu'au plus infime rouage de la mécanique spatiale, peut accomplir cette œuvre de justice socio-spatiale ?

Deux orientations dans cette géographie militante. La première considère l'espace comme *socialement différencié*, car reflétant les structures sociales et les rapports de production (moyens de production et travail humain). Les différentes classes sociales correspondraient donc, dans le domaine géographique, à des *classes socio-spatiales*. Ainsi, la présence à Paris d'une *élite technocratique*, issue de la politique de centralisation conduite depuis toujours en France, et se comportant en *force sociale autonome*, favoriserait l'accumulation des capitaux sur les bords de la Seine, aux dépens des *classes périphériques* de banlieue et de province.(1) Cette orientation de la géographie militante tend à l'éloigner de la géographie pour la rapprocher de l'économie politique.

1. A. Bailly et H. Requin, *Introduction à la géographie humaine*, op. cit., p. 26.

La seconde orientation de la géographie militante, centrée sur la revue *Hérodote*, considère le savoir géographique comme un *outil de pouvoir* aux mains des classes dirigeantes. Un outil que l*es travailleurs, les militants et leurs organisations*, ne doivent pas hésiter à utiliser eux aussi, dans leur lutte pour une plus grande justice spatiale. Apprendre aux groupes sociaux à penser l'espace, c'est-à-dire à y déceler l'action des forces économiques, sociales et politiques, devrait leur permettre d'agir efficacement sur lui pour le désaliéner.

D'autres *géographies*...

Tels sont les principaux *courants* de cette *géographie éclatée*, née des dépouilles de la géographie classique. Il faudrait y ajouter, sans aucun souci d'exhaustivité, quelques sous-courants, plus ou moins intégrés dans les courants principaux, comme la géographie fonctionnaliste de Pierre George qui, partant de l'étude de la ville et passant par celle des réseaux et des flux, aboutit à l'aménagement du territoire ; ou comme la géographie sémiologique qui fait des paysages des signifiants dont il convient de rechercher les signifiés, la géographie consistant à déceler dans les paysages les stigmates des sociétés présentes et passées. Sans parler d'un courant *géopolitique*, qui étudie les stratégies des *blocs* et des États (*« C'est la géographie qui commande »*, disait le général de Gaulle); ou enfin, à l'autre extrémité de l'échelle spatiale, d'un courant *socio-géographique*, qui explore les *territoires du quotidien*, les unités spatiales élémentaires, comme une micro-région ou un grand ensemble dans un quartier de banlieue.

Sans parler d'une *géographie féminine*, dont les États-Unis sont les promoteurs, et dont l'une des composantes essentielles est la *géographie du sexe*, qui s'en prend notamment au *tourisme culturel* de Manille ou de Bangkok.

Un dénominateur commun : l'espace

La conclusion qui s'impose, à l'issue de ce rapide panoramique sur la naissance, l'épanouissement, puis l'éclatement de la géographie, est qu'il n'existe pas aujourd'hui une, mais des géographies. Ou, plus exactement, comme le souligne Jean Maréchal, des *discours différents* sur un même sujet, assortis d'un certain nombre de *relations* entre eux.[1] Si l'on voulait chercher un dénominateur commun à tous ces *discours*, qu'ils soient d'hier ou d'aujourd'hui, c'est bien entendu dans la notion d'espace géographique qu'on le trouverait. Quel que soit l'objet à étudier, c'est toujours d'un point de vue spatial que le géographe l'abordera.

1. *Les découpages possibles de l'espace français*, C.R.D.P. de Grenoble, 1990.

2

Une discipline ambiguë, difficile à situer

Définir la géographie est malaisé. Car il n'y a pas une, *mais* des *géographies. Le bagage conceptuel de cette discipline n'a en effet pas cessé de se renouveler. Au point que son identité n'est pas toujours très affirmée, et qu'il est difficile de la situer dans le concert des autres sciences.*

SOMMAIRE

Des conceptions successives...

– Je suis géographe, dit le vieux Monsieur.
– Qu'est-ce qu'un géographe ?
– C'est un savant qui connaît où se trouvent les mers, les fleuves, les villes, les montagnes et les déserts». (Saint-Exupéry, *Le Petit Prince*).

Étymologiquement, la géographie est en effet la description de la terre. Mais les choses ne sont pas aussi simples. La géologie répond aussi à cette définition. D'autre part, *géo* venant de *terre*, et *graphie* de *dessin, écriture*, la géographie peut tout aussi bien être la représentation de la terre, par la carte et la description, que l'étude des empreintes laissées sur le sol par les sociétés humaines.

La géographie comme *synthèse*

«La géographie, disait Vidal de la Blache, *est sollicitée vers les réalités».* Et de fait, elle a longtemps été considérée comme une *philosophie du concret*, vouée à l'étude des *faits* dont la surface terrestre est le théâtre.

Mais qu'est-ce qu'un *fait géographique* ?

Dès l'origine, on insiste sur la complexité du fait géographique, qui n'est pas une unité simple, insécable, mais une *forme de convergence*[1], entre une multitude de facteurs, les uns d'ordre physique, les autres d'ordre humain. «*Le fait géographique, même le plus simple,* assure André Cholley, *exprime toujours une combinaison d'éléments ou de facteurs d'ordre divers.*» On parlerait aujourd'hui d'interdépendance entre ces *éléments* ou ces *facteurs d'ordre divers.* Vidal de la

1. R. Clozier, *Histoire de la géographie*, op. cit.

Blache s'employait déjà *« à comprendre la correspondance et la corrélation des faits dans le milieu qui les enveloppe tous »*. Et, en bon cartésien qu'il était, il assurait que *« la connaissance de toutes les parties est nécessaire à la connaissance de l'ensemble »*.

Ces faits, saisis dans leur complexité, la géographie en étudie la répartition sur la terre, en même temps qu'elle analyse les rapports qu'ils entretiennent entre eux. Ce qui lui permet de les expliquer, la faisant ainsi échapper à l'anecdotique, et lui conférant une sorte de statut scientifique. La géographie, assure Max Sorre, est *« la science des connections et des ensembles »*. Des ensembles dont elle essaie de dégager les *rapports fonctionnels*.

Mais, tenter de démêler la complexité du réel, suppose qu'on fasse appel à de nombreuses autres disciplines, se livrant à leur égard à une sorte de parasitisme scientifique (ce que d'aucuns ont appelé le *mythe du coucou*). Pour Fernand Braudel, la géographie se serait constituée par des *« conquêtes latérales »*, par des *« expéditions (...) sur des terres voisines et déjà occupées*[1] *»*.

Ce qui ne va pas sans poser l'éternel problème du statut et de l'unité de la géographie. Les géographes se tirent de ce mauvais pas en se proclamant *« pluridisciplinaires à nous tout seul »* (sic), et en élevant leur *science* au rang de *discipline de synthèse*. Ce qui la situerait à la charnière des sciences de l'homme et de la nature.

Quant au géographe animant cette *discipline carrefour, méthodologiquement hétérogène* (P. George), il se conduirait comme un *chef d'orchestre* (P. George), un *médecin généraliste* (P. Gourou), un *ensemblier* (A. Gibert), un *agent de liaison* (A. Allix), voire *un pillard, un parasite* (Ph. Pinchemel), ou, mieux encore, *un chiffonnier intellectuel* (J.B. Mitchell).

Puis comme *science des paysages*

Pour saisir ces *ensembles*, la géographie classique partait de leurs éléments. Par la suite, ce n'est plus aux *faits* géographiques, plus ou moins isolés, qu'on devait s'intéresser, mais à ce phénomène global, résultant de l'action de l'homme sur la nature, que représente le paysage. Un phénomène, non pas conçu comme un *ensemble*, dont il suffirait d'étudier chaque élément pour le saisir dans sa totalité, mais comme un système fonctionnel et finalisé, dont le tout ne se réduit pas à la somme des parties.

Après avoir été la science des *lieux*, puis des *faits* (ou des *phénomènes*), la géographie s'est donc fixée pour but la *description expli-*

1. F. Braudel, *Écrits sur l'histoire*, Flammarion, Paris, 1969, p. 171.

cative des paysages[1]. Ces paysages qui portent, inscrite sur le sol, la marque des groupements humains, passés et présents. Et qui sont donc *porteurs de sens.* Ce sont ces traces des équilibres fonctionnels mis en place par les sociétés passées, que Marc Bloch s'est efforcé de déceler dans les paysages ruraux. Ce sont les *messages culturels* de notre civilisation moderne que la géographie tente de décrypter, en analysant les traces qu'elle laisse dans le paysage. Traces visibles, comme les routes, avec leur cortège de panneaux en tous genres (indicateurs touristiques, didactiques (*partagez le volant*), publicitaires..., qui font d'elles de véritables rubans d'images), ou les bâtiments et constructions diverses, du pavillon au supermarché, et du grand ensemble à la station-service ; mais également invisibles, qu'on atteint par d'autres voies que la photographie, et qui sont les limites de communes ou les frontières politiques, ou encore les flux de toute nature qui *animent* en profondeur le paysage. Analysant et sondant le paysage, on ne se préoccupe plus de savoir comment l'homme a maîtrisé la nature – ce qui est réalisé depuis longtemps – mais comment il l'a *domestiquée, dénaturée* à son service. Comment il a *artificialisé* le paysage naturel. La géographie n'apparaît plus alors comme une discipline-carrefour, entre les sciences de l'homme et de la nature, mais comme l'une des branches des sciences de l'homme.

Et enfin comme *science de l'organisation spatiale des sociétés*

Achevant de détacher la géographie de ses origines *naturalistes*, et l'ancrant davantage encore dans le champ des sciences sociales, on lui a assigné, comme objet d'étude, au lieu du paysage, élément concret et *visuel*, un pur concept, par nature abstrait et désincarné : *l'espace.* Et la géographie est devenue « *l'étude de l'organisation et du fonctionnement d'un espace socialisé* » (Jean David).

Il ne s'agit plus pour elle d'étudier l'adaptation des hommes au milieu, mais leurs *relations* à ce milieu. On parle aujourd'hui *d'interface homme-milieu.* C'est-à-dire la manière dont ils le peuplent et l'habitent, dont ils circulent, produisent leurs biens agricoles et leurs produits industriels, bref, la manière dont ils organisent l'espace, et façonnent leur territoire[2]. Et certains, allant au bout de cette logique, de proposer de remplacer le terme de *géographie* par celui de *géospatiologie.*

1. L'Allemand Otto Schlüter est le premier, à la fin du XIXe siècle, à avoir fait de la géographie une science du paysage. Max Sorre devait par la suite étudier les paysages des Pyrénées, ce qui était une nouveauté en France. Mais la notion de paysage, plus proche de la géographie végétale et de l'écologie que des sciences sociales, n'était pas celle des géographes d'aujourd'hui.

2. M. Joannon et L. Tirone, *Pour une approche didactique de la géographie,* C.R.D.P. et Institut de géographie d'Aix-Marseille, 1969.

Mais la géographie est-elle une science ?

Reste à répondre à cette redoutable question. Ou peut-être évoquer cette éternelle *tarte à la crème*, dont on n'est pas certain qu'elle soit tout à fait de saison et puisse en quelque façon faire avancer les choses.

Une première évidence : la géographie n'est plus, ni une nomenclature, ni une collection de récits de voyage. Elle est devenue une «*description explicative de la terre et de ce qu'elle porte*». Ce qui lui a fait franchir un pas important sur le chemin qui devrait faire d'elle une discipline scientifique. Analyser et expliquer relèvent en effet de la démarche scientifique. Peut-on aller au delà ? Aboutir, en quantifiant un nombre suffisant de données, à l'établissement de lois ? L'échec relatif de la géographie quantitative semble indiquer qu'il s'agit là d'un objectif difficile à atteindre. Certes, on peut déterminer des tendances, déceler des fréquences, prévoir même des probabilités, mais on n'arrivera jamais à un mathématique « C.Q.F.D. » Ayant choisi le camp des *sciences humaines*, la géographie doit en accepter les aléas et se résigner à n'être pas véritablement et totalement *scientifique*.

Et pour conclure...

En définitive, qu'est-ce donc que la géographie ? Et si c'était un art, relevant à la fois de la science et de l'imaginaire, des mathématiques et de la poésie, dont le but serait d'organiser, de montrer, d'expliquer, d'imaginer, et peut-être surtout de préserver la terre ? Cette terre, qui est notre patrimoine commun, notre *bien de famille*, qui, comme on l'a dit, ne nous appartient pas, mais appartient à nos enfants. Et que l'homme soit pour cela le partenaire de la nature, qui pourrait s'en étonner ? Qu'il ait à tenir compte des *contraintes* de la nature – elles existent toujours, climatiques notamment – mais également de la *dénaturation* qu'il peut lui imposer, ne saurait surprendre. Les *contraintes* majeures que la nature impose aujourd'hui à l'homme ne sont en effet plus celles d'hier. Elles tiennent à la rébellion du milieu biophysique face aux agressions humaines. Les forces destructrices ne sont plus du côté de la nature mais de l'homme. Un homme qui commence heureusement à comprendre qu'il ne peut pas faire n'importe quoi avec le *milieu naturel*, et qu'il y a là pour lui une *contrainte* aussi redoutable, sinon plus, car elle met en cause sa survie, que celle qu'ont eu à affronter ses ancêtres, lorsqu'il s'agissait simplement pour eux de *domestiquer* la nature. Nous savons qu'il ne s'agit plus aujourd'hui de *domestiquer* la nature, mais de la sauver. Et la géographie a son mot à dire dans cette affaire.

Une science aux «multiples demeures»

La géographie a toujours représenté un faisceau de disciplines plutôt qu'une discipline unitaire. Mais les géographes *classiques* parvenaient à fondre en une harmonieuse synthèse les éléments divers entrant dans le champ de leur science. Il n'en va plus de même aujourd'hui, chacune des branches de la géographie tendant, à mesure qu'elle accroît sa technicité, à se détacher du tronc originel, pour acquérir une autonomie de plus en plus large. D'où l'*éclatement* déjà évoqué de la géographie vidalienne, et même son risque de disparition, au profit d'une grande variété de sciences entrant dans le champ, les unes des sciences physiques et naturelles, les autres des sciences humaines.

Géographie physique et géographie humaine

La géographie physique est la première à avoir fait sécession. Elle n'a aujourd'hui pratiquement plus aucun lien avec la géographie humaine. Ce qui, pour une science qui se voulait *de synthèse*, ne laisse pas d'être paradoxal. La réaction antidéterministe, qui s'est développée dans l'entre-deux guerres, n'est pas étrangère à la coupure intervenue entre les deux facettes, jusque-là complémentaires, de la géographie. Ajouté à cela le fait que la géographie physique a été l'objet d'une importante *dérive scientifique.*

Mais la géographie n'est pas seulement coupée en deux. Chacun des rameaux auxquels elle a donné naissance, est à son tour morcelé en de nombreuses branches ou tendances. C'est ainsi qu'à une géographie physique générale, qui tente de saisir les interrelations entre les composantes *naturelles* du milieu (roches, sol, climat, végétation, faune), s'oppose la géomorphologie, dont certains de ses tenants s'intéressent surtout aux faits structuraux, et d'autres à l'évolution du relief en fonction des données climatiques (morphoclimatologie zonale). Opposition plus marquée encore en climatologie, entre les adeptes d'une climatologie analytique, et ceux d'une climatologie synoptique. Quant à la biogéographie, elle tourne à une sorte d'écologie, se centrant sur l'étude des écosystèmes et débouchant sur les problèmes de protection et d'aménagement du milieu naturel.

Mises à part les tendances avant-gardistes de la géographie humaine (géographie quantitative des représentations psychologique et comportementale, *révolutionnaire*) – tendances dont les retombées sur les pratiques pédagogiques sont encore faibles, la géographie humaine, même rénovée par Pierre Georges, qui y a introduit une judicieuse utilisation des statistiques, demeure très classique dans son contenu et sa démarche. Étudiant la répartition des hommes, de leurs activités et des empreintes que celles-ci laissent dans le paysage, la géographie humaine comporte deux orientations principales. La première étudie l'homme, occupant et aménageant l'espace terrestre (géographie de la population, de l'occupation de l'espace rural et urbain, géographie historique et politique). C'est la géographie humaine proprement dite. La seconde s'intéresse surtout aux activités de l'homme, producteur et consommateur, inséré dans un système de production et d'échange d'où sont issus les rapports sociaux. C'est la géographie économique. L'une et l'autre de ces deux orientations de la géographie humaine, imprègne toujours fortement les programmes d'enseignement.

Géographie générale et géographie régionale

Qu'elle soit physique ou humaine, la géographie générale étudie les faits géographiques en eux-mêmes, à diverses échelles, et sur toute la surface de la terre, en vue d'en classer les types et d'en décrire la répartition. L'étude des massifs dits *anciens*, de la répartition des masses d'air ou de l'habitat rural, relèvent de la géographie générale. Il s'agit là, disent les spécialistes, d'une approche *nomothétique*.

Quant à la géographie régionale, qui s'intéresse aux combinaisons, dans un secteur déterminé de l'espace, des différents éléments étudiés par la géographie générale (approche idiosyncrasique), elle n'a guère bonne presse aujourd'hui, en dépit du rôle de *« préservatif contre l'esprit de système de la géographie générale*[1]*»* qui serait le sien. Nous y reviendrons lorsque nous traiterons de la région. Ajoutons que la géographie régionale se trouve aujourd'hui *contaminée* par la géographie générale, dans la mesure où elle se préoccupe de réaliser une typologie des formes d'organisation de l'espace terrestre (une sorte de géographie générale des régions), plutôt que de tenter de préciser

1. R. Clozier, *Histoire de la géographie*, op. cit., p. 95.

«l'*harmonie entre la nature et les réalisations humaines*» qui, selon Vidal de la Blache, caractérise la région géographique.

La géographie appliquée ou géographie *active*[1]

Les géographes d'aujourd'hui n'entendent pas camper sur l'Aventin culturel et scientifique où leurs prédécesseurs s'étaient orgueilleusement retranchés. Ils estiment qu'il ne leur appartient pas seulement d'observer, de décrire et d'analyser l'espace, mais également de le construire. La géographie étant avant tout une méthode pour *penser l'espace*. De science du passé, obsédée par l'héritage (P. George), la géographie souhaite devenir science de l'avenir, en participant à l'organisation de cet espace qu'elle connaît si bien. De discipline académique, elle veut se muer en discipline d'action. De science pure devenir science appliquée. Quant aux géographes, ils souhaitent troquer leur statut de chercheur, contre celui d'*expert* (P. George). Bref, la géographie voudrait bien se rendre utile, et ses étudiants trouver des débouchés à l'issue de leurs études.

■ Intérêt pratique de la géographie physique

Si bien que de plus en plus nombreux sont les géographes qui estiment plus important d'étudier la dynamique actuelle d'un versant, que de s'acharner à dater des surfaces d'érosion, qui pensent que la géomorphologie a son mot à dire lorsqu'il s'agit de corriger un torrent, de construire un barrage, ou d'étudier la formation d'un sol. Combien d'atteintes au cadre de vie, voire de catastrophes, auraient été évitées, si on n'avait pas jugé bon de construire dans le lit majeur d'une rivière, sur des pentes instables ou des cônes de déjection, ou de pratiquer la monoculture sur des sols fragiles? Bref, si on avait, avant d'entreprendre quelqu'action d'importance, pris l'attache d'un géographe. La climatologie n'est pas non plus inopérante lorsqu'il s'agit, non seulement de prévoir le temps, comme le fait la météorologie, mais également d'anticiper sur le devenir des climats de la planète. Le réchauffement actuel de la terre rend une telle *anticipation* de plus en plus nécessaire et urgente.

■ Géographie et gestion de l'espace

Quant à la géographie humaine, nombreux sont ceux qui souhaitent en faire une science prospective, intervenant dans l'aménagement et l'organisation de l'espace. Qu'il s'agisse d'établir un plan d'urbanisme, de déconcentrer une activité industrielle ou d'établir un réseau de voies de communications, pour aboutir à ce «*semis harmonieux des*

1. P. George, R. Guglielmo, B. Kayser, Y. Lacoste, *La géographie active*, op. cit.

ressources et des populations» qui, selon E. Claudius-Petit, définit l'aménagement du territoire. Et le moment est venu de s'interroger. À quand des *conseillers géographes* pour aider les entreprises à choisir une implantation, participer à l'évaluation d'une ville, ou conseiller les *politiques* souhaitant aménager globalement leur région? À quand encore des *éco-géographes* qui, tirant les conséquences de Seveso et Tchernobyl, dresseraient la carte des *zones à risque* autour de certaines entreprises industrielles, ainsi que celle des *côtes à risques*, en fonction des lignes de circulation des tankers, des vents et des courants? Pierre George estime qu'*«une géographie des risques des économies contemporaines»* devrait voir le jour. Une géographie au moins aussi utile, assure-t-il, – et qui lui donnerait tort? – que celle des forces stratégiques, dont on fait si grand cas aujourd'hui(1). Et c'est Pierre George encore qui pose la question, à quand une *géographie des déchets ?* (2)

1. P. George, *Les hommes et la terre*, op, cit., p. 183.
2. J. Gouhier, *Pour une géographie des déchets*, thèse 3e cycle, 1970.

Géographie et sciences voisines

Discipline-carrefour, la géographie est intimement mêlée à de nombreuses autres sciences, au point qu'il est parfois difficile de déceler les lignes de démarcation. Qu'il s'agisse de l'ethnologie, de l'anthropologie, de la sociologie, de l'économie ou de la démographie. Nous nous bornerons à évoquer ses rapports avec la science dont elle est issue, l'écologie, et avec celle à laquelle elle a toujours été associée – pour le meilleur et pour le pire –, l'histoire.

De l'écosystème au géosystème : géographie et écologie

Du grec *oikos : maison, habitat,* et *logos : discours, science,* l'écologie, on le sait, est la science qui étudie les relations des organismes vivants entre eux, ainsi qu'avec le milieu physique qui les abrite. Le concept de base de l'écologie est celui d'*écosystème,* mot forgé en 1935 par l'anglais A. G. Tansley (et qui résulte de la contraction de *ecological system*). Son créateur définit l'écosystème comme *« une unité structurale élémentaire de la biosphère... une unité de végétation considérée comme un système incluant non seulement les plantes dont elle est composée, mais les animaux qui lui sont associés et tous les composants physiques et chimiques de son habitat ».*

Deux éléments, donc, dans l'écosystème : la *biocénose* (de *bios : vie,* et *koïnos : communauté*), ensemble des organismes appartenant au règne végétal et animal ; et le *biotope* (de *topos : lieu*), support de la biocénose. Le biotope est un ensemble inorganique comprenant un substrat, ou édaphotope (sol, eau, air, etc.), et un ensemble de facteurs climatiques (température, éclairement, concentration ionique, etc.) déterminant un *climatope.*

Les mangeurs mangés

Les organismes constituant la biocénose appartiennent à trois groupes distincts : les végétaux verts, qui, grâce à la photosynthèse, transforment l'énergie radiante issue du soleil en matière organique : ce sont les producteurs primaires, qui sont à la base de la vie sur la terre; les animaux : herbivores, carnivores, l'homme, qui sont les consommateurs, consommateurs du premier degré (herbivores), qui sont la proie des consommateurs du second degré (carnivores), tandis que les consommateurs du troisième degré (omnivores) s'alimentent à tous les niveaux de la chaîne alimentaire; et enfin les bioréducteurs, ou décomposeurs, micro-organismes (bactéries et champignons) qui recyclent l'ensemble des déchets issus du groupe des producteurs et des consommateurs (y compris les cadavres), remettant ainsi à la disposition des végétaux les substances minérales issues de la matière organique créée par la photosynthèse (Fiche1). L'écosystème est ainsi l'objet d'échanges constants entre ses différents éléments, chacun d'eux étant interdépendant par rapport aux autres. Ces échanges se déroulent au cours de cycles solidaires qui sont ceux de l'énergie, de l'eau, de l'azote ou du carbone.

Schéma du fonctionnement d'un écosystème

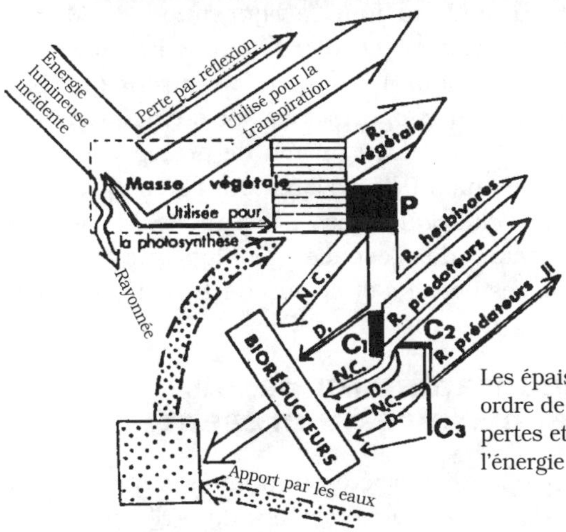

Les épaisseurs donnent un ordre de grandeur moyen des pertes et des utilisations de l'énergie et de la matière.

- matière organique chimiquement énergétique
- matière organique vivante
- substances minérales

P	niveau des producteurs
C_1, C_2, C_3	1re, 2e, 3e, niveaux des consommateurs
R.	respiration
N. C.	non consommé
D.	déjection

Extrait de : Gabriel Rougerie, *Le cadre de vie*, PUF, Paris, 1975, p. 33.

Quant à l'écosystème général, il est composé de quatre éléments, en étroite interaction les uns avec les autres : l'air, qui constitue l'atmosphère, l'eau qui constitue l'hydrosphère, la terre qui constitue la lithosphère, et enfin la vie qui constitue la biosphère.

L'*équilibre dynamique* des écosystèmes

Les éléments entrant dans la composition des écosystèmes sont en *équilibre dynamique*, en état *homéostatique*, comme disent les spécialistes. Et c'est l'écosystème lui-même qui assure sa propre régulation. Les géographes parlent à ce propos de climax, notion qu'ils définissent comme « *l'état optimal d'équilibre relativement stable entre la végétation, le sol et le milieu correspondant, en l'absence d'intervention humaine* ». Un tel concept ne laisse pas d'être ambigu, dans la mesure où il semble se référer à une conception fixiste de l'écosystème, alors que celui-ci est en état permanent de déséquilibre, et qu'il ne se maintient en vie que grâce aux mécanismes complexes de rétroaction (feedback) dont il est le siège.

Cet *équilibre dynamique*, constitué par une série de déséquilibres partiels, aussitôt compensés, peut se transformer en déséquilibre irréversible, pour peu que l'homme s'en mêle. C'est alors la mort de l'écosystème, comme c'est le cas pour les lacs atteints d'eutrophisation.(1)

Reprenant et mettant au goût du jour la conception de Max Sorre, pour qui la géographie consistait à étudier l'homme replacé dans son milieu, certains géographes, nous l'avons vu, ne jurent que par une géoécologie, qui étudierait les rapports des sociétés humaines avec leur environnement, et réfléchirait au moyen de protéger et de mieux gérer les écosystèmes. Assimilant l'écosystème à l'ancien *milieu naturel*, cher aux géographes *classiques*, ces géographes lui opposent le *géosystème*, qui est celui de l'espace géophysique modelé par l'homme, en fonction de ses besoins et de son désir de puissance.

De l'histoire, géographie du passé, à la géographie, histoire du présent

L'histoire est la science des sociétés humaines dans le temps, la géographie celle de ces mêmes sociétés dans l'espace. La première étudie la manière dont les hommes ont organisé leur espace de vie autrefois, la seconde, comment ils vivent et organisent aujourd'hui leur espace social. Tirant les conséquences de ces constats, Pierre George va jusqu'à penser qu'il y a là deux disciplines sœurs, à tout le moins éminemment complémentaires.

---

1. Phénomène qui conduit, sous l'effet d'un accroissement des substances nutritives (nitrates et phosphates), à la prolifération des végétaux aquatiques, à la raréfaction de l'oxygène et donc à la disparition de la vie dans les eaux.

La géographie à ses débuts s'est frileusement coulée dans le moule de l'histoire. C'est en effet à l'intérieur des divisions politiques qu'elle étudiait les hommes. «*À tous*, écrit Lucien Febvre, *il semblait plus simple de s'installer en bernard-l'ermite dans les vieilles coquilles de l'histoire politique et administrative.*» La géographie était d'ailleurs traditionnellement au service de l'histoire, son rôle étant de décrire le cadre dans lequel se développent les sociétés humaines. L'*Histoire de France* de Lavisse débutant par un *Tableau de la géographie de la France*, dû à la plume inspirée de Vidal de la Blache, est caractéristique de ce type de démarche. Fernand Braudel considérant qu'il faut, pour les comprendre, prendre en compte le milieu dans lequel se développent les civilisations – ce qui suppose l'existence d'une *géohistoire* – fait écho à Vidal de la Blache qui déclarait, au seuil de l'*Histoire de France* de Lavisse : «*L'histoire du peuple est inséparable de la contrée qu'il habite.*»

La géographie : *un instant de l'histoire*

Pour les géographes *classiques*, le passé explique le présent. «*Hier et aujourd'hui se confondent, se coudoient, se juxtaposent ou se surimposent*», écrit R. Ozouf. Et de fait, combien de traces du passé ne trouve-t-on pas dans les paysages actuels? Les géographes d'aujourd'hui ne contestent pas cette évidence. Considérer la géographie comme *science de l'espace social* suppose en effet qu'on détecte dans cet espace les permanences et les héritages du passé, qu'on fasse le partage entre ce qui relève des sociétés d'autrefois et de celles d'aujourd'hui. C'est en ce sens que Pierre George a pu voir dans la géographie *l'aboutissement de l'histoire*, et assurer que «*tout ce qui est objet d'histoire dans le passé devient objet de géographie dans le présent*». La géographie ne serait en somme «*qu'un instant de l'histoire*».

La valse des concepts...

La géographie moderne adore les concepts. Elle en fait ses choux gras, les multipliant à plaisir, alors que sa congénère *classique* ne s'aventurait guère sur un terrain dont elle estimait qu'il n'était pas le sien. Éprise de réel et de concret, elle entendait appréhender le monde directement, par l'observation et la description, sans l'intervention d'aucun artifice théorique. La géographie d'aujourd'hui estime au contraire que pour accéder à la complexité de l'espace, l'utilisation d'une trame conceptuelle, plus ou moins sophistiquée, est nécessaire. Passant de la *région naturelle* et des *genres de vie*, à *l'espace polarisé* et aux *classes socio-spatiales*, la géographie s'est dotée d'un stock de concepts, qui ont nom *centralité, dimensionnement*, et autre *pavage spatial*. Bien que généralement pertinents, et heuristiquement intéressants, ces concepts font sourire les géographes traditionnels, en même temps qu'ils demeurent parfaitement étrangers à l'homme cultivé.

Au début était la *région naturelle...*

La région, objet d'étude *ultime* (J. Dresch) de la géographie traditionnelle, correspond à un groupement de faits géographiques, dans un cadre qui peut être *suggéré* par la nature ou par l'histoire. Dans la région naturelle – qui ne coincide plus, dès l'époque vidalienne, avec le bassin hydrographique cher à Philippe Buache (1700-1773) – c'est à partir de données physiques : géologiques, géomorphologiques, hydrographiques, climatiques ou encore biogéographiques, que s'organisent l'espace et la vie des hommes. Que s'est également parfois organisé autrefois le système politique, la région naturelle ayant, comme le remarque Pierre George, « *servi de nid à une province ou à un État* ».

Soucieux de rompre avec la *préhistoire* de leur discipline, les géographes modernes n'ont peut-être pas suffisamment insisté sur le concept de *combinaison régionale* mis en avant par la géographie classique, à la suite de Vidal de la Blache. Bien loin de s'enfermer dans le particulier et de se contenter de juxtaposer les éléments sans jamais les relier, l'étude régionale se préoccupe constamment de mettre à jour les liens qui unissent les faits entre eux. «*Aucun fait n'est étudié pour lui-même,* écrit Emmanuel de Martonne en 1902 dans *La Valachie..., mais comme partie d'un tout, rouage d'une grande machine, anneau de la chaîne des causes et des effets qui règlent la vie d'une région.*» (1)

Les grandes études régionales, gloire de la géographie française

C'est sur ces bases qu'ont été rédigées les grandes *études régionales* qui ont fait la gloire de la géographie française. Œuvres parfois plus littéraires que scientifiques, auxquelles on devait reprocher par la suite – surtout lorsqu'elles n'émanèrent plus des grands maîtres – de ne guère suivre les recommandations d'Emmanuel de Martonne, et de se présenter comme une juxtaposition de monographies fermées, consacrées à chacun des constituants de la région. Soucieux de cerner au plus près l'individualité de la région étudiée, d'en donner une *biographie* exhaustive, on se livrait à une description complète de son relief, de son climat et de sa vie économique, et on omettait parfois de mettre en rapport ces différents facteurs. «*Le souci de la précision, du détail estompait l'essentiel,* assure André Meynier, *les arbres masquaient la forêt.*»

On devait également reprocher à ces grandes constructions régionales, la vision fixiste qu'elles donnaient de la réalité. Fonctionnant comme un *système clos*(2), se présentant comme *un chef-d'œuvre synthétique,* elles se seraient davantage apparentées à une *conclusion* qu'à une *production.*

La notion de région se diversifie

La notion de région naturelle n'a pas tardé à s'élargir, à mesure que l'homme s'affranchissait des contraintes du milieu. Dès le début du siècle, on parle de région *géographique,* et non plus *naturelle,* pour désigner, comme l'écrit Pierre George, «*une unité d'activité, de peuplement homogène, de culture, donnant à son cadre, qu'il soit lui-même homogène, ou au contraire hétérogène, une cohérence et une personnalité*». La notion générale de région s'est elle aussi diversifiée, et on a parlé de région historique, économique, urbaine, avant de parler, comme aujourd'hui, de région... polarisée.

1. Cité par A. Frémont, in : *La région espace vécu,* op. cit., p. 85.
2. Sylvie Rimbert, «Aperçu sur la géographie théorique», in *L'espace géographique,* n°2.

Avec son corollaire le *genre de vie*

À la notion de région est associée celle de genre de vie. Suggérée à Ratzel par l'étude des peuples primitifs (Ratzel est avant tout anthropogéographe), cette notion devait être définie par Max Sorre comme un « *ensemble de pratiques transmises et consolidées par la tradition, grâce auxquelles un groupe humain entretient son existence dans un milieu déterminé* ». Lorsqu'elle étudie les genres de vie, la géographie classique s'emploie donc à décrire les modes d'adaptation des communautés humaines aux données de leur milieu physique.

La notion de genre de vie suit l'évolution qui fait passer la géographie du déterminisme au possibilisme. Pour son inventeur, le genre de vie, ensemble organisé de pratiques collectives et de techniques de production, résulte directement des contraintes du milieu. Il correspond au comportement d'un groupe humain déterminé, en butte à l'hostilité de la nature.

Vidal de la Blache ne se montre pas aussi catégorique. Pour lui, le milieu ne saurait imposer un genre de vie particulier. « *Les genres de vie,* écrit-il, *ne sont pas la conséquence nécessaire du fait qu'il (l'homme) est placé dans tel ou tel lieu. Ce ne sont pas les produits du milieu, il (l'homme) les apporte avec lui.* » Les genres de vie constituent donc des réalités sociales résultant de l'exploitation par l'homme de telle ou telle possibilité du milieu, sans que celui-ci ne parvienne à imposer sa volonté.

■ Tentatives d'actualisation de la notion de *genre de vie*

La notion de genre de vie était adaptée à une époque où les hommes, étroitement associés à un milieu naturel, vivant en symbiose avec lui, et pratiquement en autarcie, étaient parvenus à instaurer un équilibre – parfois précaire – entre leur existence et les forces naturelles. Le développement des échanges et la diversification de l'économie jettent à bas un tel système. Et avec lui la notion qui le sous-tendait.

S'efforçant d'actualiser la notion de genre de vie, Max Sorre fait remarquer que, dans une société fondée sur la division du travail, il y a, dans un espace donné, autant de genres de vie que de familles professionnelles. Le genre de vie du veilleur de nuit n'est pas celui de l'ouvrier et celui de ce dernier n'est pas celui de l'instituteur. Notons qu'il s'agit dans ce cas de *mode de vie* et non pas de *genre de vie,* au sens traditionnel du terme. Pierre George conteste l'analyse de Max Sorre. Pour lui le genre de vie n'est pas lié aux *familles professionnelles,* mais au groupe social auquel appartiennent les individus. Le P.D.G. et sa secrétaire appartiennent à la même famille professionnelle, et pourtant rien de commun dans leur genre de vie.

Puis vint *l'espace...*

Ce n'est qu'après la Seconde Guerre mondiale que le concept d'espace s'impose aux géographes. Un concept qui devait devenir, dans les années soixante, le *concept-roi* (André Dauphiné), le véritable *porte-drapeau* de la géographie. Qu'il s'agisse de l'espace au sens large, englobant ce que Jean Tricart appelle *l'épiderme de la Terre* – soit la surface terrestre et la biosphère –, ou, de manière plus restrictive, de *l'oekoumène* des Anciens, c'est-à-dire de « *l'espace accessible aux hommes* » (J. Gottman), sur terre, sur mer ou dans les airs. Passant de la notion de milieu, chère à la géographie classique, à celle d'espace, la géographie moderne entend rompre avec ses origines naturalistes et environnementalistes, et affirmer son ancrage au sein des sciences sociales. Parler d'espace pour le géographe d'aujourd'hui, c'est proclamer la victoire de l'homme, dans le combat millénaire qu'il mène contre les forces hostiles de la nature.

Mais l'espace du géographe est un espace particulier. Il n'est pas, à l'image du plan euclidien, un espace abstrait, intemporel et désintéressé, tel que pourrait le construire le géomètre ou le rêver le philosophe. Il est un espace concret, au sein duquel les éléments naturels continuent de jouer un rôle, parfois non négligeable. Un espace utilitaire également, car aménagé et organisé par les groupes humains en vue d'assurer leur subsistance et, de plus en plus aujourd'hui, d'accroître leur profit.

Mais de concret, l'espace géographique ne devait pas tarder à se muer en un espace abstrait, formel, « *construit par le géographe à partir de certains caractères de l'espace terrestre* » (André Dauphiné). Et la nouvelle géographie, à qui incombe la paternité de cette évolution, ne se montre pas peu fière d'avoir, comme elle se plaît à le dire, *débiologisé* l'espace pour le *socialiser.*

■ L'espace, *produit social*

Pour la géographie d'aujourd'hui, l'espace est un *produit social* (H. Isnard), exprimant les rapports qu'entretiennent entre eux les différents groupes sociaux. Il est une construction volontariste des sociétés humaines, modelant à leur image cette matière première que représente pour elles la surface terrestre. Une matière inerte, à laquelle elles donnent un sens, en y incorporant de la pensée (Ph. Pinchemel), en en faisant le reflet de leurs idées, de leurs valeurs et de leurs rêves.

Mais l'espace n'est pas seulement cela. Projection et expression de la société, il est également l'instrument grâce auquel la société se construit. Il existe, pour Hildebert Isnard, une dialectique *espace-société.* « *Les hommes créent l'espace,* écrit-il, *et, dans cette œuvre de création, ils s'organisent en sociétés.»* La société se construit en créant son espace. Il est en effet clair, pour ne prendre qu'un seul exemple, que la mise en place au XIXe siècle de nombreux espaces industrialisés, n'est pas étrangère à une structuration de la société en classes fortement différenciées.

• Un espace utilitaire

L'espace créé par les groupements humains est un espace finalisé, destiné à remplir les différentes fonctions permettant à la société de vivre et de se développer. Fonctions de production, d'échanges, de consommation et de résidence, tout d'abord ; de communication et de loisirs, ensuite. À quoi s'ajoutent les fonctions concernant les pratiques sociales (rencontres entre les individus, participation à la vie collective), matérialisées dans l'espace par les places, les jardins et les églises de nos villes et villages. Sans oublier les fonctions de pouvoir, symbolisées par la mairie, le château ou la cathédrale, ni la très importante, encore que souvent occultée, fonction symbolique, l'espace étant porteur de valeurs culturelles auxquelles tout un chacun est affectivement attaché.(1)

• Le milieu naturel, substrat de l'espace social

L'espace géographique a pour substrat l'espace *naturel*, le milieu biophysique qui constitue l'habitat des communautés animales et végétales peuplant la surface de la terre. Les relations d'interdépendance existant entre les attributs physiques (le biotope) de ce milieu, et les communautés d'êtres vivants qui l'habitent (la biocénose), font de lui un écosystème que traversent à l'envie flux d'énergie et de matière. Depuis toujours, l'homme s'est efforcé de domestiquer les espaces écologiques, les ployant à son service, les aménageant en vue d'en tirer le maximum de profit. Ce faisant, il ne se rendait pas toujours compte qu'il les désorganisait, voire souvent les détruisait. Si bien que les espaces naturels ont aujourd'hui pratiquement disparu. Au point qu'on tente d'en reconstituer certains, et de protéger ceux qui ont échappé à la furie destructrice de l'homme.

• L'espace, miroir de l'histoire

Construit social, l'espace reflète l'histoire des sociétés humaines. Les géographes d'aujourd'hui ont retenu la leçon de Claude Lévi-Strauss qui leur a appris que beaucoup de sociétés indigènes projettent dans l'espace le schéma de leurs institutions. «*À chaque génération humaine correspond une génération spatiale*», constate Hildebert Isnard. Le chevauchement des générations fait de l'espace géographique une véritable *composition polygénique*, comme en témoigne la juxtaposition, dans une même ville, de quartiers anciens, frileusement serrés autour de l'église, et de quartiers récents qui, échappant à l'ancestral

1. L. Tirone, M. Joannon, *Pour une approche didactique de la géographie*, op. cit.

déterminisme sécuritaire pour tomber sous la coupe d'un autre déterminisme, économique celui-là, s'allongent le long des voies de communication. Si bien que lorsque l'homme agit aujourd'hui sur l'espace, ce n'est pas sur un espace vierge, mais sur un espace déjà fortement modelé par ses prédécesseurs. Ne pouvant plus créer de nouveaux espaces, il en est réduit à *recycler* les espaces anciens.

Un système complexe traversé de flux multiples

Ce palimpseste que représente l'espace, quelles en sont les caractéristiques principales ?

• Espace concret et espace abstrait

La première est qu'il comporte deux facettes complémentaires, l'une visible et concrète, le paysage, qui traduit la manière dont les hommes ont aménagé la surface terrestre en tenant compte des données du milieu ; et l'autre invisible et abstraite, constituée par les relations et les réseaux économiques, les flux de toutes sortes qui innervent le paysage, et qu'il convient de faire apparaître, si on entend saisir le fonctionnement socio-économique de l'espace. Sans parler de l'espace tel qu'il est vécu par les individus, et qui lui aussi se cache derrière l'espace *vu*.

Alors que le paysage, qualifié par certains d'espace *apparent*, peut être appréhendé directement, visuellement, à partir de l'observation du terrain, de la carte ou de la photographie aérienne, l'autre espace, un peu hâtivement qualifié de *réel* (alors qu'on peut légitimement se demander s'il s'agit encore véritablement d'un *espace*, au sens propre du terme), n'est pas perçu par l'œil du géographe, mais par son esprit qui, laborieusement, le découvre à partir d'austères tableaux statistiques, d'enquêtes d'opinions et de comportements, ainsi que grâce à ces étranges constructions intellectuelles qu'on appelle *modèles*.

Même s'il n'est pas le tout de l'espace, il n'en reste pas moins que le paysage n'est pas à négliger, car il représente le signe visible de l'invisible, et nombre d'éléments concernant la structure et les fonctions de l'espace, peuvent être saisis à partir de son décodage. Ce qui donne toute sa valeur à la prometteuse anticipation de Sauer, déclarant en 1925, que l'objectif de la géographie est la *« compréhension de l'organisation systématique du paysage et (de) ses causes ».*

• Un espace avant tout économique

L'espace géographique étant prioritairement un espace économique, sa seconde caractéristique est d'être structuré par les faits économiques. Structuration qui repose sur des phénomènes d'intégration, de spécialisation et de hiérarchisation.

Les contraintes économiques d'aujourd'hui ne permettent plus aux espaces clos de subsister. Progressivement, les espaces s'intègrent dans des totalités plus vastes (le *pays* dans la région, la région dans la nation, la nation dans l'Europe, etc.), ce qui nécessite une réorganisation de leur *appareil socio-spatial* (accroissement et diversification des voies de communication, par exemple). Cette intégration des parties au tout, conduit à la spécialisation économique des parties (le tourisme sur la Côte d'Azur ou en montagne), et aboutit à une hiérarchisation des espaces, certains ayant le vent en poupe et se développant, d'autres stagnant, voire régressant. Le cas de l'espace français est à cet égard significatif.

• Importance géographique de la *localisation*

Totalité structurée, l'espace géographique ne peut être saisi qu'à travers les deux concepts clés de *maillage,* qui concerne la division de l'espace en *parcelles* de toute nature, qui vont du terroir agricole à la région ; et de *treillage,* relatif au dessin des différents réseaux de communication reliant les *lieux* géographiques. Ces *lieux* étant conçus comme des *« unités élémentaires de l'espace de l'humanité ».* (R. Brunet)

Ces concepts généraux, qui servent de base à toute organisation de l'espace, en englobent d'autres, dont il se trouve que le premier est l'un des plus anciens de la géographie : celui de localisation. Concept fondamental s'il en est, que la plupart des géographes défendent bec et ongles, estimant que c'est dans la localisation que réside l'identité de leur science, et que l'abandonner, comme le souhaitent certains qui contestent sa pertinence et l'estiment quelque peu obsolète, aboutirait à la dissolution de la géographie dans les sciences sociales.

Localiser un élément, c'est, pour la géographie classique, en indiquer les coordonnées géographiques (latitude, longitude, altitude), en définir l'*assiette territoriale*(1) (site), et enfin le situer dans un plus vaste ensemble (position). Localiser revient donc à positionner. La nouvelle géographie va au-delà, incluant dans le concept de localisation des phénomènes de répartition, de distribution (des grands paysages, des pollutions, de la richesse et de la pauvreté, voire des libertés ou du chômage) et de spécialisation.

• Une notion essentielle : celle de *distance*

D'autre part, alors que les activités économiques se localisaient autrefois en fonction des avantages du milieu naturel : qualité du site, richesse du sol et du sous-sol, présence de sources d'énergie, etc., ce sont aujourd'hui les phénomènes de relation qui sont prioritaires, avec la possibilité de créer des *flux* d'hommes, de biens, de services, ou d'idées. D'où l'importance attribuée par la nouvelle géographie à la notion de distance. Qu'il s'agisse de la distance métrique (rectilinéaire dans les villes *en damier,* radiale lorsque les axes convergent vers le centre, circumradiale lorsqu'il existe des voies périphériques); de la

1. O. Dollfus, *L'analyse géographique,* op. cit., p. 14.

distance-temps, dans laquelle l'éloignement s'exprime en temps de parcours et non en kilomètres ; ou enfin de la distance-coût, qui intègre des facteurs multiples comme les dépenses d'énergie, d'équipement ou d'entretien. Sans oublier la distance psychologique qui traduit les clivages sociaux existant entre les différents quartiers d'une ville ou qui entrent en ligne de compte dans la constitution d'un réseau urbain, compte tenu de l'attrait qu'exerce la ville sur les ruraux.

• Flux et pôles

L'espace de relation que représente l'espace géographique est donc parcouru par une série de flux qui, comme le sang dans le corps humain, lui insufflent la vie, en même temps qu'ils lui confèrent une organisation spécifique. Flux d'hommes, tout d'abord, qu'il soit pendulaire et quotidien, du domicile au lieu de travail ; ou saisonnier, comme les grandes vagues touristiques qui déferlent périodiquement sur notre territoire. Flux d'énergie ensuite et de marchandises, de capitaux, d'informations et d'ordres. Flux dont les vecteurs sont le réseau ferroviaire et routier, le téléphone, la télévision, la presse et la télématique.

L'étude de la structure de l'espace géographique fait apparaître un certain nombre de pôles, ou centres, qui exercent une attraction économique, sociale ou culturelle sur leur environnement, et à partir desquels s'organise le *pavage spatial*. Ces pôles, que l'économiste François Perroux définit comme *« (des) ensemble(s) d'unités motrices qui exercent des effets d'entraînement à l'égard d'un autre ensemble économiquement et territorialement défini »*, peuvent être une simple ferme, un village ou une ville, et posséder des fonctions géographiques des plus simples aux plus complexes.

Autour de ces pôles s'organisent des zones d'influences, à caractère socio-économique et/ou administratif. L'exemple des chefs-lieux de département et de leurs *tombées urbaines* est de ce point de vue caractéristique. On parle d'*espace polarisé* lorsque les différentes parties de l'espace entretiennent avec le pôle dominant plus d'échanges qu'avec les régions voisines[1], déterminant ainsi un espace central et un espace périphérique.

• Des *classes socio-spatiales*

Dimensionné et polarisé, l'espace géographique, dans la mesure où il est la *« projection au sol des rapports sociaux »* (H. Isnard), est également différencié en *classes socio-spatiales*, dont certaines sont en position dominante par rapport aux autres. L'exemple le plus caractéristique est celui du cloisonnement des espaces urbains, avec leurs quartiers résidentiels, leurs banlieues ouvrières, voire leurs ghettos ethniques. La ségrégation sociale s'inscrit ici dans l'espace – et dans le paysage –, entraînant sou-

1. P. George, *Dictionnaire de Géographie*, op. cit., p.178.

vent des relations conflictuelles entre *centre* et *périphérie*. Le phénomène *banlieue* n'est pas autre chose que l'expression exacerbée de cette *traduction spatiale* (Ph. Pinchemel) des problèmes sociaux.

• Mobilité de l'espace géographique
S'il est structuré et organisé, l'espace géographique n'en est pas pour autant figé. Il est au contraire, dans le long, le moyen et même parfois le court terme, éminemment mobile. Mais d'une mobilité résultant d'un équilibre dynamique entre permanence et changement. Sous l'effet des impératifs économiques, des progrès techniques, mais également de l'évolution des structures et des mentalités sociales, l'espace se transforme, aussi bien dans son organisation interne que dans ce *reflet* de celle-ci représenté par le paysage. Qu'une innovation technique majeure survienne, et c'est l'ensemble du système spatial qui peut être modifié. L'automobile entraîne la *rurbanisation* des espaces à la périphérie des villes, tandis que le tracteur incite au remembrement, et les remontées mécaniques à la colonisation de la haute montagne. Mais c'est surtout l'évolution des rapports de production qui fait *bouger* l'espace. Qu'on songe aux effets de la concentration des unités de production agricole, depuis le milieu du XIXe siècle, en réaction contre le morcellement des propriétés issues de la Révolution. Ce type de concentration, en provoquant l'exode rural et en accélérant l'urbanisation et la prolétarisation des populations, n'a pu que profondément bouleverser l'espace géographique, aussi bien dans son organisation que dans son fonctionnement.

• Le *système spatial*
Tous les concepts précédemment évoqués, se fondent dans celui, plus englobant, de système. Considérer l'espace comme un système, c'est-à-dire comme un « *ensemble d'éléments en interaction dynamique, organisés en fonction d'un but* » (J. de Rosnay), permet de rendre compte à la fois des éléments qui le composent : structures spatiales (répartition des hommes, des activités, des réseaux de communications, etc.), structures économiques (moyens de production, taille des entreprises, etc.); et des liaisons existant entre ces éléments : processus de production et de distribution, répondant à la demande de consommation, flux de produits, de capitaux et d'hommes, inervant l'espace social, etc.

De tous temps, les géographes ont insisté sur les corrélations existant entre les phénomènes. C'est d'ailleurs ainsi qu'est né le déterminisme. Passant du déterminisme au systémisme, la notion de corrélations s'est affinée, afin de répondre à la complexité du réel. On ne parle d'ailleurs plus aujourd'hui de *corrélations*, mais d'*interactions*, mettant ainsi l'accent sur la réciprocité des actions, et donc sur une causalité complexe, qui n'est plus linéaire, comme celle sur laquelle se fondait le déterminisme, mais circulaire, l'effet pouvant agir sur la cause. On

Concept transdisciplinaire qui sous-tend les idées suivantes

Interrelation et causalité complexe

- principe d'incertitude
  « la causalité complexe crée de l'improbable remise en cause du déterminisme classique »
- causalité circulaire
  cause et effet ne peuvent être dissociés dans le temps ≠ causalité linéaire
  causalité coïncide avec ce qui était avant

Totalité

- permet de définir les règles de fonctionnement
- pose la question de l'ouverture du système
- système : entité constituée d'un ensemble de parties indépendantes et en interaction
  système clos → entropie
  système ouvert lutte contre l'entropie grâce aux échanges avec l'environnement

Organisation

- transforme, produit, relie, maintient
- pas d'organisation sans réorganisation permanente
  agencement de relations entre composants
- unité complexe dotée de qualités inconnues au niveau des composants
- lie de façon interrelationnelle des éléments qui deviennent composants d'un tout
- possibilité de durée

Complexité dont le degré dépend

- du nombre de ses éléments
- du nombre des types de relations les liant
  il caractérise l'originalité du système
  il mesure la richesse des informations qu'il contient

Finalité

- émergence : le Tout est davantage qu'une addition
- apparition de qualités émergentes que ne possèdent pas les parties
- les émergences sont les qualités ou les propriétés d'un système qui représentent un caractère de nouveauté
- valeur d'événements irréductible

La théorie des systèmes considère que les mouvements constituent le fait dominant

→ comment lire le développement d'un système à partir d'un mouvement ?
→ comment décrire les mouvements qui expliquent le changement d'un système ?
→ comment décrire les stabilités qui limitent les changements d'un système ?

Extrait de : Maryse Clary, *Modèles à enseigner*

Fiche 2

prend en effet fortement en compte aujourd'hui les phénomènes de rétroaction, ou action en retour, agissant sur les facteurs ayant produit un effet. Phénomènes qui peuvent amplifier (rétroaction positive) ou annuler (rétroaction négative) les effets de l'action initiale, assurant ainsi, soit le changement du système, soit sa stabilité. L'étude structurelle (nature des éléments) et fonctionnelle (interrelations entre ces éléments) des différents systèmes spatiaux qui, emboîtés les uns dans les autres, sont soit des écosystèmes, soit des sociosystèmes, permet seule de rendre compte de l'organisation et du fonctionnement de l'espace géographique (Fiche 2).

• **Temps et espace**

Ajoutons que l'espace possède une évidente dimension temporelle. Non seulement parce qu'il est, au départ, un *construit* historique, mais également parce qu'on ne peut rendre compte d'un quelconque mouvement à la surface de la terre, sans associer ces deux concepts frères, étroitement imbriqués l'un dans l'autre, que sont le temps et l'espace. C'est ainsi que Hägerstrand a pu représenter les déplacements d'un individu, suivant les heures de la journée, entre son domicile, son lieu de travail et le centre commercial où il effectue ses achats.

Ces études *spatiaux-temporelles* conduisent à tenter d'améliorer le fonctionnement de la mécanique *socio-spatiale*, soit en agissant sur l'espace, pour obtenir un résultat temporel (créer une autoroute fait gagner du temps), soit, à l'inverse, en agissant sur le temps, en vue d'obtenir un effet spatial (décalage des vacances pour désembouteiller les routes).

Les types d'espaces

Roger Brunet distingue sept types d'espaces[1]

– Les amas et les vides (régions non peuplées et surpeuplées).

– Les mégalopoles (les gigantesques concentrations humaines, dont la concentration européenne.)

– Les synapses (lieux de communication : isthmes, détroits, estuaires, carrefours, ports, ponts.)

– Les interfaces (les lisières : littoraux, sahels, piémonts).

– Les fronts et les frontières (barrières et espaces pionniers).

– Les lieux à risque (où l'homme est difficilement accroché : montagnes, delta du Gange, déserts chauds, régions polaires, stations en mer).

– Les espaces en expansion et les espaces de déprise.

Ces types d'espaces entrent dans le cadre des deux composantes majeures de l'espace aménagé par l'homme : l'espace rural et l'espace urbain.

1. R. Brunet, «Géographie recentrée, géographie à enseigner», in *Enseigner la géographie du collège au lycée*, op. cit., p. 33.

La *peau de chagrin* de l'espace rural

Apparu sur la planète avec la *révolution néolithique*, qui voit la naissance de l'agriculture, l'espace rural – la campagne, au sens banal du terme – occupe en France les quatre cinquièmes du territoire. L'espace rural des pays industrialisés comprend, outre l'espace agricole, les forêts aménagées et les bases de loisirs servant à la détente des citadins. Partie de l'espace rural, l'espace agricole rassemble plusieurs terroirs, unité de base que Pierre George définit comme *« l'ensemble des terres travaillées par une collectivité sociale unie par des liens familiaux, culturels, par des traditions plus ou moins vivantes de défense commune et de solidarité de l'exploitation »*. Caractérisés par la forme, la disposition et la dimension des champs (le parcellaire), ainsi que par la trame des chemins et la nature de l'habitat (matériaux, forme, groupement ou dispersion), les terroirs se groupent en familles dont les deux principales sont les pays de champs ouverts, ou *champagnes* – ou encore *campagnes* – (l'*openfield* des géographes), et les pays de champs clos, ou bocage. Notons que si les contraintes communautaires, liées dans les grandes plaines européennes à l'assolement triennal, ont disparu, l'organisation spatiale qui en est résultée demeure, avec le village au centre du terroir, et les routes rayonnant à partir de lui. Certes, les soles ne sont plus là, mais le morcellement des exploitations, la forme, l'alignement et la dispersion des parcelles sont toujours présentes.

Comme tout espace, l'espace rural est hiérarchisé, et son organisation répond au principe déjà évoqué de *centralité*. C'est ainsi que les villages constituent des *pôles*, autour desquels s'organise la vie de l'espace rural. Celui-ci se distribue souvent en cercles concentriques, d'importance décroissante à mesure qu'on s'éloigne du village. On passe ainsi, progressivement, de l'attraction commerciale d'un bourg à celle d'un autre, ce qui détermine un certain nombre de *zones d'influence*, éléments de base du *maillage* structurant l'espace rural.

Ajoutons que l'espace rural est constamment grignoté par l'expansion désordonnée de l'économie des loisirs, qui parsème la campagne de résidences secondaires, voire de toutes sortes de parcs d'attractions ; en même temps qu'elle bétonne la montagne et les bords de mer, en y installant force stations de sports d'hiver, ports de plaisance et autres *marinas*. Cette excessive urbanisation de l'espace rural, accompagnée d'une industrialisation proliférante, le transforme en véritable peau de chagrin. Au point que Philippe Saint-Marc n'a pas hésité, pour évoquer la pénurie d'espace qu'une hyper-consommation provoque dans le monde occidental, à parler de *paupérisation spatiale*.(1) Paupérisation qui, notons-le, se manifeste également dans la désertification des campagnes.

1. Ph. Saint-Marc, *Socialisation de la nature*, Stock, 1971.

Prolifération de l'espace urbain

L'espace urbain, cancer qui progressivement dévore les espaces ruraux périphériques, présente la caractéristique d'être, mis à part les jardins et les espaces de loisirs, totalement bâti[1]. Outre les immeubles de résidences ou de bureaux et les implantations industrielles, il comprend le très dense réseau de la voirie urbaine.

L'espace urbain

THÉORIE DES SECTEURS

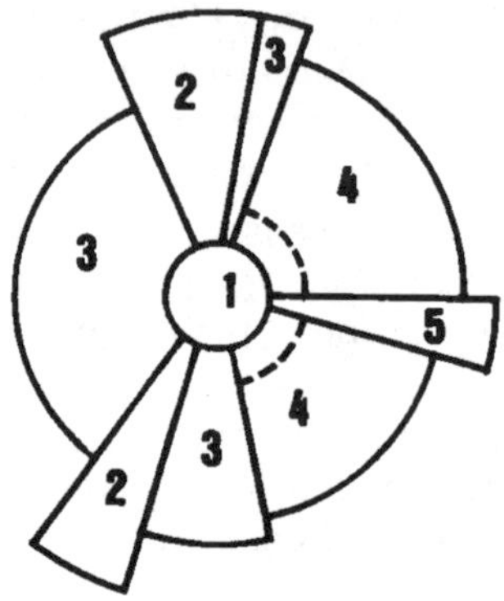

THÉORIE DES CENTRES MULTIPLES

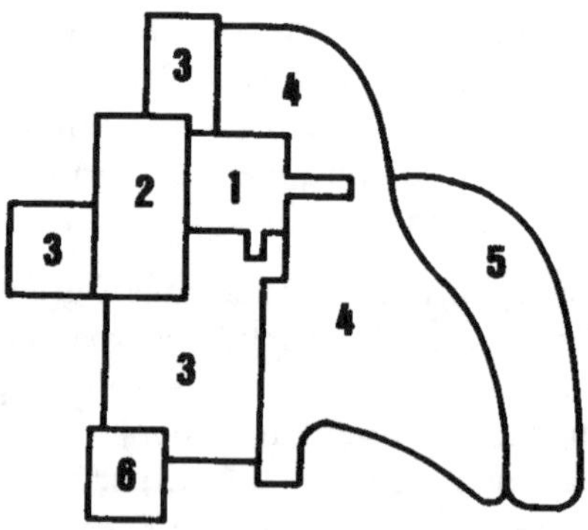

1. Centre des affaires – 2. Industrie légère et entrepôts – 3. Résidences des classes pauvres – 4. Résidences des classes moyennes – 5. Résidences des classes aisées – 6. Industrie lourde.
D'après C.D. Harris et E.L. Ullman, *The nature of cities*, op, cit., p.281.

Extrait de Antoine Bailly et Hubert Beguin, *Introduction à la géographie humaine*, Paris, Masson, p.159.

1. Dollfus (O.), *L'espace géographique*, coll. *Que sais-je ?*, op. cit.

Le phénomène de *centralité* joue dans l'espace urbain comme dans l'espace rural. Le centre historique des villes, avec ses ensembles monumentaux et ses reliques du passé, est souvent celui où s'exercent les fonctions urbaines supérieures, administratives, bancaires, ou de gestion. C'est le fameux *Central Business District* (C.B.D.). Hérissé d'immeubles, où le verre et l'acier le disputent au béton, grouillant le jour, désert la nuit, sursaturé et souvent à la limite de l'asphyxie, le centre des grandes métropoles modernes a tendance à se délester de sa population et même, parfois, de certaines de ses activités (exurbanisation), au profit de *villes nouvelles* ou autres *villes satellites.*

À partir du centre de la ville se développe une série de cercles concentriques, qui se distinguent par la date de leur urbanisation, leurs fonctions et leur *paysage urbain.* Ainsi, pour Paris, les différentes phases d'accroissement de la ville se traduisent par une première *couronne,* faite de quartiers d'habitation datant de la fin du XIXe siècle, puis par une seconde, comprenant la proche banlieue où sont nées, au début du XXe siècle, les zones industrielles, et enfin par une *grande couronne,* qui englobe villes et villages anciens et voit fleurir, en pleins champs, grands ensembles architecturaux et villes nouvelles (Cergy-Pontoise, Marne-la-Vallée, Évry, etc.)

L'organisation concentrique des villes n'en exclut pas deux autres, en secteurs et à noyaux multiples (Fiche 3).

L'espace urbain devenant de plus en plus rare, donc de plus en plus onéreux, les constructions ont tendance à pousser en hauteur, comme à New York, ou à se développer en profondeur, comme à Montréal.

■ La *nouvelle région* est *urbaine,* et non plus *naturelle*

Les villes ne constituent pas, la plupart du temps, des phénomènes géographiques isolés, dont on pourrait se contenter d'étudier, comme on l'a longtemps fait, le site, c'est-à-dire *l'assiette* (Derruau); la situation, c'est-à-dire « *la position par rapport aux régions et aux voies de communication* »; et enfin les fonctions et les aspects du *paysage urbain.*

Alors que pour Georges Chabot, la prégnance du site est telle que « *la nature a souvent donné aux hommes, tout tracé, le canevas de leur cité*[1] », l'Allemand Walter Christaller estime au contraire que « *ni le nombre, ni la distribution, ni la taille des villes ne peuvent être expliqués par leur localisation par rapport aux conditions géographiques naturelles* ». Les villes en effet possèdent toutes une certaine *aire d'influence,* sur laquelle elles exercent un *rôle directeur* (M. Sorre) au niveau des échanges, en même temps qu'elles s'intègrent à un réseau urbain

1. G. Chabot, *Les villes,* Paris, A. Colin, 1948.

structuré et hiérarchisé. Réseau non seulement caractérisé par un *arrangement* des villes dans l'espace (les petites villes, assez proches de la ville-noyau, s'intercalant entre les villes moyennes, plus distantes et régulièrement disposées entre les grandes villes plus éloignées[1]), mais également par la taille des villes qui le composent (le nombre des villes variant en sens inverse de leur taille), et surtout le niveau et la diversité des services qu'elles offrent au public.

• Les villes *polarisent* l'espace

À la tête des réseaux urbains, trônent des agglomérations majeures, voire des conurbations, comme la Mégalopolis américaine, où sont rassemblés tous les grands organismes bancaires, administratifs, industriels et décisionnels. Comme les villages pour l'espace rural, ces métropoles constituent pour leur région ce que les économistes, avons-nous vu, appellent des *pôles*. Innervé par un réseau convergent de voies de communications, le réseau urbain organise hiérarchiquement l'espace, le structure, lui donne vie et forme, bref, constitue son *armature* (A. Frémont). Et ce sont ces *espaces fonctionnels* qui, dans les pays développés, constituent véritablement les *régions*. Et non plus la *nature* comme autrefois. La *nouvelle région* ne correspond en effet pas, dans la plupart des cas aujourd'hui, à une surface délimi-

Étapes de l'analyse des systèmes régionaux

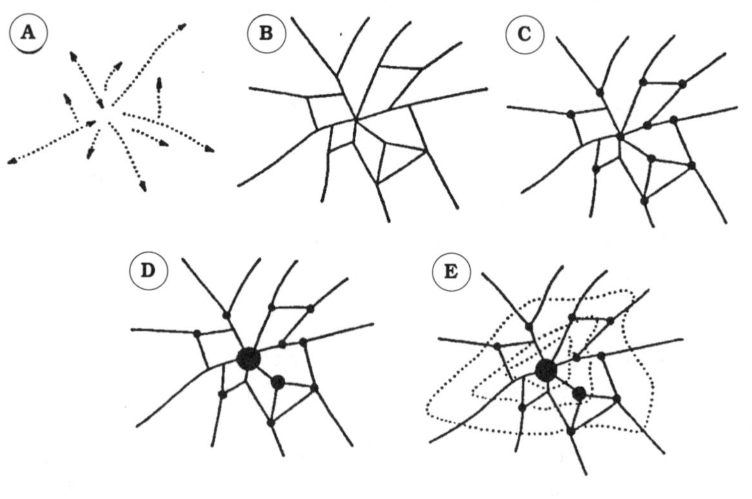

A. Mouvements – B. Réseaux – C. Nœuds – D. Hiérarchies – E. Surfaces

Extrait de Peter Haggett, *L'analyse spatiale en géographie humaine*, A. Colin, Coll. H, Paris, 1973, p. 29.

1. *La géographie en tous ses états*, op, cit.

tée, à un cadre ou à un contenant, mais à un ensemble de *forces d'action* (P. George) s'ordonnant à partir de ces centres *d'impulsion et de commandement* que sont les villes. La *nouvelle région* n'est plus *naturelle,* mais *urbaine* (« *c'est la ville qui a forgé sa région* », assurent Labasse et Lafferrère[1]). Elle n'est plus concrète, mais abstraite. Elle est une création intellectuelle, réalisée à partir de l'*étoile de flux* (A. Meynier) économiques et sociaux qui la parcourent, et dont les branches deviennent de plus en plus serrées, à mesure qu'on approche de son *centre polarisateur* (Fiche 4). Bref, elle figure une sorte d'*ensemble* mathématique, avec ses sous-ensembles et ses intersections (M. Derruau). Quant aux *paysages* qu'elle génère, ils ont perdu la tranquille beauté résultant d'une harmonieuse cohabitation de l'homme et de la *nature,* pour se muer en un monde implacable d'asphalte et de béton, au service, non plus de l'homme, mais des outils qu'il s'est donnés pour produire toujours davantage, l'automobile notamment, et qui maintenant l'asservissent.

• **La théorie des *lieux centraux* de W. Christaller**

Ce rôle de la ville *polarisant* l'espace régional, Vidal de la Blache l'avait déjà perçu, lorsqu'il écrivait que « *les villes et les routes sont des initiatrices d'unité qui créent la solidarité des contrées* ». Mais c'est le géographe Walter Christaller qui, dès les années trente, a donné à cette idée son expression la plus forte, en expliquant la répartition des villes de l'Allemagne du sud, non par l'histoire ou les influences réciproques de l'homme et du milieu, mais par le jeu des phénomènes économiques et sociaux.

Pour échanger les biens et services fournis par les citadins, contre les produits agricoles produits par les ruraux, une série de centres de tailles différentes se serait en effet développée, qui auraient eu tendance à se disposer régulièrement dans l'espace (un espace réputé homogène), pour desservir des aires de marché d'égale superficie. La disposition de ces centres se serait faite sous la forme d'hexagones réguliers (Fiche 5). Prolongée par les travaux de Lösch (mort en 1945 à 39 ans) et Berry, la théorie des *lieux centraux* élaborée par Christaller est considérée comme l'un des éléments fondateurs de la nouvelle géographie. Ce qui n'empêche pas cette théorie, foncièrement *mécaniste,* d'être aujourd'hui battue en brèche, non seulement parce que l'espace terrestre est anisotrope et discontinu, mais également parce que la distance n'est pas seule en cause, lorsqu'il s'agit pour les consommateurs de choisir le lieu de leurs achats. Des facteurs d'ordre psychologique rendent en effet certains centres d'approvisionnement éloignés, plus attractifs que d'autres, beaucoup plus proches. Ce qui confère à l'espace géographique une sorte de « *coefficient de rugosité variable suivant les lieux ou les directions* » (M. Derruau).

1. J. Labasse, M. Lafferrière, *La région lyonnaise*, PUF, Paris, 1960.

Fiche 5

Hiérarchisation de l'espace maillage et découpage

3a. Contrôle territorial. Chaque ville domine et irrigue un territoire jusqu'à une certaine distance

3b. L'ensemble de l'espace est ainsi découpé en territoires (zones d'influence)

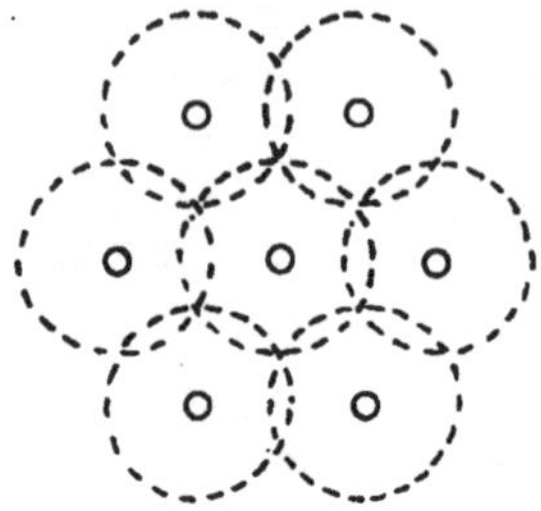

3c. Les limites de ces zones d'influence s'emboîtent (pavage)

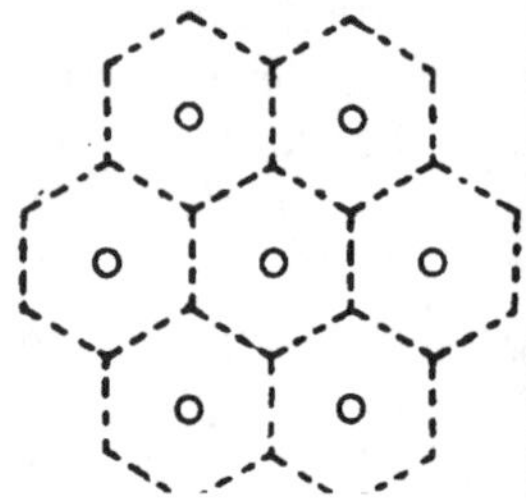

3d. Les villes se hiérarchisent en fonction de leurs positions relatives :

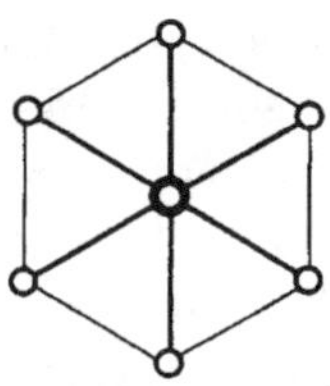

limite de la zone d'influence de rang 1.

limite des zones d'influence de rang 2.

ville de rang 1.
ville de rang 2.
axe de communication de rang 1.
axe de communication de rang 2.

3e. L'espace est ainsi découpé en territoires emboîtés et hiérarchisés (échelles différentes)

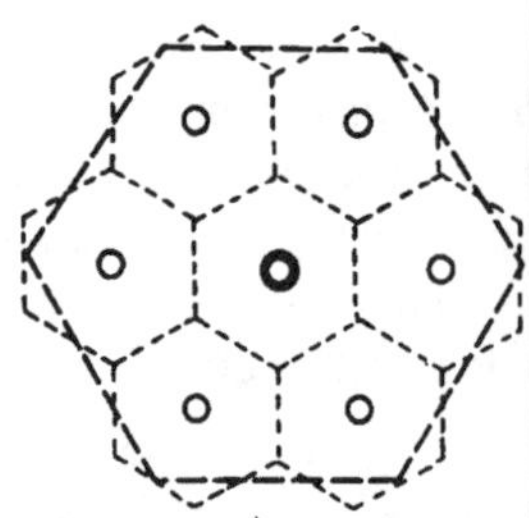

Extrait de : *La géographie en tous ses états,* C.N.D.P.

Après l'espace des flux, l'espace des hommes

L'espace glacé décrit par les géographes, plus sensibles aux lois de l'économie qu'aux pulsions de la nature humaine, ne rend pas totalement compte, expliquent les partisans d'une géographie *psychologique et comportementale,* de la réalité régionale. « *Trop objective et trop réductrice,* écrit Armand Frémont, *la région de l'économie, pas plus que la région administrative ou que la région naturelle, ne permet de cerner correctement l'espace des hommes* ».[1] Il y manque une dimension qui concerne la manière dont l'individu vit concrètement, mais également psychologiquement et affectivement, l'espace qu'il habite. « *Les hommes,* assure encore Armand Frémont, *vivent les lieux non dans l'homogénéité de genres de vie égalitaires ou standardisés, mais dans les inégalités et les discontinuités sous-tendues par de multiples facteurs.* » L'espace abstrait, cher à la nouvelle géographie, se révèle donc être également un *espace vécu.* D'où les efforts des géographes *comportementalistes* pour

1 A. Frémont, *La région espace vécu,* op. cit., p. 13.

« recentrer l'espace sur le sujet qui y vit et qui l'observe ». En montrant comment l'homme s'approprie sa région, s'identifie à elle, et développe en lui une véritable *conscience territoriale* (A. Bailly). Comment il vit au quotidien la ville qu'il habite. Comment, et par quelle fibre, il est attaché à son quartier ou, au contraire, le rejette.

Si l'espace est différemment *vécu* par les individus, c'est qu'il est différemment *perçu* par eux. Aussi les *géographes de la perception* s'emploient-ils à élucider la manière dont les gens se représentent leur espace de vie, l'élargissent ou le rétrécissent, y insèrent telle ou telle valeur, le lestent ou pas d'une dose plus ou moins grande d'affectivité, et tout cela en fonction de leur âge, de leur sexe, de la classe sociale à laquelle ils appartiennent, de leurs possibilités de déplacement et surtout des idéologies et mythes culturels du groupe auquel ils appartiennent.

Faisant appel à l'anthropologie cognitive, ces géographes tentent de saisir les aspects socio-culturels des phénomènes régionaux, ainsi que leur *organisation mentale*(1), en demandant aux gens de cartographier les *images mentales* qu'ils ont de leur région. *« Pour la géographie de la perception,* écrit Antoine Bailly, *c'est l'individu et le groupe dans lequel il vit qui définissent leur territoire et non des critères économiques, naturels ou autres. »*

Face à l'inhumanité croissante d'un espace placé sous le signe d'une production-consommation exacerbée, ces géographes, renvoyant dos à dos les conceptions *naturalistes* et *organisationnelles* de la région, proposent donc d'en revenir à une région qui saurait faire place *au parfum des lieux* (P. Claval), prendrait à nouveau en compte l'homme, dans sa dimension personnelle et pas uniquement socio-économique, et qui répondrait au besoin d'ancrage de l'individu dans un environnement où il se sente à l'aise (une *géographie du bien-être* n'est-elle pas en train de naître ?(2)), et où pourraient s'épanouir toutes les facettes de sa personnalité.

Ces considérations conduisent André Frémont à distinguer trois types d'espace au sein desquels se meut l'individu. Un *espace de vie* tout d'abord, qui comprend *l'ensemble des lieux fréquentés par une personne ou par un groupe social ;* un *espace social* ensuite, qui ajoute à l'ensemble des lieux de l'*espace de vie* les multiples interrelations sociales qui sous-tendent ce réseau ; et enfin un *espace vécu,* dans lequel entrent, outre les différents lieux de l'*espace de vie* et de l'*espace social,* les valeurs psychologiques qui s'attachent aux lieux et qui unissent les hommes à ceux-ci par des liens immatériels.

1. A. Bailly, « Enseigner les représentations régionales », in *Représenter l'espace,* Anthropos, Paris, 1989.
2. A. Bailly, *La géographie du bien-être,* op. cit.

Quand l'espace annexe le paysage

«*Partie d'un pays que la nature présente à l'observateur*» (Le *Robert*, 1977), ou «*étendue géographique qui présente une vue d'ensemble*» (G.D.E. Larousse, 1984), le paysage est au cœur de toute problématique géographique. Au point que Michel Serres estime que la géographie est *le savoir du paysage*.

Mais les géographes n'interprètent pas tous de la même manière le paysage.

Pour ou contre le paysage

Matière première de l'analyse géographique, le paysage a longtemps été considéré comme un simple espace concret et localisable, un ensemble d'éléments tangibles : relief, cours d'eau, empreintes de l'activité humaine, «*que l'on peut voir et observer directement, dessiner ou photographier*» (Taillefer). Que l'on peut surtout décrire. Ce dont ne se privait pas la géographie classique. «*L'originalité d'une partie de l'espace terrestre,* écrit Vidal de la Blache, *s'exprime dans sa* physionomie *dans un style particulier d'organisation spatiale, né du mariage de la nature et de l'histoire, bref dans ce qu'on appellera plus tard un paysage.*»

La nouvelle géographie met le paysage au ban de la science géographique, assurant qu'aucune analyse rigoureuse ne peut se fonder sur lui car, en raison de sa force d'inertie, il résiste au changement et se trouve toujours en décalage par rapport aux forces économiques et sociales qui le façonnent. Le paysage serait ainsi le reflet du passé plus que celui du présent. Un document d'histoire plus qu'un outil d'analyse des sociétés contemporaines.

Quant aux géographes de la perception, ils ne voient pas comment le paysage pourrait constituer un objet géographique, n'existant pas en soi, et étant l'objet de lectures plurielles et de représentations multiples.

Le paysage comme révélateur social

Prenant en compte cette somme d'ambiguïtés, les géographes d'aujourd'hui s'attachent moins à étudier le paysage en soi, dans sa forme et son organisation, qu'à tenter de découvrir ce qu'il révèle des sociétés qui l'ont édifié, ou sont en train de le constituer. Le paysage est en effet pour eux un assemblage de *signes sociaux* (A. Frémont) révélant l'organisation de l'espace voulue par les civilisations qui l'ont modelé. Révélant en somme, selon l'expression de Georges Bertrand la manière dont l'homme a *anthropisé* la terre. Et il est à ce titre l'expression de ces civilisations, dans leurs aspects techniques, économiques et sociaux, mais également culturels et idéologiques.

Il est le reflet d'un certain *ordre humain*, ce qui a conduit certains à parler un peu pompeusement d'*ordre éternel des champs*, et Teilhard de Chardin à voir dans le paysage l'expression de l'*hominisation* de la terre. Par rapport à l'espace, devenu le nouveau *matériau* de la géographie, le paysage, avons-nous vu, n'en est que *« l'aspect visible, directement perceptible »* (O. Dollfus). Mais il n'en reste pas moins, en tant qu'*« interprétation sociale de la nature »* (1), d'un puissant intérêt pour le géographe.

■ Caractéristiques et origine des paysages

Cette *modalité physionomique* de l'espace social qu'est le paysage, quelles en sont les composantes ? Pour Philippe et Geneviève Pinchemel, celles-ci relèvent de la *naturalité* (domaine abiotique : sous-sol, climat, relief, eau, et domaine vivant : végétal et animal), et de la *culturalité*, correspondant à l'action de l'homme qui transforme – et parfois altère – le paysage naturel, faisant de lui un paysage artificiel.

Pour Georges Duby, cette *véritable œuvre d'art* qu'est le paysage, *« a été façonné(e) au cours des âges par l'action collective du groupe social installé dans cet espace et qui le transforme encore. En conséquence, le géographe se sent tenu d'étudier d'abord le matériau, c'est-à-dire les éléments physiques modelés peu à peu par ce groupe social, mais non moins attentivement les forces, les désirs, la configuration de celui-ci, et donc de s'en faire peu ou prou l'historien »* (2).

Le paysan *qui creuse, qui trime et qui met de côté*(3), est le principal artisan du paysage français. C'est lui qui a écrit sur le sol *« le poème collectif des paysages ruraux »* (A. Frémont). Un paysan qui épierre la glèbe et dresse des alignements en bordure de ses champs et qui, sur les versants trop raides pour être cultivés, établit des terrasses, appelées *bancaous* en Provence et Languedoc, *restanques* en Basse-Provence, *baous* en Vaucluse et *faisses* en Cévennes. Un paysan encore qui a donné son caractère à l'habitat rural, en utilisant les matériaux locaux pour édifier les murs et les toits de ses maisons : le granit en Bretagne, le tuffeau dans les pays de Loire, le calcaire dans le Midi, l'ardoise ou le chaume en Normandie, les lauzes ou le bardeau dans les Alpes. Cet habitat rural qui comprend la maison proprement dite qui, hébergeant la cellule sociale rurale, reflète un certain type de société et de civilisation ; et l'habitat agricole qui, destiné à abriter un complexe élémentaire de production, se trouve adapté à un certain système de culture et d'élevage(4).

1 G. Bertrand, « Le paysage entre la Nature et la Société », *Revue géographique des Pyrénées et du Sud-Ouest*, n° 49, 1978.

2. G. Duby, *L'histoire continue*, op, cit., p. 14.

3. Henri James, *Voyage en France*, 1877.

4. P. George, *Les méthodes de la géographie*, op, cit., pp. 84-85.

Ajoutons que le paysage rural, décrit par la morphologie agraire, correspond aux modes d'occupation et de partage du sol agricole. Varient ainsi la disposition des terres par rapport à la topographie, la dimension et la forme des parcelles, la répartition en secteur ou en auréole des divers types d'utilisation du sol, la présence ou l'absence d'arbres à l'intérieur des parcelles, et enfin l'existence ou non de clôtures (haies, murs de pierres, fossés). Visible, la morphologie agraire est conditionnée par l'invisible structure agraire : dimension et nature des propriétés (exploitants, non exploitants), rapports entre propriétaires et exploitants (location, salariat, partage de la production, etc.).

■ L'évolution des paysages

Traduction concrète du fonctionnement économique et social de l'espace, le paysage évolue avec lui. Il existe en effet une dynamique des paysages. L'extension des agglomérations et la construction de nouvelles voies de circulation constituent un puissant facteur d'évolution des paysages. Mais ce sont surtout les pressions économiques, accompagnées de l'évolution des techniques, voire les décisions politiques (réforme agraire, modification du prix du lait ou du blé) qui provoquent des changements dans les structures agraires et les paysages ruraux. C'est ainsi que le bocage de l'Ouest de la France a été profondément transformé, sous l'effet des subventions d'État en faveur du remembrement. Un tel regroupement des terres étant destiné à permettre l'agrandissement des parcelles, rendu nécessaire par la mécanisation galopante de l'agriculture. Jouant inconsidérément du bulldozer, nombre de haies ont ainsi été arrachées, de chemins creux comblés, et d'arbres déracinés. La destruction du bocage (dont on sait le déséquilibre qu'il a provoqué dans l'écosystème) reflète parfaitement l'évolution d'ensemble des paysages ruraux, qui tendent vers une homogénisation et une uniformisation toujours plus grande. Rentabilité et mécanisation sont ainsi en passe de venir à bout des *pays* d'autrefois, qui faisaient le charme et la diversité des campagnes françaises.

■ Agressions contre le paysage

Autre résultat de la dynamique des paysages, la dysharmonie à laquelle elle conduit souvent. On a depuis longtemps remarqué que la principale qualité d'un paysage réside dans son unité de composition. Pour Georges Duby, la beauté des paysages procède,*«comme celle des bâtiments cisterciens, d'un équilibre entre les formes et la fonction atteint dans une parfaite économie de moyens».*[1] Qu'un élément étranger intervienne, comme la construction de résidences secondaires standardisées, par exemple, et la cohérence paysagère disparaît, au profit d'un *mitage* préjudiciable à l'harmonie du paysage

1. G. Duby, *L'histoire continue*, op. cit., p. 186.

Agressés par des logiques et des décisions souvent contradictoires, les paysages perdent peu à peu de leur équilibre et de leur unité, pour devenir des paysages *brouillés*, dont la dégradation a pu faire prononcer à leur propos le mot de *pathologie*.

Pathologique est en effet l'insidieux grignotage de l'espace rural par l'espace urbain. Mais également l'extension des friches, due à la déprise agricole (avec les risques d'incendie, d'érosion, d'avalanche, qu'elle comporte, ainsi que la fermeture du paysage et des chemins ruraux qu'elle entraîne), la multiplication des carrières, le développement des équipements touristiques (parcs d'attractions avec leurs superstructures qui *jurent* dans le paysage), les loisirs motorisés ou encore les excès de l'affichage. Sans parler des lignes électriques qu'on se refuse à enterrer ; des décharges sauvages qui *enjolivent* nombre de communes rurales ; ou des centres commerciaux dont les bardages métalliques et les enseignes *agrémentent* les abords des villes.[1] Pour faire face à ces agressions multiples, une *écologie du paysage* est en train de naître, à laquelle de nombreuses recherches scientifiques sont d'ores et déjà consacrées.

Le *retour* du paysage

Après avoir été le tout de la géographie, puis avoir été voué aux gémonies, le paysage est en passe d'être réhabilité.

Georges Bertrand précise, en 1968, la conception que l'on a aujourd'hui de cette composante essentielle de l'espace. « *Le paysage,* écrit-il, *est sur une certaine portion d'espace, le résultat de la combinaison dynamique, donc instable, d'éléments physiques, biologiques et anthropiques qui, en réagissant dialectiquement les uns sur les* autres, *font du paysage un ensemble unique et indissociable.* »

Ce paysage, les biogéographes le redécouvrent, en tant que « *traduction concrète et spatiale d'un écosystème* » (J.-F. Richard). Quant aux écologistes, ils évoquent les risques de *mort du paysage*, et se mobilisent pour assurer sa survie. La géographie humaine et la sociologie voient dans le paysage une « *méthode d'intelligibilité du réel* » (Ph. Pinchemel). Se livrant à une analyse sémiologique du paysage, ces deux sciences considèrent chacun de ses éléments comme un *signe*, doté d'un signifiant visible, exprimant un signifié invisible. Les historiens, de leur côté, considèrent le paysage, révélé par l'observation aérienne, comme un document archéologique de première grandeur.

Et puis, économistes et hommes d'affaires découvrent aujourd'hui la valeur marchande des *beaux paysages*, tandis que tout un chacun les leste des valeurs auxquelles il tient. C'est ainsi que le paysage représente aujourd'hui l'un des éléments majeurs du cadre de vie, qu'il appa-

1. Interview de Claude Lévi-Strauss dans le bulletin de l'I.G.E.N., n°5, décembre 1990.

raît comme le fondement du patrimoine naturel et culturel de l'humanité, et enfin qu'il prend, en tant que *signature culturelle des sociétés*[1], valeur d'identité, permettant à ceux qui l'habitent de se situer dans le temps et dans l'espace, s'identifiant ainsi à une culture et à une civilisation.

C'est à la conservation de cet ensemble visuel et symbolique que la géographie, en tant qu'*archiviste du patrimoine* (P. George), se doit de participer, afin qu'il puisse être transmis, dans toute sa richesse et son harmonie, aux générations futures.

Et toujours, l'irritant problème du déterminisme

Le déterminisme géographique, parce qu'il correspond à la tendance naturelle de l'esprit humain d'établir des liens de causalité directe entre les phénomènes, vient de loin. Les Anciens, d'Hippocrate qui tentait de découvrir l'influence des milieux sur les sociétés humaines, à Ptolémée, en passant par Platon, Aristote et Polybe, se sont préoccupés du problème. Jean Bodin l'évoque au XVIe siècle, lorsqu'il indique à la surface du globe les grandes zones (froides, tempérées, etc.) à l'intérieur desquelles se développent les sociétés humaines. Pour Montesquieu, les lois ne sont pas étrangères à la nature du terrain qui les voit naître. Quant à Victor Cousin, il a le déterminisme lyrique (L. Febvre)... et simpliste : « *Donnez-moi la carte d'un pays ... et je me charge de vous dire a priori quel sera l'homme de ce pays.* »

■ La géographie naissante, vouée au déterminisme

Compte tenu de l'époque où elle s'est préoccupée d'apparaître comme une science authentique, la géographie ne pouvait échapper au déterminisme. Après avoir localisé, nommé et décrit les *lieux*, puis les *faits* géographiques, c'est tout naturellement qu'elle a cherché à les expliquer. Et c'est tout naturellement encore, compte tenu de l'influence des sciences de la nature sur la géographie naissante, qu'elle s'est employée à établir des relations de causalité directes entre le milieu et l'activité humaine, avant, sous l'influence des Comte, Taine et autre Buckle, d'être conduite à surestimer la pression qu'exerce la nature sur l'homme. Quant à l'enseignement, il porte sa part de responsabilité dans cette conception déterministe de la science géographique. Les programmes de 1908 pour le second degré comportent des mentions telles que : « *Influence de la nature sur l'homme. Action de l'homme sur la nature.* » Quant aux programmes actuels des collèges ils fixent à l'enseignement géographique l'objectif de faire comprendre

1. Ph. Pinchemel, « Lire les paysages », in *La Documentation Photographique*, n° 6088, 1987

la multiplicité des réponses apportées par l'homme aux défis de la nature, et de permettre aux jeunes d'établir *des relations entre les réalités physiques, les aires de civilisation et les activités des hommes dans des espaces variés.*

La géographie toujours sensible aux sirènes du déterminisme

Développant jusqu'à l'absurde une conception qui avait à l'origine fait progresser la géographie, certains en vinrent à prôner un déterminisme outrancier et caricatural, qui devait achever de le déconsidérer. C'est ainsi qu'on crut pouvoir formuler la fameuse *loi des îles*, qui attirent, préservent, multiplient et concentrent les hommes (M. Le Lannou), ou celle des sous-sols perméables, qui génèrent fatalement un habitat groupé. Sans parler du granit qui *produit le curé*, alors que le calcaire *produit l'instituteur*. On a de même expliqué le sous-développement par la *malédiction des Tropiques*, et la famine du Sahel par la sécheresse, oubliant que les grandes famines historiques ont d'abord touché les zones tempérées (Europe méridionale, Russie tsariste, Chine) et que, jusqu'au milieu du XXe siècle, le nombre des populations sous-alimentées était plus important en zone tempérée (Chine, Inde du Nord, Amérique du Sud....) qu'en zone tropicale.

La *géographie zonale*, à laquelle se réfèrent ceux qui expliquent sous-développement et famine par le climat, et qui a eu son heure de gloire dans les années soixante, apparaît ainsi, selon la formule de Georges Viers, comme « *une forme de contrebande de l'idéologie déterministe* ».[1] Une *idéologie* dont nombre de géographes d'aujourd'hui, même s'ils s'en défendent, ont du mal à se détacher, pour la simple raison que le déterminisme *positionne* la géographie comme science, en lui fournissant un domaine d'étude spécifique et en lui donnant l'illusion de pouvoir aboutir à des lois générales. « *Sans la reconnaissance et l'acceptation d'un certain déterminisme*, écrit Philippe Pinchemel, *la géographie perd à la fois son unité et son originalité.* »

Les méfaits de l'idéologie déterministe

Même s'il n'est pas, au sens propre du terme, une *idéologie*, le déterminisme géographique n'en a pas moins été utilisé comme tel. Inventé par l'Occident, qui a *la chance* de *jouir* d'un climat tempéré, il a participé à la dévalorisation des pays tropicaux, jugés trop chauds, trop humides ou trop secs, et donc malsains pour l'homme. De là à légitimer le système colonial, établi par la race habitant les bienheureux pays tempérés, race qui avait en outre le *privilège* d'être blanche, il n'y avait qu'un pas, que le XIXe siècle n'a pas tardé à franchir. Qu'un pas

1. G. Viers, « Réflexion sur la géographie en France », in *La Pensée*, août 1977.

encore pour tomber dans l'impérialisme et le racisme, l'insuffisance des ressources naturelles de son *espace vital* justifiant l'expansion territoriale d'une race dite *supérieure.* On sait jusqu'où devait conduire, avec le nazisme, l'idéologie du *Lebensraum.*

Le déterminisme, une doctrine aujourd'hui obsolète

Les critiques à l'égard du déterminisme géographique n'ont pas tardé à se manifester. Et Vidal de la Blache a été l'un des premiers à les exprimer, déclarant que « *l'homme n'est pas à l'égard de la nature ambiante dans un rapport de dépendance qu'on puisse assimiler à celui des animaux et des plantes* », et qu'« *il ne peut être question, dans l'état actuel de nos vieux pays, d'un déterminisme géographique* ». On fait aujourd'hui remarquer que l'homme possède des moyens techniques lui permettant de n'être pas asservi par la nature, et qu'à part les milieux de *forte dureté* (régions polaires, sahariennes ou de très haute altitude, et encore !), les sociétés humaines ont tout loisir d'aménager la planète comme elles l'entendent. Il n'y a guère en effet que le climat et les risques naturels (séismes, éruptions volcaniques, cyclones) que l'homme ne soit pas encore parvenu à totalement maîtriser. On estime aujourd'hui, que non seulement l'homme ne subit plus les contraintes du milieu, mais qu'il n'a même plus à s'adapter à lui, et qu'il peut se contenter de l'utiliser comme un substrat neutre, aménageable à sa guise, et aisément transformable en un *espace géographique* adapté à son projet économique et social. Percevant déjà l'idée que le milieu est souvent beaucoup plus *humain* que *naturel*, Vidal de la Blache assurait que « *les causes géographiques n'agissent sur l'homme que par l'intermédiaire des faits sociaux* ». Et le philosophe Pierre Canguilhem de renchérir : « *L'homme habite une culture et non pas une planète.* » Idée qu'exprime René Clozier sous une autre forme lorsqu'il écrit : « *La chaîne qui va de l'homme à la nature se compose d'une longue série d'anneaux, et c'est le plus souvent à l'histoire qu'il faut s'adresser pour reconstituer la série.* »[1]

1. R. Clozier, *Histoire de la géographie*, op. cit., p. 125.

Après la valse des concepts, celle des démarches : induire ou déduire, observer ou modéliser ?

La méthode utilisée par les géographes pour saisir le réel, suit une évolution semblable à celle qui fait passer la géographie de l'étude du *milieu* à l'étude de *l'espace.* Calquée sur celle des sciences naturelles, la démarche de la géographie classique est de type inductif. On observe le réel, et on élabore, si possible, à partir de cette observation, quelques théories générales. Empiristes jusqu'au bout des ongles, les géographes classiques entendent partir des faits, dans ce qu'ils ont d'objectif, *« de constant pour tous les yeux capables d'observer »* (R. Clozier). Ces faits qu'ils se proposent de localiser, de décrire et d'expliquer. Aussi est-ce essentiellement sur le *terrain* que travaille le géographe. Forme de travail qui, pour Raoul Blanchard, est seul capable de *procurer de vraies satisfactions* [1].

Localiser, décrire, expliquer

Localiser, c'est déterminer l'emplacement exact des phénomènes à la surface du globe et préciser leur aire d'extension. Mais c'est également expliquer ces phénomènes, leurs raisons tenant en grande partie aux conditions du milieu où ils se développent. Localiser, ce n'est donc pas seulement *situer,* mais c'est surtout, comme l'indiquent les Instructions officielles de 1985 pour l'école élémentaire, faire accéder *« à une compréhension organisée du monde ».*

1. Cité par P. George, in *Le métier de géographe,* op, cit., p. 12.

«Partant de la localisation des phénomènes, le géographe a une intuition» (R. Clozier), qui constitue son *hypothèse de travail.* Hypothèse qu'il va s'efforcer de vérifier par l'observation et la description analytique des phénomènes.

Décrire c'est, pour Albert Demangeon, «*composer l'image vivante des lieux*». La description géographique, souvent de haute tenue littéraire – comme en témoigne celles de Vidal de la Blache dans son *Tableau de la géographie de la France* (« *La Bretagne expire, à demi-noyée dans l'Atlantique...* ») – a beaucoup fait, nous l'avons vu, pour la gloire de l'École géographique française. La description géographique, précise René Clozier, n'est pas exhaustive et énumérative, mais sélective. Elle est en effet *guidée par une pensée qui recherche certains traits typiques en vue d'une explication.* Toute description est donc déjà une explication, puisqu'il est dans sa nature de s'intéresser à la genèse et aux causes des phénomènes, de les comparer et d'établir entre eux les corrélations nécessaires. Quant à l'explication proprement dite, elle vise essentiellement, dans la géographie classique, à déterminer la part des éléments naturels et des groupes sociaux – ceux du passé surtout – dans l'organisation de l'espace.

Modèles et explication géographique

Ce n'est pas de son observation et de sa description que part la nouvelle géographie pour rendre compte du réel, mais de modèles théoriques qui, servant de *filtres descriptifs et interprétatifs*[1], sont censés permettre de décrypter la complexité des phénomènes spatiaux, en en fournissant une image rationnelle, quoique nécessairement et volontairement simplifiée. La démarche n'est donc plus inductive, mais déductive. Ou plus exactement, hypothético-déductive. Après avoir formulé une hypothèse, on élabore, en s'appuyant sur les théories économiques, sociales, culturelles et politiques du moment, une construction *a priori*, un *modèle*, que l'on confronte ensuite à la réalité socio-spatiale que l'on entend percer à jour. Ce qui doit permettre de vérifier l'hypothèse de départ, et de construire un schéma explicatif cohérent de l'espace concerné (Fiche 6).

Le recours aux modèles, pour expliquer les phénomènes géographiques, ne fait pas l'unanimité dans le monde effervescent des géographes. Tout ceux notamment qui ne se résignent pas à voir dans la géographie autre chose qu'une science du concret, expliquant le réel à partir de lui, et exclusivement par lui, se montrent on ne peut plus réticents. Privée du contact avec le terrain, la géographie ne risque-t-elle pas, de se réduire à « *un squelette sans chair, sans forme* »? (Ph. Pinchemel), s'interrogent ces géographes, qui ne sont par ailleurs

1. L. Tirone et M. Joannon, *Pour une approche didactique de la géographie,* op, cit.

La démarche déductive

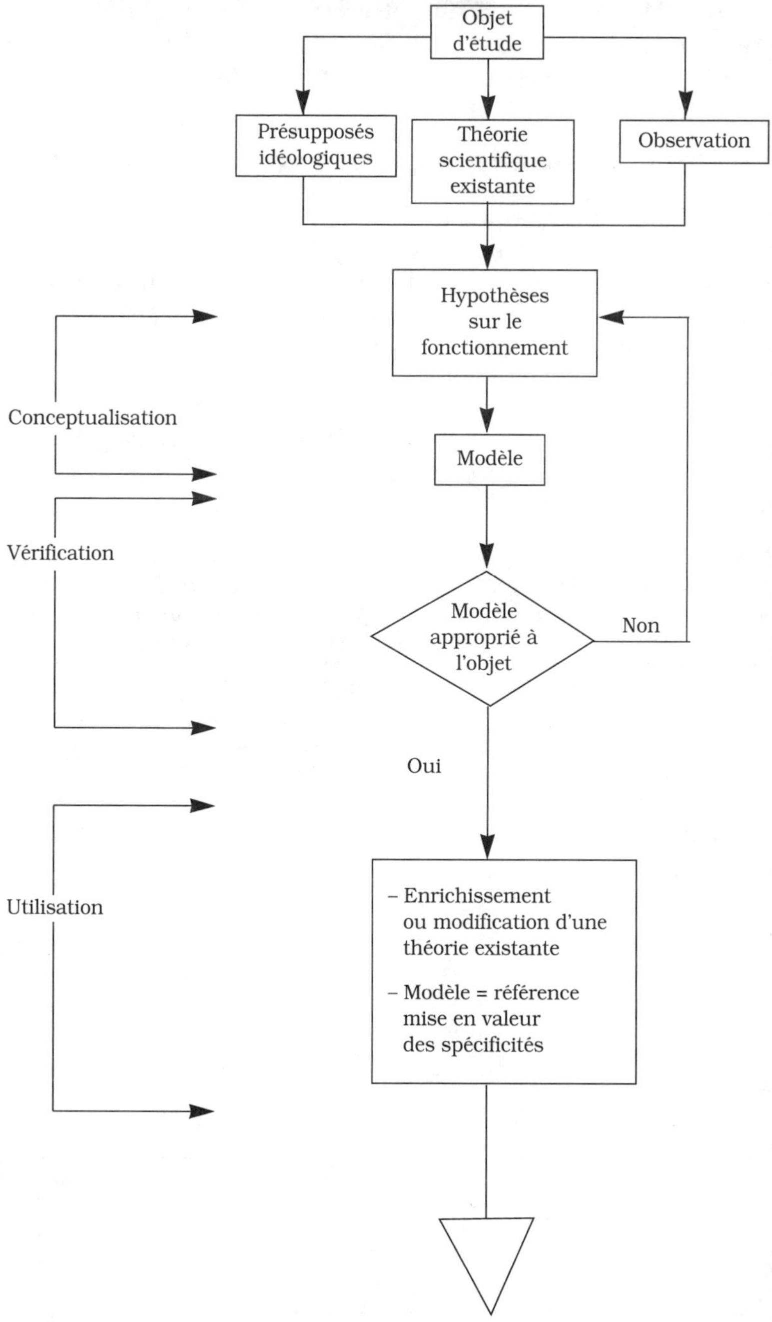

pas des conservateurs à tout crin. Sans rejeter le modèle, Pierre George estime qu'il ne peut avoir qu'un caractère indicatif, n'étant en aucun cas en mesure de constituer *une « image représentative de la réalité »*, en raison de la complexité du fait géographique, qui non seulement *s'insère dans des cadres naturels différents*, mais est également détenteur *« d'une charge d'histoire qui a toujours son identité propre »*[1].

L'analyse systémique, plutôt que la description

Plutôt que de description, la nouvelle géographie préfère parler d'analyse. Et, plus précisément, d'analyse systémique. Alors en effet que la description risque de se résoudre en une énumération pure et simple, l'analyse systémique conduit nécessairement à une vision à la fois analytique et globale du phénomène concerné. Elle suppose en effet la détermination des éléments du système spatial en cause (selon la démarche cartésienne), puis la mise à jour des interrelations existant entre ces éléments, ce qui permet l'*émergence* de la *totalité* issue de ces interrelations. *Totalité* dont on sait qu'elle ne correspond pas à la somme des parties.

Telle est la géographie d'aujourd'hui, le matériau que l'Université met à la disposition des enseignants. À charge pour eux de se repérer dans le maquis d'un savoir savant mouvant et pétri de contradictions. À charge pour eux également d'opérer des choix, d'épurer, d'organiser ce savoir brut, afin de le rendre accessible aux élèves. Le problème des enseignants est également le nôtre dans ce livre. Aussi tenterons-nous, dans sa seconde partie, d'évoquer quelques pistes, susceptibles de conduire à la solution du problème posé.

1. P. George, « La géographie, histoire profonde. À la recherche d'une notion globale de l'espace », in *Annales de géographie*, 1981 ; repris in *Le métier de géographe*, op. cit., pp. 93-99.

3

Quelle géographie pour l'école primaire ?

Peut-on – et doit-on – enseigner la géographie à l'école primaire ? Si la réponse est positive – et elle l'est ! – comment réaliser la meilleure adéquation possible entre la spécificité de cette science et les capacités cognitives des enfants ?

SOMMAIRE

Trois problèmes préalables

Faut-il encore enseigner la géographie?

Pour Jean David, la géographie serait devenue *« une discipline floue, fourre-tout, dont ni les enseignants ni les élèves ne perçoivent l'intérêt et l'utilité »*.(1) Et cela, au moment où la pensée géographique connaît un évident regain d'actualité, en raison des problèmes posés par une gestion déficiente de notre environnement. Il peut, dans ces conditions, ne pas paraître inutile de s'interroger sur le rôle qu'est en mesure de jouer la géographie, dans la formation de ces citoyens de demain que sont les jeunes d'aujourd'hui.

De futurs citoyens, que la géographie se doit d'aider à *comprendre le présent et à construire l'avenir* (I.O.,1985), en leur faisant connaître *l'espace habité par les hommes*, et en les initiant aux principaux mécanismes de la vie économique et sociale, à laquelle ils seront plus tard associés.

■ La géographie, outil de socialisation des élèves

Observons tout d'abord qu'apprendre à déchiffrer l'espace est de nature à faciliter la *socialisation* des jeunes, l'espace étant le produit, non de la nature, mais de la société. Ajoutons qu'on ne saurait concevoir une intégration sociale ne passant pas par une certaine maîtrise de l'espace. Quant à la connaissance du *fonctionnement* de l'espace géographique, nul doute qu'elle n'aide les jeunes à ne pas se considérer comme de simples *consommateurs d'espace*, mais à ambitionner de devenir de véritables *acteurs de l'espace*. Des acteurs impliqués, à leur niveau de responsabilité, dans les problèmes de gestion de l'environnement, d'organisation de l'espace et d'aménagement du territoire. *«Alors qu'il y a trente ans*, écrit Yves Lacoste, *les décisions relatives à l'implantation de grands équipements industriels, au tracé de grands axes de circulation ou aux plans d'urbanisme par exemple, ne rele-*

1. J. David, *Pour une nouvelle géographie*, conférence au centre de formation des IDEN, 14 décembre 1980.

vaient que des discussions d'un petit nombre de techniciens et d'hommes politiques, aujourd'hui un nombre croissant de citoyens veut participer aux débats quant à l'organisation de l'espace, qu'il s'agisse du plan d'occupation des sols de leur commune ou de l'aménagement du territoire dans la région où ils vivent. Encore faut-il que les citoyens aient reçu la formation qui leur permette de comprendre ce dont il s'agit, de lire une carte ou un plan et de replacer les problèmes locaux en fonction de ceux de la région et de l'ensemble du pays, faute de quoi les procédures de consultation démocratique sont vidées de leur raison d'être, quand elles ne servent pas d'alibi à différents groupes de pression. Précisons enfin que, prenant conscience, grâce à l'enseignement géographique, de la réalité du territoire national, les jeunes seront conduits à apprécier, à leur juste valeur, les enjeux de son ouverture sur l'espace européen. » [1]

Solidarité et coopération internationales

Si la géographie, par le savoir spatial qu'elle dispense, et donc le pouvoir stratégique qu'elle confère à l'appareil d'État, sert surtout, selon la formule provocatrice d'Yves Lacoste, *à faire la guerre*, il est clair qu'elle doit au contraire, au niveau de l'enseignement, ancrer dans l'esprit des jeunes la nécessité d'une indispensable coopération internationale. Leur faisant prendre conscience des liens qui, par delà tous les clivages politiques, économiques, culturels ou religieux, unissent les peuples de la terre ; de l'apport de toutes les ethnies, de toutes les religions et de toutes les nations au patrimoine commun de l'humanité ; la géographie ne peut que les inciter à admettre les obligations qu'impose la solidarité universelle en matière économique et sociale, mais également à propos des droits de l'homme. Si l'enseignement géographique doit, selon les Instructions officielles, *former la conscience nationale*, il doit également conduire à *apprécier l'apport des autres cultures découvertes par l'étude, le voyage ou la fréquentation des communautés immigrées* (I.O., 1985).

Savoir pour agir

Un citoyen digne de ce nom ne saurait pécher par ignorance. « *Le monde est inintelligible pour qui n'a pas un minimum de connaissances géographiques* », assure Yves Lacoste. Pour agir il faut savoir. Évidence *incontournable*. Aussi est-ce fort pertinemment que les Instructions de 1985 pour l'école élémentaire fixent comme objectif à l'enseignement géographique l'acquisition de *connaissances en petit nombre*, mais *claires et précises*, sur la France, *située dans l'Europe et dans l'ensemble des nations*. Comment en effet comprendre le vaste

1. *Enseigner la géographie*, colloque national sur l'histoire et son enseignement, 19-20-21 janvier 1984, Montpellier.

monde, et notamment *percevoir les relations de l'homme et de son milieu*, sans posséder ces indispensables repères que constituent *les grandes localisations*, et sans être en possession d'un *vocabulaire de base* pour les exprimer? Notons que l'acquisition de ces connaissances *factuelles*, qui relèvent de la mémorisation, permet l'élaboration de connaissances *notionnelles*, relevant de la réflexion, à partir de la mise en relation des faits géographiques *factuellement* mémorisés.

Les Instructions de 1985 pour les collèges ne tiennent pas un autre langage. Décernant aux jeunes *des connaissances limitées mais sûres*, l'enseignement géographique leur permet de *localiser* les phénomènes, et également *d'apprécier la relativité des distances et des superficies*, ce qui est loin d'être négligeable pour la formation de l'esprit.

Apprendre à observer, décrire et comprendre le réel

Les Instructions de 1985 pour l'école élémentaire indiquent que *le maître rend les élèves capables d'observer, de décrire, de comparer et de comprendre les réalités qui les entourent*, ainsi d'ailleurs que d'autres, *plus éloignées dans le temps et dans l'espace*. Ce qui veut dire que la géographie, science de la vision s'il en est, apprend aux élèves à regarder, analyser et représenter le réel; les rend aptes à saisir la complexité et la solidarité des phénomènes, en les entraînant au raisonnement géographique, lequel est par essence inductif, part des faits pour aboutir à leur explication, voire à de prudentes généralisations (ce qui exclut le futur démonstratif du type : le sol est riche, le climat tempéré, on *aura* donc du blé). Ce qui veut dire encore que l'enseignement géographique développe *la faculté encore intacte de mémorisation des élèves* (I.O., 1985, collèges), en ne négligeant ni leur mémoire verbale ni leur mémoire visuelle. Rappelons que les abus de la mémoire étaient tels que, par réaction, on a stupidement prétendu exclure de l'enseignement géographique ce qui représente pour Louis François l'*« une des plus grandes forces de l'esprit »*. Ce qui veut dire enfin que l'enseignement géographique stimule et enrichit l'imagination. Non seulement l'imagination concrète qui, par analogie ou contraste avec les faits observés, permet de s'en représenter d'autres (l'imagination n'étant alors qu'*« une sorte d'observation prolongée au niveau de l'absent »* (M. Debesse), mais également l'imagination créatrice et poétique, qui enrichit le *musée imaginaire* des élèves. Que l'espace soit porteur de rêve, qui en douterait face au succès remporté par certains magazines grand public comme *Géo*?

Communiquer le *sens de l'espace*

Ce qui veut dire enfin, qu'en faisant, *dans toute la mesure du possible, référence aux enseignements tirés de l'espace vécu* (I.O., 1985, collèges), l'enseignement géographique donne aux élèves le sens de l'espace, en leur permettant de le percevoir, de se le représenter et de s'y sentir à l'aise. (Combien d'adultes sont incapables de se diriger efficacement dans une ville?). Mais l'espace, dont l'enseignement géographique donne le *sens*, est un espace particulier, à la fois concret et abstrait, et d'une complexité telle que seule la capacité de le penser en terme de *système*, permet d'en appréhender le *fonctionnement*.

Objectifs méthodologiques

Objectifs de connaissances, objectifs conceptuels, mais également, pour l'enseignement géographique, objectifs méthodologiques. Et tout d'abord de *démarche*, visant à développer les aptitudes permettant de rechercher l'information, de la traiter, de la mettre en forme et de la communiquer.

C'est ainsi que l'enseignement géographique apprend à enquêter, analyser, comparer, synthétiser et communiquer.[1] Sans parler d'un certain nombre de *savoir-faire* que la pratique de la géographie confère, qui vont de prendre des notes lors d'une sortie à classer des documents, les analyser et les critiquer, en passant par maîtriser les techniques de la communication orale (exposé), écrite (compte rendu), audiovisuelle, mathématique et informatique.

La démarche géographique ne peut être efficace que si elle utilise un certain nombre d'outils dont les uns présentent un caractère général : documents écrits, statistiques, images, questionnaires d'enquêtes, grilles d'observation, etc, et les autres sont spécifiquement *géographiques*. C'est ainsi que l'enseignement géographique permet l'acquisition d'une nouvelle *grammaire*, qui est celle relative à ces outils particuliers que sont le globe, le planisphère, la carte, le plan et le croquis. Sans oublier les courbes et autres diagrammes.

Faire acquérir une éducation géographique

En conclusion, on peut dire que ce qu'il convient de donner aux élèves de l'école primaire, c'est moins un enseignement, qu'une éducation géographique, le but de celle-ci étant de faire, selon Philippe Pinchemel que « *les hommes ne se sentent pas mal dans les peaux de leurs espaces et de leurs milieux, dans leurs paysages et dans leurs régions mais aussi dans les paysages et les régions des civilisations autres que les leurs... parce qu'ils en connaîtront les origines et les évolutions, ensuite parce que, les ayant compris, ils seront en mesure d'agir sur eux, de les transformer en connaissance de cause* ».[2]

1. *Histoire et géographie à l'école élémentaire, pour une mutation*, op. cit.
2. Cité in *Représenter l'espace* de Y. André, A. Bailly, J.-P. Guérin, H. Gumuchian, op. cit.

Les enfants peuvent-ils comprendre la géographie ?

Première question : science de l'espace – notion abstraite qui, comme celle de temps, n'est pas innée chez l'individu –, la géographie est-elle accessible aux enfants ? Si oui, à partir de quel âge et de quel développement mental ? Deuxième question : les représentations de l'enfant et ses structures cognitives constituent-elles une aide, ou au contraire un obstacle à sa compréhension des phénomènes géographiques ? Il serait illusoire de prétendre enseigner la géographie, sans tenter de répondre à ces questions.

■ Pensée enfantine et raisonnement géographique

L'espace fait partie du quotidien de l'enfant. Mais, vers 6-7 ans, les caractéristiques de son organisation mentale ne lui permettent pas de le saisir dans toutes ses dimensions. La pensée de l'enfant est alors de nature *égocentrique* et, ne parvenant pas à se *décentrer* par rapport à lui-même, il ne saisit pas l'espace de manière objective, mais à travers le filtre de ses désirs, de ses besoins ou de son activité. Non pas rationnelle mais intuitive, sa pensée ne dépasse pas les apparences perceptives du monde.

Quant à son raisonnement, il est encore balbutiant, et sa vision du monde est à la fois syncrétique (Wallon), dans la mesure où il saisit les ensembles, et pointilliste, car il s'attache souvent à un détail sans importance. Ce qui le rend incapable d'analyser les phénomènes et d'établir des relations entre eux. Ainsi, l'acte d'acheter n'est pas mis en relation avec celui de vendre. L'enfant baigne en plein *confusionisme*. Quant au fameux *réalisme enfantin*, il conduit l'enfant à transformer en choses réelles, figées, les qualités des objets et les relations entre les phénomènes, et à placer derrière chaque mot, chaque abstraction, une réalité concrète et vivante (Le soleil *se couche*, il *va dormir*).

À cela s'ajoute un raisonnement de type *transductif*. Incapable de déduire et de généraliser, l'enfant saute du particulier au particulier, raisonne par analogie (*c'est comme...*) et juxtaposition (*et aussi... et alors...*). Pour décrire, il énumère, et pour définir les choses il se réfère à leur usage. Son observation est fortement entachée d'affectivité (il *voit* sa table, ou celle de la maîtresse, plus grande que celle de ses camarades). Ses explications échappent à toute logique. Elles sont de nature animiste, artificialiste et finaliste. Pour lui, la vie et la conscience sont présentes dans tous les êtres et tous les objets (animisme). Il n'est rien dans l'univers qui n'ait été fabriqué à l'image des produits de l'activité humaine (artificialisme). Le monde enfin, a été organisé à des fins humaines (finalisme ou providentialisme).

Ajoutons qu'il est certains phénomènes géographiques auxquels l'enfant d'école primaire, et même de Sixième, a du mal à accéder. La rotondité de la terre, par exemple, et la notion d'espace courbe. D'où l'intérêt des images satellitaires, pour apprendre aux élèves à *penser sphériquement*. Le mouvement de la terre sur elle-même et la succession du jour et de la nuit sont également difficilement compréhensibles par les enfants. Pour eux en effet, comme le note Piaget, « *l'ombre de l'objet posé sur la table est censée émaner d'une source extérieure à lui* ». Il n'est pas jusqu'à la notion de relief que les élèves de Sixième n'aient du mal à comprendre, la confondant avec celle de *relief élevé*.[1]

Passage de la *pensée concrète* à la *pensée formelle*

Ce type de fonctionnement mental régresse tout au long de la scolarité primaire, sous l'effet notamment de l'éducation. Progressivement, la pensée de l'enfant devient plus rationnelle. À partir de 9-10 ans, il est capable d'établir des relations entre les phénomènes, et de saisir des causalités simples (*parce que*...). En même temps qu'il s'essaie au raisonnement déductif (*or... donc*....). Il accède alors à la pensée catégorielle de Wallon, ou à l'intelligence opératoire concrète de Piaget. Mais ce n'est que vers 11-12 ans que, passant, selon Piaget, de la *pensée concrète* à la *pensée formelle*, ou *hypothético-déductive*, l'enfant est capable de maîtriser le raisonnement géographique et d'appréhender les principaux concepts qui organisent l'espace géographique.

De l'espace vécu à l'espace représenté

Quant à la notion d'espace proprement dite, si elle se développe plus rapidement chez l'enfant que celle de temps, parce que directement liée au besoin qu'il a de se déplacer, il n'en reste pas moins que c'est par une véritable construction mentale qu'il peut en prendre conscience et se l'approprier. De longs et patients efforts lui sont nécessaires pour passer, au delà de dix-huit mois, de l'espace qu'il a l'habitude de *vivre* – un espace sensori-moteur, qui est celui de ses premiers pas – à un espace pratique, utilitaire, lié à l'action ; et enfin à un espace qui n'est plus simplement vécu et perçu, mais également représenté. Un espace qui se détache peu à peu de lui et acquiert un caractère objectif (jusqu'alors, une promenade qui l'a fatigué lui paraît plus longue qu'un voyage de durée triple en chemin de fer, qu'il a effectué avec plaisir et sans s'en apercevoir). Un espace qui se détache également des choses, pour devenir autonome par rapport aux objets qu'il contient, et qui finit par se transformer en un milieu homogène, que l'on peut parcourir, mesurer, décrire.

1. M.-L. Debesse-Arviset, *La géographie à l'école*, op. cit.

De l'espace *topologique* à l'espace *euclidien*

Structurant progressivement l'espace, l'enfant l'aborde, de quatre ans et demi à sept ans, sous un angle *topologique* (relations de voisinage, de séparation, d'entourage, d'ouverture, de fermeture, de continuité et d'ordre); puis, de sept à douze ans, sous un angle *projectif*, recherchant, en fonction de son *point de vue*, une organisation reliant les objets entre eux, et enfin, à partir de douze ans, lorsque l'enfant accède à la pensée hypothético-déductive, sous un angle *euclidien*, les dimensions attribuées aux objets devenant constantes, l'espace se rapprochant de celui des plans et des cartes, et faisant abstraction du point de vue suivant lequel on le regarde.

Quant au passage de l'espace personnel (la *bulle privée*, le *lieu du corps*), à l'espace socialisé, il s'opère, de 6 à 13 ans, selon Abraham Moles[1], du centre à la périphérie, l'enfant s'appropriant successivement un certain nombre de *coquilles* de plus en plus larges, jusqu'au *vaste monde*.

Prendre en compte les *représentations* des élèves

Cette appropriation de l'espace, que l'enfant réalise en partie grâce à l'enseignement géographique, passe par le canal de ses représentations et de ses structures cognitives.[2] Selon la psychologie de l'apprentissage, l'élève *décode* l'information et la *réencode dans (et avec) ses propres structures*[3] mentales. L'esprit de l'enfant n'est en effet pas, en matière de géographie comme en tout autre matière, une *table rase*, une *page à noircir*. L'enfant possède certains *schémas pertinents* du réel (J.-P. Guérin), qui lui viennent de son *vécu* et de son milieu socio-culturel. (On parle, à l'I.N.R.P., de *halo idéologique*). Ces schémas *a priori* concernant les phénomènes spatiaux, ces *images mentales* de l'enfant relatives aux faits géographiques – qui ne sont pas, notons-le, des pré-requis relevant de connaissances objectives – peuvent être un obstacle (le plus souvent), ou au contraire une aide à l'apprentissage. Aussi est-il important pour l'enseignant de les connaître, soit pour les rectifier, s'ils sont erronnés, soit pour les préciser, les enrichir et prendre appui sur eux, s'ils sont en mesure de constituer une porte d'entrée dans la connaissance.

L'enseignant doit également connaître ces représentations, car elles fourmillent de renseignements quant à la nature de la structure cognitive des élèves, et donc quant aux cheminements mentaux qui leur

1. A. Moles, *Psychologie de l'espace*, Casterman, 1978.
2. M. Clary et A. Le Roux, *Évaluation cognitive*. Quatrième rencontre nationale sur la didactique de l'histoire, de la géographie, des sciences économiques et sociales, 8-9-10 mars 1989, I.N.R.P., 1989.
3. F. Audigier, *Introduction à la Rencontre nationale sur la Didactique de l'histoire et de la géographie*, I.N.R.P., 21-22 janvier 1986.

permettent d'apprendre. D'où l'intérêt des questionnaires, sondages, interviews et autres dessins – pompeusement baptisés *cartes mentales* – qui renseignent sur la manière dont les élèves perçoivent et vivent l'espace. Aussi est-il intéressant, avant d'étudier un quelconque pays, de demander aux élèves ce que ce pays évoque pour eux, et de leur suggérer de traduire graphiquement la *représentation* qu'ils en ont.

Comment enseignait-on la géographie autrefois ?

Curieusement, la géographie a d'abord été une matière d'enseignement, avant de devenir une discipline scientifique. C'est en effet l'historien Émile Levasseur (1828-1911), condisciple de Taine à l'École Normale, avant d'être chargé d'un cours d'histoire des faits et des doctrines économiques au Collège de France, qui provoque son entrée dans les programmes scolaires, en assurant, dans un rapport qui fait à l'époque quelque bruit, que la méconnaissance de la géographie n'était pas étrangère au désastre de 1870. Et ce n'est qu'alors que la géographie universitaire prend son essor, se démarquant de l'histoire, à laquelle elle était jusqu'alors étroitement associée.

Faire connaître la *douce France*

La géographie, de 1880 à 1930, est fortement entachée d'idéologie. Née sous le signe de la défaite, elle se voit confier la tâche de restaurer l'idée de patrie dans l'esprit des jeunes Français. Fondement, au même titre que l'histoire, de l'éducation civique et morale, elle est alors, à la fois nationaliste, revancharde (jusqu'à la Première Guerre mondiale) et impérialiste. Son but est de faire connaître ce *don du ciel* que représente la *France éternelle*, si admirablement inscrite dans le cadre de ses frontières naturelles, si harmonieuse dans ses contours, si variée, accueillante et modérée dans son climat et son relief, et enfin jouissant d'une si paisible civilisation rurale, que c'est un véritable plaisir que d'y vivre. Vraiment, un bijou, béni des Dieux, ce *Finistère* de l'Europe. Un bijou que l'École géographique française se plaît, avec art et amour, à décrire, dans la variété et la richesse de ses multiples identités régionales. Une France, en outre, dont l'œuvre *civilisatrice* au-delà des mers, est si digne d'admiration. Un livre comme le *Tour de France par deux enfants* illustre parfaitement cette conception toute particulière de l'enseignement géographique.

Développer le patriotisme

Les Instructions officielles ne demeurent pas en reste, lorsqu'il s'agit de mettre en avant les objectifs patriotiques de l'enseignement géographique. «*La place de la France dans le monde est assez grande, son rôle assez noble pour qu'un enseignement sincère, soucieux de vérité jusqu'à l'intransigeance, favorise l'éclosion et l'épanouissement du sentiment patriotique. Et tel doit être le but de l'enseignement historique et géographique à l'école primaire»*, font savoir celles de 1923. Il faudra attendre les Instructions de 1945 – réaction anti-vichyssoise oblige – pour voir disparaître la référence au patriotisme induit par l'enseignement géographique. Quarante ans plus tard, le patriotisme opère un retour en force dans les Instructions officielles. Celles de 1985 affirment que *« la découverte des richesses de notre peuple et de notre pays sont indispensables à la formation du citoyen français».* Ces mêmes instructions assurent par ailleurs que l'histoire et la géographie *«participent à l'apparition, chez l'élève, de la conscience nationale».*

Triomphe d'une géographie énumérative et encyclopédique

La géographie traditionnellement enseignée est une *géographie des lieux*, une *géographie inventaire*, une géographie énumérative, descriptive et encyclopédique, dans laquelle triomphe la nomenclature, (montagnes, fleuves, frontières, ressources naturelles, avec leur production annuelle, départements, avec leurs chefs-lieux et leurs sous-préfectures). *«Le professeur veillera,* indiquent les Instructions de 1925 *pour la classe de Sixième, à ce que les élèves acquièrent une connaissance précise et sûre de la nomenclature indispensable.»* Recommandations identiques à l'école primaire. Cette primauté du vocabulaire a autorisé certains à parler de *méthode syllabique appliquée à la géographie*, ou encore d'*analyse alphabétique* des phénomènes géographiques.

En vertu du vieil adage : *Décomposer pour comprendre*, la géographie enseignée est également une *géographie à tiroirs*, traitant successivement, à l'aide d'un plan stéréotypé et toujours identique à lui-même, du relief, du climat, de l'hydrographie, du peuplement, et enfin de l'économie du pays concerné. Un plan qui traduit le déterminisme simplificateur sous le signe duquel vit, depuis son origine, l'enseignement géographique. Bien que condamné par Vidal de la Blache, qui estime qu'il va *contre le but que se propose la géographie*, et par Emmanuel de Martonne, pour qui il est *«contraire à l'esprit même de la géographie régionale»*, le *plan à tiroirs* devait jouir d'une belle postérité.

Cette conception traditionnelle de l'enseignement géographique se résume assez bien dans l'aphorisme célèbre : *Rien à comprendre et tout à apprendre.*

Un enseignement dogmatique

Quant à la méthode d'enseignement, elle repose sur la leçon magistrale ; la mémorisation d'un résumé, celui du manuel ou celui dicté par le maître *(une île est une partie de terre entièrement entourée d'eau, une presqu'île est une île reliée à la terre par un étroit passage, un cap est une partie de terre qui s'avance dans la mer, un golfe est une partie de mer qui s'avance dans la terre);* la reproduction de cartes, et cent astuces mnémotechniques destinées à faciliter la mémorisation de la nomenclature. *L'Yonne, chef-lieu Auxerre, sous-préfecture Sens, Joigny, Tonnerre, Avallon* se décline ainsi : *« J'avais un jour une soif de lionne, /Et voulu voir à quoi l'eau sert. /Pour rafraîchir mes sens /un peu de vin j'y joignis, /Et je dis, tonnerre, avalons. »*

Début d'*aggiornamento* des méthodes d'enseignement

Comme en toute chose, la Grande Guerre marque une fracture dans l'enseignement géographique. C'en est fini après elle du bellicisme des années quatre-vingt. La cohésion de la *France éternelle* et de son mirifique Empire commencent à se lézarder. L'enseignement géographique dépouille alors sa défroque idéologique (il la retrouvera, temporairement, sous Vichy) pour se centrer sur les problèmes proprement pédagogiques.

Dès l'époque de J. Ferry, on avait d'ailleurs réagi contre un enseignement, aussi fastidieux pour le maître que pour les élèves. La *méthode intuitive,* fondée sur l'observation du milieu, et celle dite du *lieu natal,* visant à étudier le proche avant d'aborder le lointain, tentent de donner couleur et vie à un enseignement formel et stéréotypé. Cette réaction se prolonge dans les Instructions de 1923, 1938 et 1945. N'hésitons pas à simplifier l'enseignement de la géographie, demandent les Instructions officielles. Fondons toute leçon *sur l'observation du milieu local et l'explication de gravures.* Plus que *la récitation de la liste des sous-préfectures,* ce qui compte, c'est d'apprendre aux élèves à observer, comparer, généraliser.

Estimant sans doute qu'on s'était montré quelque peu laxiste, et que le retour du balancier avait été un peu trop marqué, les Instructions de 1945 se croient obligées de redorer le blason de la mémoire, en assurant que *les questions de nomenclature ne sont pas bannies,* que *les définitions doivent être sues par cœur,* qu'*il faut meubler la mémoire d'images claires, bref, qu'il convient de rendre à la géographie sa simplicité et son efficacité ancienne.* Ce qui n'empêche pas ces mêmes Instructions de recommander chaudement l'*observation personnelle,* les *exercices nombreux sur le terrain* et l'*étude du milieu local en liaison avec les classes-promenades.*

Stabilité des programmes

Quant aux programmes d'enseignement, ils manifestent une relative stabilité, depuis ceux édictés par Octave Gréard en 1868, jusqu'à ceux promulgués par Jean-Pierre Chevènement en 1985.

Sans remonter aux origines, contentons-nous d'esquisser l'évolution des programmes de l'école élémentaire depuis 1923.

À cette date, décision est prise de ne plus enseigner l'histoire et la géographie au Cours Préparatoire, les enfants étant jugés incapables d'acquérir à cet âge la maîtrise des notions de temps et d'espace.

Au Cours Élémentaire, le programme de 1923 prévoit quelques notions géographiques simples (horizon, points cardinaux, accidents du sol, tracé des côtes : cap, golfe, isthme, détroit); une description sommaire de la terre (forme, zones climatiques, continents et océans, races et pays); et enfin *un canevas simple et solide* sur la France.

En 1945, le programme du Cours Élémentaire est allégé. Il comporte une simple initiation, *« à l'observation et à la compréhension des grands faits géographiques et de leur vocabulaire usuel : points cardinaux, saisons et temps, les terrains, les accidents du sol, les eaux, la mer, les paysages végétaux, les habitations et le groupement des hommes, leurs divers travaux et genres de vie, les moyens de communications et d'échanges ».*

Quant aux programmes du Cours Moyen, ils témoignent, entre 1923 et 1945, d'une évolution inverse. Relativement légers en 1923 : la France et ses colonies, *(«Donnons-leur de leur pays, de la mère patrie et de ses filles lointaines, une image aussi riche que possible»)*, ils s'étoffent en 1945 (*«c'est au cours moyen que l'on aborde vraiment la géographie,* indiquent les Instructions officielles»). Outre la France métropolitaine et la France *d'outre-mer* (on ne parle plus de *colonies*), les enfants s'initient à la géographie locale et à la cartographie (avec notamment la notion d'échelle).

En classe de fin d'études, en 1923 comme en 1947, les élèves révisent la géographie de la France et de *l'Union française* (et non plus de la France d'outre-mer) et étudient l'Europe et les grands pays du monde.

■ La *révolution* de l'*éveil*

En matière de méthode d'enseignement, la réaction amorcée à l'époque de J. Ferry contre la pédagogie dogmatique se poursuit. La note ministérielle du 8 août 1957 donne le ton. *«Par l'observation directe de cartes, de graphiques simples et d'images, on dégagera les traits essentiels de la géographie locale puis de la géographie physique, humaine et économique de la France et de l'Union française.»* Bons et beaux conseils qui ne modifient guère un enseignement toujours fondé sur la *leçon* magistrale, et la mémorisation mécanique d'une fastidieuse nomenclature.

Avec l'*Éveil*, chambardement général des programmes et des méthodes de l'école élémentaire. Classée dans un secteur du tiers-temps baptisé *activités d'éveil*, la géographie y coudoie des disciplines aussi hétéroclites que la morale, les sciences, le dessin, le travail manuel et le chant. Les objectifs sont généreux, si les réalisations laissent quelque peu à désirer. Il s'agit, en effet, de prendre en compte le développement psychique de l'enfant, d'accroître ses aptitudes et ses compétences, plutôt que de lui faire mémoriser des connaissances (l'expression : *apprendre à apprendre* figure l'*incontournable* label de cette pédagogie nouvelle). La *géographie à tiroirs* est formellement proscrite, et il est recommandé de se fonder sur les intérêts de l'enfant, et de prendre appui sur son environnement.

Avant que ne paraissent les instructions d'*éveil* (1977 pour la Maternelle et le Cours Préparatoire – le lancement de *l'éveil* date de 1969 – 1978 pour le Cours Élémentaire, et surtout, 1980 pour le Cours Moyen, date à laquelle on assiste à un renversement de perspective, le *savoir* opérant un retour remarqué, tandis que décline la *méthode*), la notion de programme devient parfois singulièrement floue. En géographie, comme en histoire, on prend souvent appui sur l'*occasionnel*, traitant tel ou tel thème d'actualité (les jeux olympiques, ou *la faim dans le monde* ont beaucoup servi), et cela, *dans l'aimable laisser-aller d'une discussion ou d'un récit*. La *doctrine* (si doctrine il y a !), était, à partir des divers *milieux* accessibles à l'enfant (village, ferme, ville), de procéder à des *extensions* dans l'espace, par le moyen d'un processus de comparaison et de généralisation, pour aboutir à un certain nombre de *typologies*. Les chercheurs de l'Institut National de la Recherche Pédagogique, qui se portent d'emblée en tête du combat pour *l'éveil*, récusent les programmes rigides, linéaires et factuels, qui sont de règle dans l'enseignement géographique, et suggèrent de les remplacer par des *itinéraires pédagogiques*, fondés sur une définition précise d'objectifs d'apprentissage, conceptuels et méthodologiques ; ainsi que sur la mise en œuvre de *sujets d'étude* ayant un *point d'ancrage* dans le milieu de vie de l'enfant. Ajoutons qu'à travers ces recherches, les options de la *nouvelle géographie* pénètrent, sinon dans les classes, du moins dans le discours pédagogique.

Bien que séduisantes pour l'esprit, ces brillantes constructions intellectuelles n'ont pas l'heur de plaire aux instituteurs.

Quant aux manuels publiés à partir de 1977-78, ils ôtent à la géographie son autonomie, la fondant dans une sorte de magma baptisé *sciences humaines*, ou encore *sciences sociales*. Chacun des chapitres de ces manuels *d'éveil* fonctionne de manière cohérente par rapport à la doctrine pédagogique du moment. Partant d'*aujourd'hui* et d'*ici*, ils aboutissent tous à *ailleurs* et *autrefois*.

Avec la pédagogie d'éveil, la mémoire est reléguée au second plan. L'accent est mis sur les *intérêts* de l'enfant, sur son *projet*, sur la *construction* de son savoir, et surtout sur son accession à *l'autonomie*.

Directif lorsqu'il s'agit d'organiser les situations de recherche, le maître ne l'est plus lorsqu'il s'agit du contenu et du déroulement de la recherche. Théoriquement acceptable, une telle conception pédagogique devait parfois aboutir dans les classes à un certain laxisme, et ne conduire qu'à de bien piètres apprentissages.

Exit les activités d'éveil !

Les Instructions de 1984, mais surtout celles de 1985, sonnent le glas des activités d'éveil, et redonnent à la géographie sa pleine et entière autonomie, en en faisant l'une des sept disciplines obligatoires de l'école élémentaire. Une discipline dotée d'une demi-heure hebdomadaire au Cours Préparatoire, d'une heure dans les autres cours, et dont les programmes tentent timidement leur *aggiornamento* (au moins dans le vocabulaire), pour se mettre modestement en phase avec le *savoir savant* de la nouvelle géographie. Baptisée *pédagogie de l'activité,* la pédagogie d'éveil survit cependant, notamment dans les *sujets d'étude.* L'intervention magistrale et la mémoire sont réhabilitées. Quant à la déesse *méthode,* souveraine dans *l'éveil,* elle retrouve sa fonction qui est d'être au service des apprentissages.

Approche didactique de la géographie

Pédagogie et didactique

Le terme de didactique est d'introduction récente dans le vocabulaire des sciences de l'éducation. Aussi, nombreux sont ceux qui éprouvent encore quelques difficultés à le distinguer de celui de *pédagogie*.

La pédagogie concerne l'ensemble des méthodes et des techniques d'enseignement (impositive, active...) destinées à assurer, dans les meilleures conditions possibles, la transmission ou l'appropriation du savoir, en fonction des données de la psychologie et de la physiologie enfantine. Mais la pédagogie ne se réduit pas à un simple savoir-faire. Elle n'est pas « *un agrégat de techniques plus ou moins aveugles* » (G. Laforest). Elle est également réflexion sur la pratique, *pour la conceptualiser et la mettre en ordre.* Elle est encore réflexion sur sa propre histoire et sur ses fondements, ainsi que sur les liens à établir entre l'école, dans ses finalités et son organisation, et les besoins de la société.

Quant à la didactique, bien que toute orientée vers la réalité scolaire, elle présente un caractère nettement plus théorique. Conçue comme « *l'analyse des processus de transmission et d'appropriation des connaissances* » (G. Vergnaud), elle fonctionne comme un système, dont les différents éléments sont en constante interaction.

■ Les composantes de la didactique

Entrent, tout d'abord, dans la didactique, les contenus disciplinaires. Contenus qui comprennent, non seulement le *savoir* proprement dit, véhiculé par la discipline, mais également l'histoire de cette discipline, ses finalités, son bagage conceptuel, son mode de production, et ses principes, ainsi que son axiomatique (ensemble de ses postulats, de ses hypothèses et déductions), bref tout ce qu'on fait habituellement figurer sous le terme d'épistémologie (discours, *logos*) critique sur les fondements, les concepts, les méthodes, le domaine de validité et les champs d'application de la science *(épistémé)*.

La didactique indique ensuite la manière dont ce *savoir savant* peut s'insérer dans l'enseignement. Elle fixe les connaissances, les concepts et les méthodes qui seront transmises aux élèves, en fonction de leur capacité à les comprendre et à se les approprier. La didactique précise encore l'ordre logique qu'il convient d'établir dans l'apprentissage des connaissances et des concepts, afin de construire un savoir cohérent et structuré.

Après le *savoir* inhérent à la discipline, et la transposition qui en est faite pour l'adapter à l'enseignement ; après l'organisation rationnelle de ce savoir – ce qui suppose que les stratégies cognitives des élèves aient été décelées, et que les obstacles intellectuels qui perturbent l'appropriation du savoir géographique aient été identifiés – la didactique comprend les divers processus d'enseignement (méthodes, techniques, stratégies) destinés à faire acquérir le savoir.

Entrent enfin dans la didactique, les modes d'évaluation et les relations de la discipline avec les autres enseignements.

Le *triangle pédagogique* de Philippe Meirieu

En dernière analyse, et pour faire bref, on pourrait dire que la didactique est la mise en relation des processus d'enseignement et des processus d'apprentissage.[1] Ce que figure assez bien le *triangle pédagogique*, grâce auquel Philippe Meirieu représente le *champ didactique*, avec ses trois pôles : l'élève, l'enseignant et la discipline ; avec, entre la discipline et l'enseignant, le *cheminement didactique*, qui permet de passer du *savoir savant* au *savoir enseigné ;* avec également, entre l'enseignant et l'élève, la *relation pédagogique*, grâce à laquelle le *savoir enseigné* devient *savoir acquis ;* et enfin avec, entre la discipline et l'élève, les *stratégies d'apprentissage* mises en œuvre par ce dernier pour acquérir le savoir.

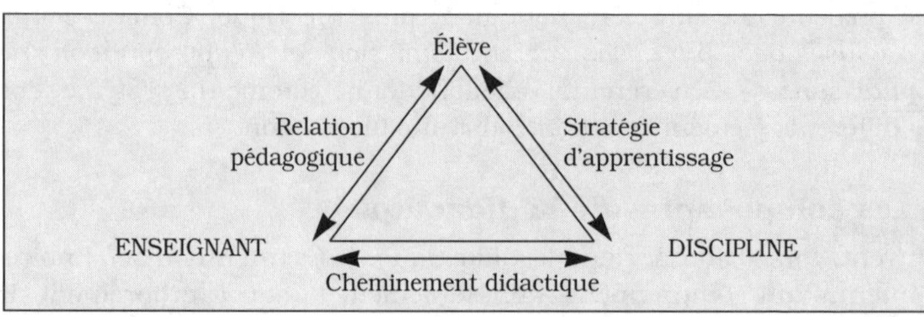

1. *Histoire et géographie : des didactiques dans tous leurs écarts, formation des instituteurs aux didactiques par la recherche*, op. cit.

Donnons, pour conclure, le point de vue de Gérard Vergnaud : «... *Il faut écarter tout schéma réductionniste : la didactique n'est réductible ni à la connaissance d'une discipline, ni à la psychologie, ni à la pédagogie, ni à l'histoire, ni à l'épistémologie. Elle suppose tout cela, elle ne s'y réduit pas ; elle a son identité, ses problèmes, ses méthodes.*» Pour en revenir à la pédagogie, on pourrait dire qu'elle est *l'art d'adapter la didactique à l'âge et au niveau des élèves*[1].

Savoir savant et *savoir enseigné*

Si nous nous intéressons tout d'abord aux contenus de l'enseignement géographique, nous devons tenter de jeter quelques lueurs sur le redoutable problème des *écarts* existant entre le savoir extra-scolaire des spécialistes – ce que les didacticiens appellent le *savoir-savant* – et le savoir enseigné par les professeurs, ainsi qu'entre ce savoir et celui réellement acquis par les élèves. Transformer le savoir établi, sans le dénaturer et sans en faire *un sous produit dévalué*[2] en objet d'enseignement, suppose la mise en œuvre d'une certaine *transposition didactique. Transposition*, qui n'est ni vulgarisation, ni appauvrissement du savoir scientifique, mais se présente comme une construction originale, réalisée à l'intention d'un public particulier, le public scolaire.

L'adaptation du savoir scientifique aux capacités mentales des enfants suppose un choix, afin de ne retenir que les notions essentielles, fondatrices, négligeant provisoirement, à un certain niveau d'enseignement, les notions secondaires ou périphériques. Cela suppose ensuite une certaine simplification du *savoir-savant*. «*Le professeur s'efforce de décanter au maximum la science pour la rendre assimilable dans l'enseignement*», lit-on dans les Instructions de 1955. Cela suppose enfin une certaine adaptation du savoir à la diversité des *styles cognitifs* des élèves.

Pour que la transposition didactique ne corresponde pas à un *viol* du *savoir-savant*, et que les *écarts* entre le savoir en voie d'élaboration, et celui assuré et solidement constitué, enseigné aux élèves, ne constituent pas un gouffre sans fond, il convient de donner aux enseignants une formation de haut niveau, leur permettant de bien connaître, et d'être en mesure de hiérarchiser, les notions et les concepts afférents à leur discipline, d'analyser leurs représentations et leur pratique, de comprendre et de s'adapter aux processus d'apprentissage des élèves. Bref, une formation leur permettant de se conduire en véritables didacticiens de leur discipline.

---

1. L. Tirone et M. Joannon, *Pour une approche didactique de la géographie*, op, cit.
2. M. Masson, *Représentations spatiales et savoir sur la montagne des enfants et préadolescents scolarisés*, thèse d'université, Grenoble, 1990.

Formation qui leur sera d'autant plus nécessaire, lorsqu'il s'agira pour eux de mesurer les écarts entre les savoirs enseignés et les savoirs *appropriés*, c'est-à-dire évaluer les acquis des élèves.

À quel courant géographique se référer ?

Selon François Audigier, chercheur à l'I.N.R.P., une leçon de géographie se résout le plus souvent à « *l'apprentissage d'une nomenclature plus ou moins appuyée sur une carte – qui généralement ne sert qu'à nommer, situer et non raisonner – de quelques mots de vocabulaire* spécifique *qui désignent et décrivent, et enfin (à) trois bouts de méthodes sur la lecture d'une photo ou la construction et la lecture d'un graphique. Les problématiques géographiques sont loin. On est dans la géographie du sens commun* ».(1) Critique sans merci de notre enseignement géographique, que confirment certains géographes, qui n'hésitent pas à déclarer qu'au regard de la géographie d'aujourd'hui, toutes les instructions pédagogiques sont obsolètes. En toile de fond de ces critiques, un constat désabusé : la géographie scolaire demeure scientifiquement attachée à cette *vieille lune* qu'est la géographie classique, et à ce désastreux déterminisme qui, même s'il n'est pas avoué, est à l'état latent, aussi bien dans les manuels que dans les leçons des enseignants. Ce qui ne semble pas dépourvu de réalité, si on se réfère au rapport de la Commission nationale sur l'École présidée par Jean-Marc Favret en 1984. Commençant par se démarquer de la géographie traditionnelle, en assurant que « *la géographie, à l'école, ce n'est pas seulement pour l'enfant, savoir des noms de villes ou de montagnes, des chiffres de production de pétrole ou de blé* », ce rapport ne tarde cependant pas à s'aligner sur l'option de base de la géographie déterministe, en assurant que faire de la géographie, « *c'est comprendre le lien qui existe entre les éléments du milieu naturel et les manifestations de l'activité humaine* ». Ce qu'on peut espérer, c'est que si la géographie parvient difficilement à se montrer insensible aux sirènes du déterminisme, du moins n'est-elle pas ce qu'en dit François Audigier. Et peut-être le message de René Clozier, affirmant que la géographie « *n'est pas plus un ramassis de noms et de chiffres que l'histoire un assemblage de dates* »,(2) commence-t-il à passer dans les classes.

■ Pour une géographie *recentrée*

Mais si l'enseignement géographique doit s'affranchir d'une conception jugée dépassée de la science qu'il a pour mission de transmettre, à quel discours doit-il se référer, puisqu'il en existe plusieurs, et qui n'hésitent

1. «À quoi sert la géographie», in *Cahiers pédagogiques*, mai 1989, p. 9.
2. R. Clozier, *Histoire de la géographie*, op. cit., p. 86.

pas à s'affirmer comme contradictoires. Philippe Pinchemel suggère une méthode, comme amorce d'une solution à ce redoutable problème, auquel sont confrontés tous les enseignants de géographie. *« Le savoir-savant de la géographie,* écrit-il, *apparaît sous la forme des pièces d'un puzzle, mais ce puzzle n'a pas une cohérence telle qu'une image en ressorte nettement, savoir multiplié, écarté, flou qui laisse à l'observateur la possibilité de construire plusieurs images. Et c'est à partir de ce savoir qu'un savoir enseigné doit être élaboré, reconstruit, réorganisé, finalisé. Tâche redoutable, entreprise difficile... le moment est venu de travailler ensemble à la redéfinition d'une géographie recentrée. »*

L'Inspection générale, qui n'ignore rien des difficultés auxquelles se heurtent les professeurs de géographie, se montre néanmoins optimiste en ce qui concerne le second degré. Elle écrit, dans son rapport de 1990 : *« Quant à l'enseignement de la géographie, longtemps quelque peu figé dans des formes traditionnelles énumératives, et sans doute déconcerté par l'éclatement des recherches universitaires, il s'efforce depuis une quinzaine d'années de faire son profit du recentrage qui s'opère au niveau scientifique et qui voit l'émergence d'une géographie résolument humaine et systémique. »*

Souhaitons qu'il en soit de même à l'école primaire.

Cette *géographie recentrée,* dont parle Philippe Pinchemel, *résolument humaine et systémique,* selon la formule de l'Inspection générale, pourrait reposer sur quelques principes simples.

Premier principe : apprendre à comprendre l'espace

La géographie a pour but d'apprendre aux élèves à analyser l'espace, cette cire molle sur laquelle s'inscrivent les faits humains, qu'ils soient historiques, économiques, sociaux ou culturels. L'espace concret tout d'abord, représenté par le paysage. Un espace tangible, qui permet notamment d'identifier les relations entre le milieu biophysique et son environnement humain, et donc de s'interroger sur le degré de domestication de la *nature* par l'homme, ainsi que sur la manière dont les groupes sociaux sauvegardent ou dilapident le patrimoine naturel mis à leur disposition. La géographie a été et demeure une *science des yeux*[1], dont le but est de *faire voir* (E. Levasseur en 1878), et dont l'un des outils de base est l'observation. Mais la géographie n'est pas seulement cela, et la formule de Defodon en 1868 : *« Tout par les yeux, rien que par les yeux »*, s'avère aujourd'hui dépassée. Car l'espace ne se réduit pas au paysage. Il existe en effet un espace abstrait, que seul le raisonnement est en mesure de révéler. Un espace structuré, organisé, compartimenté en un certain nombre de *trames,* qui vont des plus simples, issues du repérage (les coordonnées géographiques), aux plus complexes, résul-

1. Brouard et Defodon, *Inspection des écoles primaires,* Hachette, Paris, 1879.

tant des fonctions économiques et se manifestant par les flux et réseaux, en passant par des trames plus difficiles à saisir, comme celles se rapportant aux phénomènes socio-politiques et à l'organisation mentale des individus. Des trames qui souvent se superposent, s'enchevêtrent, de manière parfois inextricable, au point qu'un même lieu relève presque toujours de plusieurs trames, et que chaque individu évolue dans des trames différentes, selon ses activités, de travail ou de loisir, ou selon les démarches administratives qu'il est appelé à effectuer. Yves Lacoste parle de *spatialité différentielle* pour évoquer ces phénomènes.

Deuxième principe : apprendre à penser globalement les systèmes spatiaux

Si la géographie doit apprendre à observer et à décrire, elle doit également apprendre à penser globalement les phénomènes. Ce qui suppose la mise en œuvre d'une approche systémique, faisant apparaître les interrelations existant entre les composantes biophysiques et socio-économiques des systèmes spatiaux, mais ce qui suppose également la prise en compte des différents degrés d'échelle auxquels se manifestent les phénomènes (comparaison du phénomène étudié avec d'autres se manifestant au même degré d'échelle et articulation entre eux des différents degrés d'échelle).

Intégrer les acquis du passé dans la géographie d'aujourd'hui

Fondant l'enseignement géographique sur ces deux principes, dont nul ne devrait pouvoir contester la pertinence, il semble que, sans rien renier des différents apports de la géographie *classique* (qualificatif, pour nous louangeur et non pas péjoratif), ni s'épuiser à poursuivre les multiples pistes de recherches dont la géographie d'aujourd'hui foisonne, on puisse enrichir la géographie des pères fondateurs par celle d'aujourd'hui, et offrir aux élèves une géographie forte et diversifiée, non coupée de ses racines, tout en étant résolument tournée vers l'avenir.

Les représentations des enseignants

Face à ces principes, à la fois classiques et novateurs, comment se situent les enseignants ? Quels sont leurs *représentations* en matière d'enseignement géographique ?

Deux enquêtes, réalisées auprès d'un échantillon représentatif d'instituteurs, l'une par l'I.N.R.P., l'autre par nous-même, donnent des résultats parfaitement concordants quant aux objectifs que les maîtres assignent à l'enseignement géographique.[1]

1. *Histoire et géographie : des didactiques dans tous leurs écarts*, op. cit.

L'objectif premier se rapporte, au Cours Préparatoire et au Cours Élémentaire, à la connaissance du *milieu immédiat*, et à celle d'un milieu plus lointain au Cours Moyen. Connaissance également des *autres*, ce qui fait le lien avec l'éducation civique. D'une manière générale, la géographie humaine est privilégiée. Les connaissances sont surtout relatives à la *maîtrise des grandes localisations* et à l'utilisation d'*un vocabulaire simple de base*. La structure notionnelle de ces connaissances est peu évoquée. Certains maîtres voient également dans l'enseignement géographique le moyen d'apprendre aux élèves à gérer correctement le patrimoine naturel, et à réfléchir à quelques-uns des grands problèmes contemporains, tels que la faim dans le monde et l'aide aux pays en voie de développement. En ce qui concerne l'explication géographique, l'accent est mis sur la *découverte des relations entre l'homme et son milieu*. Quant à *la construction de l'espace à partir d'hypothèses* et à la mise en œuvre de *modèles*, ils laissent de marbre les instituteurs.

En ce qui concerne les savoir-faire, les instituteurs entendent apprendre aux élèves à observer et à décrire une diapositive et, *occasionnellement, un paysage réel;* à lire et réaliser une carte ou un graphique et, pour quelques-uns, à savoir conduire une enquête.

À propos des méthodes pédagogiques, les enseignants déclarent majoritairement ne pas s'en tenir à la seule mémorisation. Déclaration obligée qui ne correspond pas forcément à la réalité de la classe. Si les enseignants soulignent le rôle du document comme support pédagogique et outil de recherche, s'ils déclarent ne pas utiliser uniquement le manuel pour préparer leur classe, mais de nombreux autres documents, ils avouent par contre ne guère se soucier de la psychologie des enfants, et nombreux sont ceux qui tiennent l'évaluation en piètre estime.

Au total, les instituteurs semblent avoir une conception *traditionnelle* de l'enseignement géographique, fondée sur un certain type de géographie, qui ignore superbement les orientations actuelles de cette science et de sa didactique. Si les instituteurs se rendent peu sur le terrain, par contre ils utilisent beaucoup la diapositive et les préoccupations d'environnement ne leur sont pas étrangères. Ce qui montre que si leur enseignement n'est pas au goût des géographes avant-gardistes du moment, il n'en est pas pour autant totalement fermé au monde d'aujourd'hui.

Quels contenus pour l'enseignement géographique ?

Les contenus à enseigner sont évidemment fixés par les programmes. Mais avant d'analyser ceux-ci, il convient de s'arrêter quelques instants sur deux secteurs importants de ces contenus : les concepts et le vocabulaire.

Quels concepts faire *construire* ?

Les concepts qu'il convient de faire construire par les élèves concernent cet *espace social* (et non pas *naturel* – même si la *nature* n'y a pas perdu ses droits) qu'est l'espace géographique. Un espace qui est avant tout *de relation*, dans lequel l'homme habite, produit, consomme, se déplace, et qu'il aménage au gré de ses intérêts.

Les principaux concepts *spatiaux*, auxquels il convient d'initier les élèves, ont déjà été évoqués. Contentons-nous de les rappeler.

• Concept de localisation géographique

Ce concept permet une approche explicative des phénomènes, en faisant intervenir les notions de centre et de périphérie, de pôle et de zone d'influence. Notions qu'on appréhende d'abord à l'échelle du village, du quartier et de la ville, puis à celle de la région, du pays, du continent et du monde.

• Concept de distance géographique

Ce concept est beaucoup plus complexe qu'il n'y paraît, car il possède un aspect à la fois objectif et subjectif. De même que le temps ne s'*écoule* pas à la même vitesse pour chacun d'entre nous, suivant les moments et notre disposition intérieure, la perception qu'on a d'une distance peut contribuer à l'allonger ou à la raccourcir. Même l'aspect le plus objectif de la distance, celui à base kilométrique, est à relativiser, en fonction de l'accessibilité du lieu où l'on souhaite se rendre (rapidité et fréquence des communications, relief – en montagne, la distance s'évalue en *heures de marche*). Et puis, il y a la distance qui s'exprime en temps et celle qui s'exprime en coût. Sans parler de la distance sociale qui peut éloigner des voisins de palier, ou au contraire rapprocher des gens situés aux quatre coins de la ville.

• Concept d'échelle géographique

Le concept d'échelle géographique (et non pas cartographique) permet la prise en compte des dimensions à partir desquelles se constituent les *trames spatiales* dont nous avons parlées, et s'organisent les *unités spatiales* hiérarchisées en fonction de leur taille. *Unités spatiales* qui sont le quartier ou la ville, et qu'il convient de comparer à d'autres, d'échelle identique (autres quartiers ou autres villes), de manière à faire apparaître les structures spatiales dominantes.[1]

En même temps qu'il convient de les mettre en relation avec d'autres espaces, situés à d'autres niveaux d'échelle, dans lesquels s'insèrent les individus et les groupes sociaux : espace de résidence, espace des migrations quotidiennes liées à l'activité professionnelle, espace des loisirs plus ou moins large et lointain, espace où se prennent les décisions politiques, économiques et sociales, qui influent sur l'espace de

1. *Histoire et géographie à l'école élémentaire, pour une mutation*, op. cit.

vie, de travail et de loisir des individus. Aucune des *coquilles* de l'homme, qui s'emboîtent les unes dans les autres, ne doit être négligée par la géographie.

Deux autres notions sont importantes en matière d'organisation de l'espace, celles de réseau et de bassin. Réseaux et bassins pouvant être visibles, (réseau autoroutier, bassin hydrographique), ou invisibles (réseau bancaire, bassin d'emploi).

À ces concepts instrumentaux s'en ajoutent d'autres, déjà évoqués, et sur les plus importants desquels nous reviendrons, ceux de milieu, d'espace et de paysage.

En ce qui concerne les concepts relatifs aux hommes et à leurs activités, il faut signaler ceux de répartition et d'évolution, qui s'appliquent aussi bien à la population qu'aux activités humaines, agriculture, industrie, commerce; et également ceux d'économie, de production, de consommation et d'échange.

Du bon usage du langage géographique

Ce n'est pas parce qu'il y a eu abus en la matière, qu'il convient d'écarter toute nomenclature de l'enseignement géographique. Comme n'importe quelle science, la géographie possède son langage fonctionnel, par lequel, si on souhaite s'initier à elle, on ne peut se dispenser de passer. Comment définir, et ensuite expliquer, le moindre phénomène géographique, sans d'abord préciser à quel type il appartient? Et donc sans commencer par le nommer? Tout terme géographique a d'ailleurs valeur de classification (maison *à cour fermée, à cour ouverte, en hauteur, en longueur*) et sous-tend un concept. Comment, d'autre part, rendre compte de la surface terrestre, sans faire référence à un certain nombre de *lieux*. (Ce n'est pas parce que ce terme a eu, un moment, mauvaise presse, qu'il doit pour autant être banni du vocabulaire géographique). Ajouté à cela le fait que la nomenclature géographique, intelligemment assimilée, constitue aujourd'hui encore une *banque de données* de première urgence, dont l'utilité pratique ne saurait être contestée. Gardons-nous cependant de nous montrer trop ambitieux en la matière, et conservons en mémoire les sages conseils prodigués par les Instructions de 1923 : « *L'enfant peut entendre parler d'un grand nombre de villes, il n'a pas à en retenir tous les noms... Inutile de charger sa mémoire de noms qu'il oubliera fatalement, que nous oublions tous, que nous avons raison d'oublier, qu'il suffit de savoir retrouver à l'occasion grâce aux livres et aux atlas.* »

Ajoutons que, s'il ne faut pas craindre les mots techniques : conurbation, rurbanisation, voire exurbanisation, lorsqu'ils correspondent aux réalités d'aujourd'hui, il ne convient pas d'en abuser. Et si on y a recours, encore faut-il les employer à bon escient. Tout jargon est à proscrire, en géographie comme ailleurs, car il témoigne d'une certaine paresse intellectuelle, et d'une incapacité à définir précisément les concepts en question. Sans parler des risques d'incompréhension qu'il comporte.

Quelle méthode pour l'enseignement géographique ?

La méthode de l'enseignement géographique n'est généralement pas très prisée, aussi bien par les élèves que par les parents. Elle donne l'image, assure Jean Dresch, d'une discipline *énumératoire, classificatoire, ennuyeuse.* D'une discipline en outre trop souvent naïvement déductive, voire enfermée dans un pernicieux esprit de système, et qui semble en être restée à l'aphorisme provocateur de Michelet : « *L'Angleterre est une île, c'est toute sa géographie et toute son histoire.* »

Yves Lacoste critique de son côté, en 1976, dans le premier numéro de la revue *Hérodote*, la *géographie scolaire*, assurant qu'elle est « *souvent réduite au rôle de catalogue, d'inventaire de lieux décrits et offerts en spectacle aux élèves* ». De science des *lieux* chez Vidal de la Blache, elle serait devenue, dans l'enseignement, science de la *mémoire des noms de lieux*. Quant à Jean David, didacticien de la géographie, il assure que le savoir va toujours du maître à l'élève, sans que celui-ci ne participe en aucune manière à son élaboration, en confrontant celui qu'il possède déjà à celui apporté par le maître. Sans, en somme, que *l'apprenant* ne se comporte en « *sujet actif à la découverte du vaste monde* » (A. Frémont), ainsi que le préconise la démarche d'éveil. Sans non plus, circonstance aggravante, que celui-ci ne parte, pour acquérir une vision claire de l'univers, de l'espace de ses *gestes immédiats*, tel qu'il le perçoit, le vit, et se le représente.

La pédagogie d'éveil, censée réagir contre les abus de l'empilement encyclopédique de connaissances que représente traditionnellement l'enseignement géographique, ne connaît pas davantage la faveur des pédagogues, car il lui est arrivé d'évacuer la mémoire, d'oublier de structurer les connaissances, et surtout de méconnaître la méthode géographique, dans toute la rigueur de son analyse et de son raisonnement.

« *Dans l'élaboration du savoir scolaire,* écrit Pierre Desplanques, *le professeur doit provoquer l'esprit de ses élèves par une problématique qui stimule la réflexion et implique la résolution d'un problème... Un enseignement de la géographie qui n'expose pas de problème perd de son sens : le monde devient plat. La géographie qui ne fait qu'exprimer, décrire, compter, rassurer sans stimuler, emplit la mémoire sans former l'esprit et finalement ennuie sans bénéfice.* » (1) On ne saurait mieux dire.

1. P. Desplanques, *La didactique de la géographie*, op. cit.

Élucider les représentations des élèves

La première démarche du pédagogue consiste à élucider et à prendre en compte le *savoir naïf* des élèves. Et surtout, à faire prendre conscience aux *apprenants*, de la manière dont ils se représentent implicitement les phénomènes spatiaux. Passer de l'implicite à l'explicite, en matière de *représentations*, permet seul de rectifier celles-ci, voir de les prolonger, de les étoffer, ou de les complexifier, s'il s'avère qu'elles constituent une base solide sur laquelle pourra s'édifier le savoir objectif qui est le but de l'enseignement.

Il est donc important, avant d'aborder l'étude de tout phénomène géographique, de procéder, oralement ou par le biais d'une carte librement dessinée, à une sorte de *déballage* des *connaissances* (qui n'en sont pas encore!) antérieures des élèves. La dérive qui guette ce type de pratique, est évidemment d'étudier ces représentations pour elles-mêmes, de les analyser, de les cartographier, bref, d'en faire une *géographie*, en fonction de l'origine socio-culturelle des élèves et de leur lieu de résidence. Si l'on tombait dans un tel travers, l'analyse des représentations cesserait d'être un moyen pour devenir un but. On sortirait de la géographie, pour entrer dans la psychologie, ou la psycho-sociologie.

Le but de la géographie étant de permettre aux élèves de comprendre l'espace et d'acquérir à son propos un certain langage géographique, sous-tendant des concepts, il paraît nécessaire de passer en revue les principales étapes de la démarche géographique, en matière de découverte et d'explicitation de l'espace.

S'approprier l'espace

« Localiser, décrire, expliquer, comparer (...), tel est, selon les Instructions de 1955 pour le second degré, le rôle de la géographie. » Quant aux objectifs de base que les Instructions de 1985 pour le premier degré assignent à l'enseignement géographique, ils tiennent en trois mots : observer, décrire, comprendre. Bien que distantes de trente années, et concernant l'une le second et l'autre le premier degré, ces deux instructions relèvent de la même ligne de pensée, et elles nous livrent les principales étapes de la démarche de l'enseignement géographique. Démarche qui ressemble à s'y méprendre à celle dite *d'éveil*. Placé en situation de recherche, face à un fait géographique quelconque, sa rue, son quartier ou son village, l'enfant commence par le situer sur la carte. Puis il l'observe, le décompose en ses éléments, décrit chacun d'eux, avant de s'interroger sur ce qui les unit. La démarche de l'enseignement géographique est donc de type inductif, et non pas déductif à partir de modèles, à l'image de celle utilisée par les tenants de la nouvelle géographie, pour analyser les phénomènes spatiaux.

• Apprendre à observer

À l'école comme au collège, l'observation demeure le point de départ obligé de toute analyse géographique. Qu'il s'agisse de l'observation de la réalité ou de sa représentation, sous la forme d'images, de cartes, de croquis ou de graphiques. Observer est exclusif de toute passivité, dans la mesure où cela consiste à orienter, sélectionner, opérationnaliser, bref rationaliser ses perceptions. Mais, celles-ci passant par le filtre des représentations, sont subjectives et aléatoires. Un apprentissage de l'observation est donc nécessaire, pour la hausser au niveau d'une observation-réflexion, qui permette de sélectionner certains éléments du réel, d'y découvrir des indices, d'y établir des repères, bref, de lui donner un sens.

Les partisans d'une géographie abstraite et désincarnée, pour qui le paysage n'est qu'un simple – et faux – reflet du réel, ne se montrent guère enthousiastes à l'égard de cette géographie *qui observe*, et qui perd ainsi *sa substance et son âme.*

À les en croire, *la surdétermination du concret, du terrain, du visible,* ferait de la géographie *une observation sans être une science.*(1) Et ces géographes d'appeler à la rescousse Michel Foucault, pour qui *« il ne suffit pas d'ouvrir les yeux, de faire attention, ou de prendre conscience pour que de nouveaux objets aussitôt s'illuminent, et qu'au ras du sol, ils poussent leur première clarté ».*(2)

Et si, de même qu'il existe un *savoir-savant* et un *savoir-enseigné,* il y avait une méthode appropriée à un certain type de recherche géographique, fondée sur la déduction, et une autre, inductive, destinée à la formation des élèves...

Ajoutons que l'observation du terrain prend toute sa signification, lorsqu'il s'agit pour l'élève de jouer les aménageurs de l'espace, en se plaçant dans le cadre d'une *« géographie opérationnelle en situation réelle »* (M. Clary).

• Localiser, c'est déjà expliquer

Les phénomènes géographiques sont tous localisés. Ils ne mériteraient pas sans cela le qualificatif de *géographiques.* Ils se caractérisent donc par leur répartition, qui peut être homogène (formation végétale), ou au contraire présenter des densités différentes (population), ainsi que par leur extension. Nous savons déjà que la localisation des phénomènes représente l'un des éléments de leur explication.

Ainsi, l'aire d'extension du blé renseigne sur les exigences et les conditions de vie de cette culture. Et lorsque telle ou telle localisation ne comporte aucune explication *visible,* il faut aller voir du côté de

1. M. Clary et R. Ferras, « Géographie pour l'école et géographie des représentations », in *Représenter l'espace,* op. cit.

2. M. Foucault, *Les mots et les choses,* Gallimard, 1966, p. 58.

l'*invisible*. Le pédagogue doit donc habituer les élèves à localiser les phénomènes étudiés, à les délimiter, à les situer les uns par rapport aux autres, bref, il doit faire naître en eux le *réflexe de la carte*.

• L'*incontournable* description

La description a toujours constitué l'un des piliers de la démarche géographique. Qu'elle soit lyrique, et imagine la réalité plus qu'elle n'en rende compte, comme chez Michelet, ou que, tout en conservant les couleurs et la vie, elle se fasse scientifique et explicative, comme chez Vidal de la Blache, (il est à cet égard significatif de comparer ces deux morceaux d'anthologie que représente la description de la Bretagne par ces deux auteurs, l'une en 1833, l'autre en 1903). La description géographique, qui se veut à la fois raisonnée et évocatrice (elle « *se grave dans les yeux* » assure Vidal de la Blache) répond à des critères précis, dont le premier est de n'être ni énumérative ni exhaustive. Schématique et sélective, la description s'élabore, assure René Clozier, en fonction d'une explication future, ce qui lui donne un sens. La géographie moderne ne renie pas le bel outil que lui a légué sa devancière. Dans la mesure où elle classe, ordonne les éléments analysés, où elle fait apparaître les corrélations entre les phénomènes et *problématise* les situations observées, la description géographique est, pour Jean Maréchal, *au cœur de l'explication*. « *La description est indispensable à l'explication*, renchérit Olivier Dollfus, *et la démarche de recherche est constituée par un va-et-vient constant entre la description et l'explication. Il y a une dialectique de la démarche géographique par ce jeu entre description et explication... Aux différentes étapes de l'explication on revient à la description.* »[1]

Certains puristes, nous l'avons dit, préfèrent le terme *analyse* à celui de *description*, assurant que celle-ci ne vise qu'à inventorier les faits, alors que la première, en recherchant des corrélations entre ces faits, élabore un *schéma déjà révélateur de la structure*.[2] Pour ces géographes, « *l'analyse est démonstration et raisonnement plus que description énumérative des caractères spécifiques des phénomènes géographiques* ». La fonction que nous avons attribuée à la description correspondant parfaitement à cette définition de l'analyse, il pourrait n'y avoir là qu'une question de... vocabulaire.

• Comparer pour généraliser

Les phénomènes géographiques n'étant pas isolés, leur explication passe souvent par la comparaison. Rien de tel en effet pour comprendre un fait que de le comparer, à un même degré d'échelle, à un fait semblable situé en un tout autre point du globe. Rien de tel, non plus, que de le saisir à des degrés d'échelle différents. Une ville, pour être com-

1. O. Dollfus, *L'analyse géographique*, op. cit.
2. L. Tirone et M. Joannon, *Pour une approche didactique de la géographie*, op. cit.

prise dans sa globalité doit être appréhendée à grande échelle (la rue, l'îlot, le quartier), à moyenne échelle (la ville proprement dite, l'agglomération), et à petite échelle (le réseau urbain auquel elle appartient). Cela permet notamment de montrer que les faits situés à un certain niveau, s'expliquent souvent par référence au niveau supérieur. Rien de tel encore, pour rendre compte du fonctionnement d'un espace régional, que de faire apparaître les interactions ou interférences se manifestant entre des ensembles de nature différente, qu'ils soient topographiques, climatiques, urbains ou administratifs.[1] Rien de tel enfin, pour classer les phénomènes et les faire entrer dans une typologie rationnelle, que de rechercher leurs différences et leurs ressemblances. Comparer permet de généraliser. Ainsi, passer des crêtes parallèles de Bretagne à celles des Appalaches, permet d'accéder à un type morphologique particulier : la structure appalachienne. Ce qui n'empêche pas de se méfier des analogies trompeuses, comme celles existant entre le gradin structural de la côte de Meuse, dominant la plaine de Woëvre, et le gradin tectonique de la Côte d'Or, dominant les plaines dijonnaises.

• La *multicausalité*, au cœur de l'explication géographique

L'explication géographique s'est longtemps contentée de mettre en relation les faits économiques et humains et les *données* du milieu naturel. Il s'agissait là d'une causalité *primaire*, de type linéaire. La complexification sans cesse accrue des faits géographiques oblige, pour les comprendre, à faire appel à une multitude de *données*, ne relevant plus seulement des sciences de la nature (morphologie, climatologie...), mais également des sciences biologiques, économiques et sociales. On ne peut donc plus se contenter de mettre en avant un seul type de causalité. L'explication géographique des phénomènes passe aujourd'hui par une *multicausalité*, au sein de laquelle triomphent les interdépendances. Il ne s'agit pas en effet, pour expliquer les phénomènes géographiques, d'étudier en elles-mêmes leurs *données*, ni même de déterminer le rôle de chacune d'elles, mais de voir comment, en interagissant les unes sur les autres, elles produisent le phénomène observé. Outre qu'elle rend compte de la structure (nature des composants) et du fonctionnement (inter-relations entre ces composants) des phénomènes spatiaux, l'approche systémique permet de voir comment les systèmes s'emboîtent les uns dans les autres, et comment, ainsi que nous l'avons signalé, le système *inférieur* peut trouver son explication dans le système *supérieur* auquel il est intégré. Comment ne pas voir que ces *sous-systèmes* que représentent les exploitations agricoles, fonctionnent en fonction de ce *métasystème* que constitue la Communauté Économique Européenne ?

1. J. Maréchal, «Réflexion épistémologique et didactique de la géographie», in *Quatrième Rencontre Nationale sur la Didactique de l'Histoire, de la Géographie, des Sciences Économiques et Sociales*, op. cit.

Rendre compte des phénomènes spatiaux suppose la maîtrise d'un certain nombre de concepts de base. Comment conduire les élèves à construire ces concepts ?

• Construire les concepts

On sait que, selon la théorie piagétienne, comprendre une réalité nouvelle consiste à l'intégrer, à l'*assimiler* à un schéma mental préexistant, mais également, si la réalité se montre par trop *coriace*, à élaborer un nouveau *schème*, permettant à l'esprit de s'*accommoder* à elle. Grâce à ce double mouvement *d'assimilation* et d'*accommodation*, l'esprit de l'enfant parviendrait à construire des ensembles conceptuels de plus en plus complexes.

Le psychologue américain J.-S. Bruner complète la théorie piagétienne en l'insérant dans la durée. Pour lui, c'est progressivement que l'enfant construit les concepts, et cette construction peut commencer très tôt. Présentés à lui dans un langage approprié à son niveau de compréhension, l'enfant aborde tout d'abord les concepts dans leurs aspects les plus simples, puis il les approche de manière de plus en plus complexe et de plus en plus précise, au fur et à mesure que s'opère sa maturation intellectuelle. En passant d'un stade de maîtrise à un autre, plus élaboré, les concepts se réorganisent et se complexifient, tout en intégrant les acquis antérieurs. C'est ce que les spécialistes appellent la construction *spiralaire* des concepts.

Sur le plan pédagogique, trois idées à retenir à propos des conceptions piagétienne et brunérienne, concernant la construction des concepts.

Le savoir *notionnel*, qui est un savoir instrumental, permettant d'analyser le réel, et qui constitue comme l'armature, structurant et donnant un sens aux connaissances *factuelles*, ne s'apprend pas (contrairement à ces dernières), mais se *construit*.

C'est à partir de son *réel quotidien* que l'enfant construit le savoir notionnel dont il aura besoin pour appréhender d'autres espaces.

La maturation étant nécessaire à la construction des concepts, les enfants doivent être très tôt, et par la suite régulièrement, mis en contact avec eux, de manière à pouvoir les appréhender à des niveaux successifs de complexité, jusqu'à leur maîtrise totale.

• Acquérir le langage géographique

Même si « *les nomenclatures ont quelquefois leur poésie, celle des comptines que chantaient les nourrices, les bonnes sœurs à claquoirs et les maîtresses laïques des écoles maternelles* » (M. Genevois), elles ont trop dévalorisé l'enseignement géographique, pour qu'on n'attache pas la plus grande attention à leur définition, et aux modalités de leur apprentissage.

Insistons d'emblée sur une évidence, à savoir que la géographie, comme toute science (ou discipline), dispose d'un vocabulaire spécifique, qu'il est nécessaire d'assimiler si on entend s'initier à elle. Vocabulaire qui peut concerner certaines formes du relief terrestre : *combe, val, cluse;* ou se rapporter au mouvement : *flux, migration;* ou à la quantité : *densité, volume des échanges,* etc ; ou encore être vernaculaire : *foggara, tchernoziom...*[1] Mais c'est en noms propres que le langage géographique est le plus riche, car il appartient à la géographie de nommer ces fameux *lieux,* dont l'existence conditionne la sienne. Les Instructions de 1925 pour le second degré (que l'école primaire a tout intérêt à prendre en compte) estiment que la nomenclature constitue *l'ossature précise et solide qui permettra de situer les choses, d'étayer les notions générales et abstraites,* évitant ainsi aux élèves de *travailler dans le vague.* La nomenclature, ajoute ces mêmes instructions, fournit le *squelette de la terre,* un squelette qu'il faut savoir *rendre aimable,* en l'animant et en le parant *de chair et de couleurs.*

• Savoir employer le mot juste

Connaître les mots relevant du langage fonctionnel de la géographie, ne consiste pas à être capable de donner une définition, verbale ou écrite, de l'objet ou du phénomène qu'ils désignent, en n'omettant aucune de ses caractéristiques et de ses propriétés, mais à être en mesure de les utiliser de manière pertinente. Au point qu'on a pu parfois affirmer, de manière quelque peu paradoxale, que les mots n'ont pas de sens, mais uniquement des emplois. C'est en ce sens que les Instructions de 1984 pour l'école élémentaire parlent de *vocabulaire actif.*

Si l'élève est capable d'employer à bon escient le mot qui convient, c'est qu'il connaît le *signifiant* dont il est le *signifié.* Ce que les Instructions de 1945 appellent savoir mettre *une réalité sous les mots.* Derrière chaque terme doit en effet se situer *une vision précise, une image vivante,* mieux, un concept géographique. Et cela ne sera possible, précisent ces mêmes instructions, que si l'enfant n'a pas appris les mots *sans avoir vu les réalités ou leurs représentations les plus parfaites.*

C'est pourquoi les Instructions de 1923 font des leçons de géographie avant tout des *leçons de choses,* se donnant au grand air, *dans la cour, ou mieux, en promenade.* L'apprentissage du vocabulaire géographique devrait donc partir, à l'école primaire, d'une observation du réel ou de son substitut, l'image, et être précisé par le dessin, le schéma, voire la maquette. Il ne manque pas de *combinaisons spatiales* significatives et accessibles à partir desquelles peut s'appréhender le vocabulaire géographique. Qu'il s'agisse d'unités de production (une ferme, une usine), d'échange (un marché), ou de vie et d'habitat (une rue, un quartier, un village, une ville, etc.)

1. P. Desplanques, *La didactique de la géographie,* art. cit.

Ajoutons qu'il ne convient pas d'abuser de la nomenclature qu'on demande aux élèves de retenir, et qu'il importe de proportionner son abstraction à leur âge.

Rappelons enfin qu'on ne saurait réduire l'enseignement géographique à l'acquisition d'un vocabulaire, et que les Instructions de 1890 pour le second degré (valable également pour le premier), sont toujours d'actualité, lorsqu'elles assurent que *la nomenclature géographique n'est pas la géographie* et que *« les véritables études géographiques n'ont rien de commun avec cet exercice presque mécanique (de mémorisation) qui décourage les mémoires rebelles et écrase les mémoires dociles »*.

Approche des trois concepts clés de la géographie

Même si, suivant les époques et les orientations de la recherche, on privilégie l'un ou l'autre d'entre eux, trois concepts ont toujours dominé l'enseignement géographique : ceux de milieu, d'espace et de paysage. Comment aborder ces concepts sur le plan pédagogique, telle est la question à laquelle il importe maintenant de répondre.

Pourquoi et comment étudier le *milieu*?

Depuis que les tenants de la méthode *intuitive* ont réagi, dans le troisième tiers du siècle dernier – sans cependant parvenir à l'abattre – contre l'enseignement traditionnel de la géographie, à base de nomenclature et de mémorisation formelle, en prônant une méthode révolutionnaire, dite du *lieu natal*, l'étude du milieu a toujours représenté le symbole d'un enseignement géographique vivant, ouvert et actif.

L'étude du milieu au cœur des pédagogies novatrices

L'idée vient de Rousseau, pour lequel « *les deux premiers points de géographie* (pour Émile) *seront la ville où il demeure et la maison de campagne de son père, ensuite les lieux intermédiaires, ensuite les rivières du voisinage, enfin l'aspect du Soleil et la manière de s'orienter* ». Les pédagogues anglo-saxons (Dewey, Mabel Barker), tout comme Decroly (« *Les connaissances fondamentales de l'enfant sont le reflet de la prise de conscience des conditions du milieu où il vit et sur lequel il est appelé à agir* »), et Freinet (« *Le milieu (...) demeure la source essentielle du savoir* »), s'y sont référés. Et Albert Troux a pu conclure : « *Il faut le redire : l'intelligence des données du vaste monde ne saurait résulter que de rapports prolongés et studieux avec la parcelle de ce monde où le sort nous aura planté. C'est là qu'est la clé de toute vraie connaissance, à travers l'espace et le temps.* »(1) Quant aux Instructions offi-

1. J. Cressot et A. Troux, *La géographie et l'histoire locale*, op. cit.

cielles, elles ne sont jamais demeurées en reste, celles de 1945 assurant qu'« *en commençant par l'étude du milieu local, on aura la possibilité (au Cours Moyen) de regrouper les observations éparses se rapportant au vocabulaire géographique et de familiariser l'enfant avec le milieu qu'il habite* ».

Notons, pour le déplorer, que, fortement implantée à l'école élémentaire, l'étude du milieu a toujours été à peu près absente des instructions et des pratiques du collège. À une exception près, les programmes de 1977, qui font logiquement précéder, en Sixième, l'étude de *l'homme dans différents milieux géographiques* (polaire, méditerranéen, désertique, intertropical), de celle du *milieu local.* Cette étude doit, selon le législateur, donner à l'élève *un vocabulaire, des notions et des savoir-faire variés,* et surtout lui fournir *une échelle de référence* pour l'étude d'autres milieux géographiques. L'étude du milieu, qui doit être conduite *au moyen d'observations directes, d'études de documents, d'enquêtes,* et en faisant appel, *dans toute la mesure du possible à l'expérience des élèves,* est par ailleurs appelée à assurer la continuité entre l'école élémentaire et le collège.

Mais qu'entend-on par milieu? Les définitions foisonnent, sans être toujours concordantes. Le milieu cher aux pédagogues, est un espace concret, dans lequel la réalité peut être saisie directement, sans l'interposition d'aucun médium. C'est l'espace quotidien de l'enfant, celui qu'il embrasse de son regard, parcourt pour se rendre en classe, et auquel il est attaché. Rural ou urbain – plus souvent urbain que rural aujourd'hui – ce milieu correspond à l'*espace vécu,* dont parlent les géographes du comportement et de la perception.

L'étude du milieu, voie d'accès à l'espace socialisé

Arnould Clausse précise l'intérêt de l'étude du milieu local. « *Le but,* écrit-il, *est de mettre l'enfant devant un complexe vivant, réel, devant un ensemble significatif au sein duquel on essaiera de dégager (à chaque niveau) des distinctions, des analyses, des mises en ordre.* » Si limité soit-il, le milieu local constitue, en effet, un microcosme où il est possible de déterminer la manière dont les hommes se sont appropriés l'espace, l'ont aménagé, voire souvent hélas, défiguré.

D'une manière plus générale, l'étude du milieu local assure à l'enfant un passage en douceur de son espace vécu à un espace qui lui est doublement étranger, parce que rationnel et extérieur à lui. Une telle médiation – aubaine pour le pédagogue – résulte du fait que l'étude du milieu utilise « *les données perceptives brutes de l'espace vécu* »,[1] tout en permettant la mise en évidence de repères *neutres,* n'appartenant pas au vécu de l'enfant et ne se rapportant pas uniquement à lui.

1. J. Richard, « La perception de l'espace géographique à l'école élémentaire », in *L'École libératrice,* n°15, du 15-1-1979.

Grâce à l'étude du milieu local, l'enfant peut donc peu à peu prendre conscience de l'existence d'un espace qui ne lui appartient pas, qui est plus large et plus général que le sien propre, et qui est l'espace socialisé.

Cette portion d'espace qu'il vit au quotidien, ce *réel environnant*, cette première *coquille* dans laquelle il est inséré et qu'il croit bien connaître, comment le conduire à en découvrir la réalité géographique, et comment faire de cette étude restreinte, localisée, une clé qui lui ouvrira les portes du vaste monde ?

■ Enquêter et non *se promener*

C'est par l'enquête que s'appréhende le milieu géographique local. Une telle assertion doit être immédiatement assortie d'une autre, précisant que l'enquête suppose une méthodologie rigoureuse, exigeante, ce qui la distingue formellement de la *classe-promenade* d'autrefois. Si nous nous permettions un conseil, nous demanderions qu'on évite, dans l'intérêt des enfants et pour ne pas nuire à l'image de marque de l'école, ce que d'aucuns ont baptisé *l'effet de plein-air.*

Insistons sur le fait que l'espace ou le phénomène géographique qu'on se propose d'étudier dans le milieu local, ne doit pas être étranger au programme de la classe, et pouvoir se prêter à une *extension*, permettant d'atteindre d'autres faits ou d'autres espaces géographiques, semblables ou différents.

Une visite *sauvage* sur le terrain permet de définir le projet et de délimiter le champ d'étude. À partir de là, la réflexion s'organise. On se pose des questions. Une problématique se met en place. Des hypothèses sont formulées, que l'enquête devra permettre de vérifier. Le moment est alors venu de mettre au point des outils d'enquêtes, adaptés aux hypothèses formulées, aux pistes de recherche envisagées, ainsi qu'aux personnes dont on souhaite recueillir le témoignage. Un questionnaire est rédigé. Un plan de travail, avec répartition des tâches, est mis au point. L'enquête effectuée, (observation sur le terrain, interviews, consultation de documents, etc.), on réalise la synthèse des informations recueillies, avant de les communiquer aux groupes-classes, sous une forme à déterminer (en évitant celles qui apparaissent comme trop dévoreuses de temps), et surtout de les confronter aux connaissances générales acquises lors des séquences magistrales, afin de voir comment elles les complètent, les illustrent, les corroborent ou, pourquoi pas, si grande est la diversité du réel, les démentent.

■ Passer de *l'ici à l'ailleurs*

Il est clair que la géographie scolaire ne saurait se limiter, sous prétexte de pratiquer une *géographie des représentations*, à la découverte de l'espace immédiatement vécu par les élèves. Le *vaste monde* existe, – dont fait partie la France –, et il est si présent aujourd'hui dans la vie des jeunes, qu'il paraît difficile de ne pas le leur faire connaître. À propos de toute étude de géographie locale, se pose donc le problème du passage à l'*ailleurs.* Passage qu'on imaginait autrefois sans problème, pensant que l'enfant était capable d'imaginer un fleuve à partir du ruisseau du village, ou un golfe, un cap ou un isthme, à partir d'un modelage sur le sable de la cour. Or, on sait aujourd'hui qu'un tel passage est difficile, une *rupture* existant entre l'apprentissage de l'espace vécu par l'enfant et celui de l'espace *représenté,* qu'étudie les géographes. En fait, plutôt que d'imaginer *à partir de,* mieux vaut comparer les réalités locales à d'autres, de même nature ou différentes, à un même ou à un autre degré d'échelle; ou encore tenter de voir comment un système spatial local s'insère dans un autre plus vaste (le quartier dans la ville, celle-ci dans l'ensemble urbain régional, etc.).

Ajoutons que si la *«pédagogie de l'espace familier»* (A. Frémont) s'impose à l'école maternelle, est de rigueur à l'école élémentaire, elle constitue encore, *un peu plus élaborée,* un *très bel outil* pour le collège.

Quelle pédagogie pour l'espace?

Rappelons tout d'abord que la notion d'espace qui, comme celle de temps, constitue l'une des catégories essentielles de la pensée, n'est pas une donnée immédiate chez l'homme, mais qu'elle résulte d'une construction de son esprit. *«Par l'espace, l'univers me comprend et m'engloutit comme un point. Par la pensée je le comprends»,* écrit Pascal. Et Piaget : *«La réalité de l'espace est dans sa construction.»* Or celle-ci se réalise chez l'enfant sous l'effet de sa maturation psychologique, mais surtout de son éducation. Une éducation spatiale est donc nécessaire dès le plus jeune âge. Elle seule est en mesure de favoriser et d'accélérer la mise en place des structures mentales qui permettront à l'enfant de se situer dans l'espace, de le comprendre, et de le représenter. Quant à cet espace particulier qu'est l'espace géographique, il appartient, là encore, à l'éducation de mettre l'enfant en état de se l'approprier, en lui donnant les moyens de l'analyser et de le comprendre, voire éventuellement d'apprendre, aidé par un praticien architecte, à l'aménager.

La pédagogie de l'espace vise en somme, comme nous l'avons déjà indiqué, à faire passer l'enfant de l'espace de son *corps propre,* à celui du *vaste monde* (un *espace de projet* et une *zone de voyage*), en passant par l'espace de son *geste immédiat* (où tout est à portée de sa main); par celui de la pièce de son appartement (qui représente sa *sphère visuelle* et qu'il tient sous *l'empire du regard*); par celui de sa maison (qui est son refuge et sa tanière); de son quartier (ce *territoire du face à face et du contrôle social*); de sa *ville centrée* (qui constitue son *territoire de chasse*, où l'on peut voir sans être vu, et où il va pour faire quelque chose : des achats, ou voir un film); et enfin par celui de sa région (où il faut une journée pour se rendre, et qui s'arrête *aux limites de l'exceptionnel, de l'aventure*).

Ces *coquilles*(1) d'espace, l'école, le collège, le lycée, et plus tard la vie, sont là pour permettre aux jeunes de les élargir sans cesse. (Fiche 7)

Fiche 7

Les coquilles de l'homme
(d'après Moles et Rohmer)

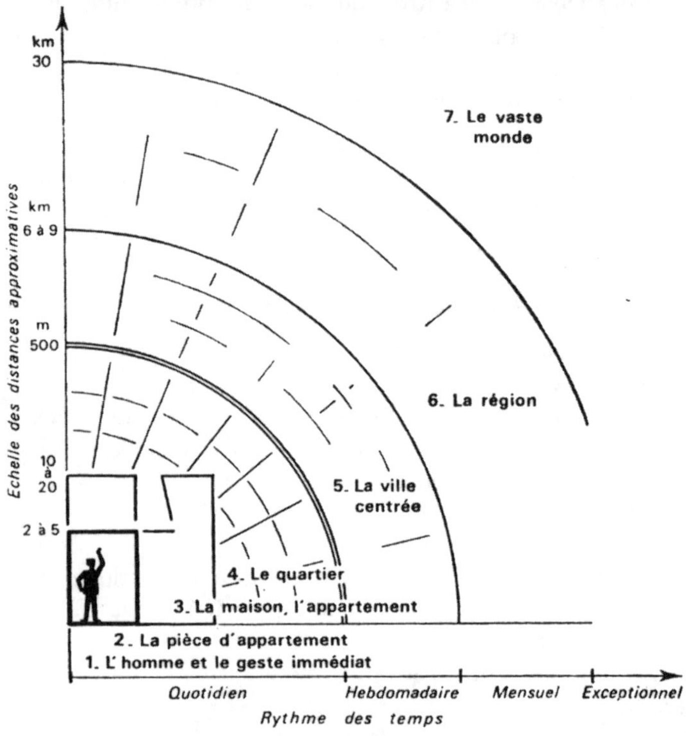

Extrait de : Armand Frémont, *La région espace vécu*, PUF.

■ Passer d'un espace *vécu* à un espace *conceptualisé*

L'enfant construit très tôt son espace sensori-moteur. L'école maternelle favorise cette construction, en aidant l'enfant à prendre conscience de son *schéma corporel*. De cinq à sept ans, l'écolier apprend à structurer cet *« embryon d'un espace plus vaste à découvrir »* (A. Frémont), qu'est son espace vécu. Un espace qui s'élargit peu à peu, englobant tout d'abord sa chambre, puis sa maison, sa rue et

1. A. Moles et E. Rohmer, *Psychologie de l'espace*, op. cit.

son quartier. Structurer cet espace, et donc se l'approprier, consiste pour l'enfant à y établir des repères. Ceux de la latéralité tout d'abord (droite, gauche), puis, plus largement, ceux de la position (haut, bas, dessus, dessous, avant, arrière, près de, loin de). Autant d'activités et de séquences de langage possibles à l'école maternelle. Et même encore au Cours Préparatoire. Cette première structuration de l'espace, amorce le dépassement de l'égocentrisme enfantin, et conduit à une première objectivation de l'espace, l'enfant prenant progressivement conscience de l'existence de l'*extérieur* et de l'*autre*. Le moment est venu d'évoquer Bachelard pour qui *« une découverte sur la structure de l'espace entraîne toujours une réaction sur la structure de notre esprit »*.

• De l'espace *biologique* à l'espace *topologique*

Entre huit et dix ans, l'école invite l'enfant à un élargissement de son champ d'expérience (enquêtes avec sorties sur le terrain, visites, classes de découverte, etc.), en même temps qu'elle l'incite, dans le cadre de l'éducation civique, à une intégration plus poussée dans ces structures sociales élémentaires que sont son école, son quartier, son village ou sa ville. L'école aide également l'enfant à construire, à partir de son espace biologique, un espace topologique dans lequel les maisons, les rues et les places se situent les unes par rapport aux autres, puis par rapport à des repères généraux fixes, comme les points cardinaux. L'école fait exécuter pour cela le plan de la classe, suivre, décrire et représenter graphiquement des itinéraires, exécuter le plan ou la maquette du quartier, voire concevoir, avec l'aide des Centres d'Architecture, d'Urbanisme et de l'Environnement (C.A.U.E.), l'architecture d'une école à construire ou d'un quartier à restructurer. Représentant l'espace, l'enfant a fait un pas de plus dans sa maîtrise. Un pas d'autant plus nécessaire que les enfants de huit-neuf ans (CE2), sont invités par les Instructions officielles à découvrir, après leur propre milieu, d'autres plus éloignés, compte tenu du fait qu'ils sont alors en mesure de passer de l'expérience directe, du *vécu*, de l'*ici*, à l'expérience indirecte, au document, à l'*ailleurs*, au *là-bas*. L'école élémentaire a ainsi conduit l'enfant à passer de son espace vécu, à un espace pensé, conceptualisé, lui ouvrant ainsi la porte de l'univers.

La dernière étape de cette conquête psychologique de l'espace conduit l'enfant, aux alentours de onze ans, à concevoir une première ébauche d'un espace cartésien et euclidien tridimensionnel. Un espace pur, dépouillé de tout attribut concret, et débarrassé (en principe !) de toute affectivité. Un espace sur lequel pourra s'exercer la science de ceux qui ont pour fonction d'aménager le territoire.

Inutile de dire que les mathématiques aident l'élève à accéder à cet espace, et que la construction de maquettes (avec plans découpés successifs) permet de saisir les trois dimensions d'un paysage. Inutile de dire également que cette vision idéalement rationnelle de l'espace n'est pas – et ne sera jamais, même pour l'adulte – parfaite, l'espace demeurant lesté de « *charges plus obscures où se mêlent les scories de l'affectif, du magique, de l'imaginaire* » (A. Frémont).

Ajoutons qu'à l'âge de la préadolescence (11/12 ans), la construction de la pensée rationnelle de l'enfant est en voie d'achèvement, et qu'il est alors capable de passer de l'*ailleurs* au *partout*. Ce qui donne leur cohérence aux programmes de Sixième, qui prévoient l'étude de la vie des hommes dans les différents milieux de la planète.

Il va de soi enfin que le concept d'espace s'élabore d'autant plus aisément qu'on ne s'y réfère pas seulement en géographie, mais également en arts plastiques, en éducation physique, ainsi que dans toute situation opportune de la vie quotidienne.

Accéder à l'espace géographique

« *Toute une pédagogie de la géographie, née avec l'épanouissement de cette discipline au siècle de Humboldt et de Jules Ferry, doit être entièrement réinventée* », écrit Armand Frémont.[1] Il ne s'agit plus en effet seulement d'apprendre aux élèves la nomenclature du monde, mais de les conduire à découvrir l'espace, dans ses structures profondes, à le penser, voire à le rêver, comme ils souhaiteraient qu'il soit, et même à le créer, en critiquant celui qui leur est imposé, en refusant *l'ordre du standard*[2] et en suscitant « *l'élaboration de projets qui donnent aux lieux habités, aux espaces de rencontre, aux régions à vivre, les couleurs et les formes, les besoins et les rêves des jeunes imaginations.* »

• Espace *visible* et espace *invisible*

Notons que l'école n'a pas attendu la montée en puissance de la nouvelle géographie pour se préoccuper de donner aux élèves *le sens de l'espace* (orientation, distances, superficies, dimensions *verticales* (relief), déplacements (durée), etc. Mais l'espace concerné était alors surtout celui, visible, représenté par le paysage aménagé par l'homme. Aujourd'hui, nous le savons, les géographes superposent à cet espace visible un autre, invisible, qui est un espace à base de relations économiques et sociales. Étudier un tel espace, ne peut se faire uniquement à l'aide de ces outils d'analyse du paysage que sont la perception et l'observation. Cela suppose la mise en œuvre d'autres moyens d'investigation, notamment l'enquête et l'étude de données numériques. Faire découvrir aux élèves les raisons de l'organisation spatiale, consiste à les conduire à mettre en relation les divers éléments qui structurent l'espace : réseaux urbains, ensembles industriels, systèmes agricoles, organisation des transports, etc., de manière à leur

1. A. Frémont, *La région espace vécu*, op. cit., p. 209.
2. A. Frémont, *La région espace vécu*, op. cit., p. 213.

permettre de découvrir la logique économico-sociale qui préside à l'ensemble de ces relations. Ainsi, par delà les relations de l'homme et de la nature, qui ne représentent plus que l'un des sous-systèmes relationnels du système spatial global, l'élève découvrira la multitude des autres inter-relations qui sous-tendent et expliquent l'organisation de l'espace géographique.

• Les villes et l'organisation de l'espace

Les villes jouant un rôle essentiel dans cette organisation, il est intéressant de partir de leur localisation pour faire accéder les élèves à la compréhension de l'espace.[1] Et pour cela, de commencer par leur présenter ces trois éléments explicatifs de l'emplacement des villes, que sont le *maillage*, le *carrefour* et le *gisement* (Fiche 8). (Dans un espace homogène, isotrope, sans relief ni frontière, une ville se développe en principe au centre de son aire d'influence, les agglomérations moins importantes étant reléguées loin à la périphérie (voir Fiche 4, page 62). À partir de là, il est aisé de faire comprendre les logiques d'organisation qui président à la répartition des villes françaises. Répartition à l'égard de laquelle le néophyte se trouve dans la même situation que le profane en astronomie, qui ne voit, dans le ciel étoilé, que désordre et confusion (Fiche 9).

Les emplacements des villes

Fiche 8

Le carrefour

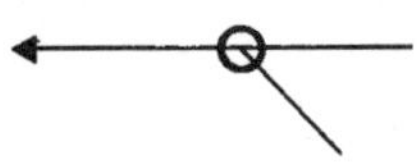

Situation d'une ville à un croisement d'axes terrestres

ou

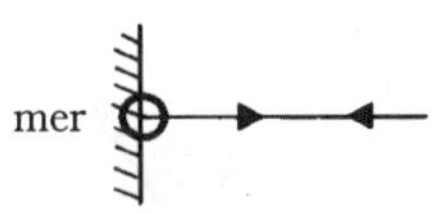

à un croisement d'un axe terrestre et d'un littoral

mais aussi :

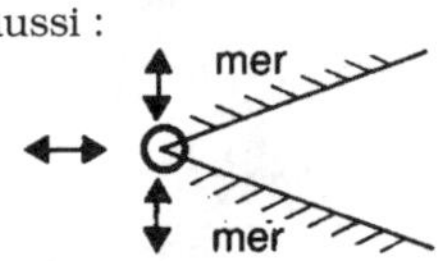

Situation d'un port militaire *en pointe* dans la mer

Le *gisement*

Bassin minier

mais aussi :

Climat attractif

Extrait de : *La géographie en tous ses états*, C.N.D.P.

1. P. George, *Les méthodes de la géographie*, op. cit.

Fiche 9

Le « ciel étoilé »
(localisation des agglomérations urbaines de plus de 50 000 habitants en 1982)

Ce que voit l'élève

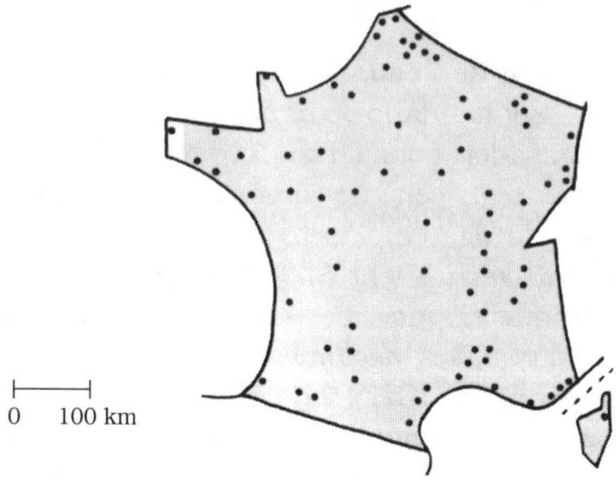

Pour le profane en astronomie, les étoiles dans le ciel se disposent de façon totalement aléatoire. De même, pour le néophyte en géographie, les villes (ou les industries, les climats,...) ont des positions qu'on ne peut qu'apprendre, sans comprendre.

Ce que voit son enseignant !

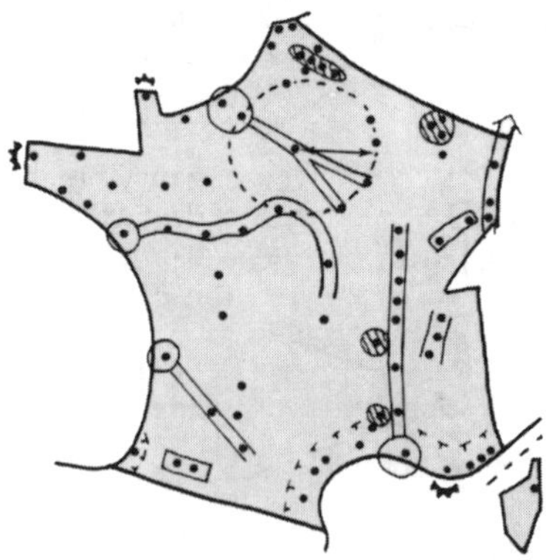

Grandes vallées et leurs débouchés littoraux
Gisements anciennement exploités
Piémonts
Climat attractif
Couronne de villes périphériques à Paris
Ports militaires en pointe dans les mers
Etc.

Extrait de : *La géographie dans tous ses états*, C.N.D.P.

• Représenter l'espace pour le comprendre

Rien de tel pour comprendre l'espace que de le représenter. Tout d'abord sous la forme d'un schéma, rendant compte des réalités visibles, indiquant les localisations et précisant la nomenclature. Puis, sous celle d'une carte thématique, visualisant le système relationnel qui structure l'espace social. Puis, peut-être, de manière plus ambitieuse, sous la forme de *modèles graphiques*, qui tentent de rendre compte du fonctionnement dynamique de l'espace social[1], en intégrant le facteur temps. Modèles construits à partir de ces *structures élémentaires d'organisation de l'espace*, que Roger Brunet appelle des *chorèmes*, et dont la combinaison *produit l'organisation spécifique des espaces particuliers*.

• L'espace français dans l'espace européen

Comprendre l'espace français, c'est prendre conscience de *la faille d'appauvrissement territoriale* (Jean Bouchet), ou encore de la *diagonale aride* qui, séparant les pôles d'activité du Bassin parisien et de la région Rhône-Alpes, court du sud-ouest au nord-est, englobant la Gascogne, le Massif central, les plateaux bourguignons, pour aboutir aux régions industrielles vieillies et en déclin du Nord et de la Lorraine (Fiche 10). C'est percevoir également les grands axes qui le parcourent, dont celui, majeur, qui par Paris et Lyon, va du Havre à Marseille (Fiche 11). Et c'est enfin être en mesure d'apprécier les espaces d'influence des villes (Fiche 12).

L'espace industriel français

Fiche 10

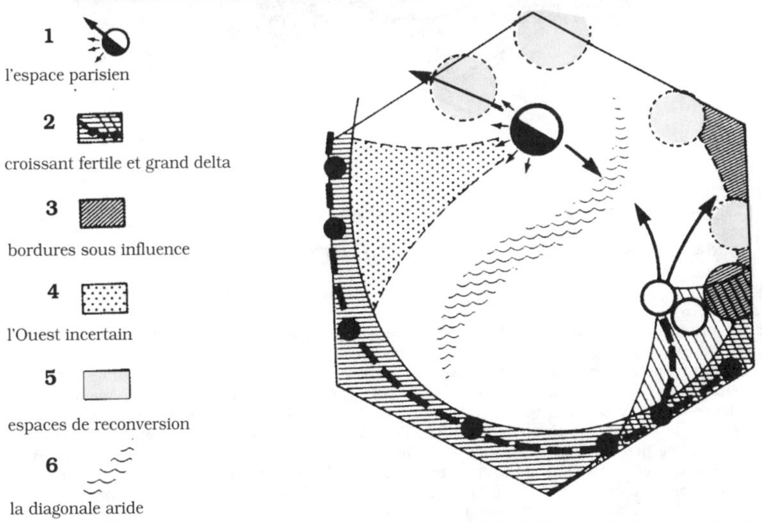

Extrait de *Mappemonde*, Reclus, 1986/1.

1. M. Clary, « De la carte nomenclature au modèle graphique systémique », in *Cahiers pédagogiques*, n° 272, mars 1989, p. 21.

Fiche 11

Grands traits de l'organisation de l'espace français
(d'après Roger Brunet)

L'ESPACE FRANÇAIS CARICATURÉ

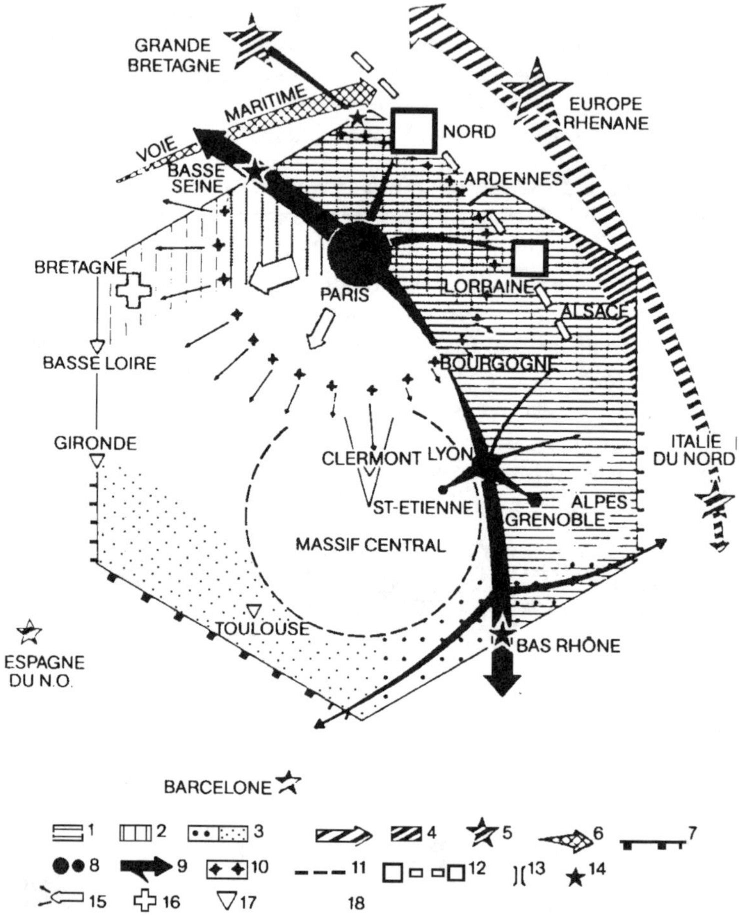

1. Forte urbanisation et industrialisation – 2. Forte fécondité, beaucoup de jeunes actifs – 3. Phénomène «Midi», plus ou moins accentué – 4. Axe rhénan et son influence directe en France – 5. Puissants centres d'activité, de décision et d'investissement voisins – 6. Grand trafic maritime international – 7. Bordure plus ou moins fermée – 8. Grand pôle de développement français – 9. Axe national et ses antennes – 10. Aire attractive en expansion – 11. Aire répulsive – 12. Axe de transformation des vieux foyers de la première révolution industrielle – 13. Tendance à l'interruption de cet axe – 14. Grand complexe portuaire en expansion – 15. Tendance à l'expansion spatiale de l'aire parisienne, avec encouragement de l'État, à la rencontre de 16 – 16. Surplus potentiel de main-d'œuvre par restructuration rurale – 17. Centres urbains périphériques ou isolés jouant le rôle de foyers d'attraction locaux – 18. Tendance au développement touristique.

Source : *L'espace géographique*, 1973, n°4, p. 251.

Extrait de Armand Frémont, *France, géographie d'une société*, Flammarion, 1988, p. 202.

Fiche 12

Les espaces d'influence des villes

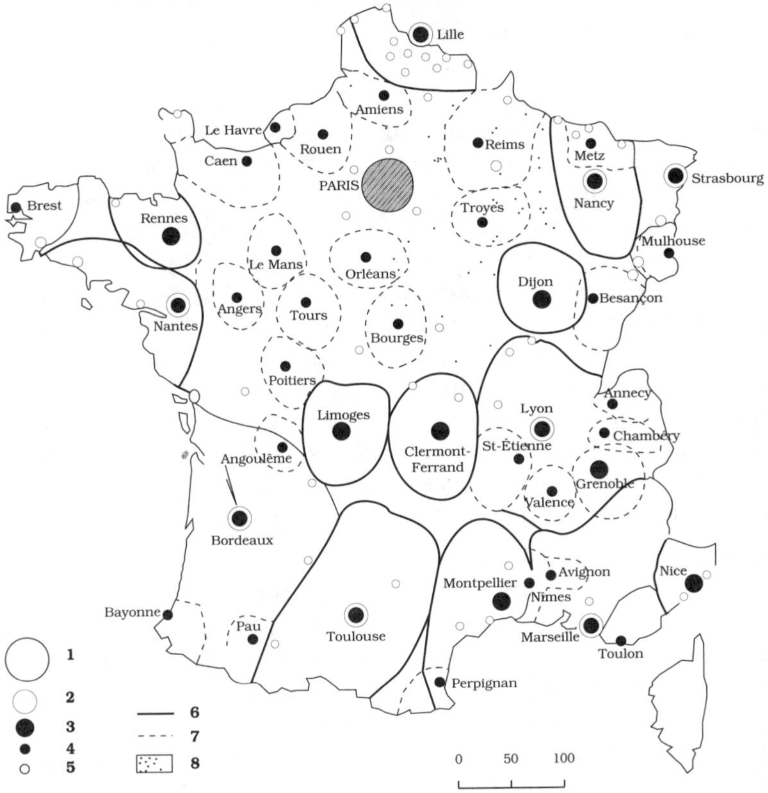

1. Capitale nationale
2. Capitale régionale
3. Ville pouvant être assimilée à une capitale régionale
4. Ville ayant un rôle régional plus réduit
5. Autre agglomération importante mais sans fonction régionale bien nette
6. Région ayant à sa tête une capitale régionale ou une ville assimilée
7. Sous-région ayant à sa tête une ville à fonction régionale plus réduite
8. Influence régionale étendue sur Paris

Source : Armand Colin

Extrait de : *Les découpages possibles de l'espace français*, C.R.D.P., Grenoble.

Mais l'espace français ne peut se concevoir hors de l'espace européen, auquel il est appelé à être de plus en plus intégré. Et c'est ainsi que semble naître une *Europe lotharingienne*, qui *polariserait* les activités de la région parisienne, de celles du Nord et de l'Est, ainsi que de la région Rhône-Alpes. Cet axe majeur de développement économique rassemble d'ailleurs déjà, d'Édimbourg à Rome, un nombre impressionnant de villes à forte attractivité et d'envergure internationale. On doit reconnaître qu'auprès de ces puissantes métropoles, les villes françaises, à l'exception de Lyon, Toulouse, Strasbourg et Paris, font piètre figure.

Comprendre le paysage

Nous savons que la définition du paysage dépend de la conception qu'on se fait de la géographie. D'où les nombreuses questions auxquelles le pédagogue doit répondre, lorsqu'il s'agit pour lui de faire démonter par ses élèves la mécanique paysagère. Le paysage porte-t-il avant tout la marque de la *nature*? Témoigne-t-il des relations homme-nature, ou est-il au contraire un pur *produit social*, résultant du fonctionnement économique, politique et culturel des sociétés d'hier et d'aujourd'hui? Quant aux raisons de son agencement, sont-elles à rechercher dans ses aspects visibles, ou faut-il ne voir dans ces derniers qu'un système d'indices, un ensemble de signes d'une réalité économique et sociale échappant à l'observation directe? Pour Jean Maréchal, cette réalité visible qu'est le paysage, *«n'est que la partie émergée de l'iceberg, (...) l'aspect le plus superficiel, le bruit, l'apparence qui risque de détourner de l'essentiel, des rapports réels, des phénomènes fondamentaux dont il n'est que la manifestation visible»*.

• *Décoder* le paysage

L'enseignement géographique traditionnel fait de l'analyse du paysage un temps fort – et parfois unique – de l'action pédagogique. Le paysage étant conçu, selon les Instructions de 1984 pour l'école élémentaire, comme *la résultante présente d'une longue histoire des relations de l'homme et du cadre naturel.* Le point de vue de la nouvelle géographie est tout autre. Le paysage se réduit pour elle à *l'écume des signifiés*, et il se révèle à ce titre bien incapable de rendre compte, aussi bien des processus que des structures qui le conditionnent. La géographie d'aujourd'hui remet donc le paysage *à sa juste place*, qui est d'être un document parmi d'autres, qu'il convient certes de lire, mais non de privilégier, et qu'il importe surtout de compléter par d'autres documents, comme des témoignages oraux ou écrits, des cartes, des graphiques etc. Cependant, s'empresse-t-on d'ajouter, *compte tenu de l'impact visuel de certains paysages et de l'attrait ainsi occasionné, le paysage reste un document incontournable à l'école élémentaire*[1]. Ce qui est faire preuve d'une belle, bien qu'un peu tardive sagesse. Ce *document incontournable*, il faut inciter les élèves à ne pas se contenter d'en faire une lecture énumérative, mais à s'efforcer de mettre en relation ses différents éléments. Il faut surtout leur apprendre à *décoder* le paysage, en interprétant les *signes*, et en dégageant les *valeurs* dont il est porteur, mettant ainsi à jour les réalités cachées qu'il tient prisonnières, qu'elles soient de nature économiques, sociales ou culturelles.

1. *Histoire et géographie à l'école élémentaire, pour une mutation*, op. cit, p. 49.

• Comment analyser le paysage ?

Les étapes de l'analyse du paysage sont aujourd'hui bien connues.[1] Tout commence par une *approche sensible*, au cours de laquelle les élèves éprouvent (ou n'éprouvent pas !) un *choc émotionnel* devant le *paysage-image* qu'ils ont sous les yeux. Ce premier contact leur permet d'expliciter la manière dont ils perçoivent le paysage : attrait, répulsion, indifférence. Sont ainsi mises à jour leurs représentations, en même temps qu'apparaît l'idée que le paysage est autant dans le regard de l'observateur que dans sa réalité visible. Les élèves s'emploient ensuite à identifier, nommer, localiser et décrire les différents éléments du paysage, que ceux-ci relèvent de l'écogéographie (relief, formations végétales, sols et roches, cours d'eau, climat), ou de l'organisation de l'espace par les hommes (habitat, pôles ruraux, utilisation de l'espace en fonction de ces pôles, réseaux de circulation, parcellaire, zones industrielles, etc). Le maître peut encore inciter les élèves à rechercher les marques du passé dans le paysage, à découvrir sa dynamique (extension des friches), et enfin son *habillage culturel* (signes religieux, mode de vie...).

Les élèves tentent ensuite de dessiner le paysage observé, ce qui les contraint à en faire une lecture *discriminante*, faisant apparaître ses lignes directrices, la répartition de ses surfaces et de ses volumes, ses repères caractéristiques, et enfin ses différents plans (en n'oubliant pas que l'échelle est plus grande au premier plan qu'à l'arrière-plan). Est ainsi mise à jour la structure apparente du paysage.

Puis vient une phase réflexive. Les élèves mettent en relation les divers éléments du paysage, s'interrogent à leur propos, émettent des hypothèses, bref, *problématisent* la situation géographique observée. En utilisant des documents complémentaires (documents d'archives, cartes actuelles ou anciennes, données chiffrées, enquêtes sur le terrain, etc.), les élèves s'efforcent ensuite de répondre aux questions posées, d'infirmer ou de confirmer les hypothèses émises. Pour terminer, ils essaient de voir si le paysage étudié s'explique surtout par l'histoire, par sa situation géographique, ou encore par des éléments qui lui sont extérieurs, comme la proximité d'une ville, ou l'évolution économique générale. On peut enfin, dans un *croquis d'interprétation*, complétant et schématisant celui déjà réalisé, faire apparaître l'ensemble de ces éléments explicatifs.

Insistons sur le fait qu'il n'y a pas que les paysages ruraux qui méritent d'être analysés. Les paysages urbains, industriels, mais également montagnards ou littoraux, le méritent tout autant. Ajoutons enfin que tout paysage peut être étudié à partir de photographies, sur lesquelles on plaque un transparent pour y dessiner son architecture d'ensemble.

---

1. *Histoire de la géographie à l'école élémentaire, pour une mutation*, op. cit., pp. 63-70.

4

Les contenus d'enseignement

Le contenu scientifique de la géographie étant soumis à de fréquentes mutations, et donnant lieu à de nombreux débats, se pose, pour les enseignants, le problème de la nature des savoirs et savoir-faire qu'ils doivent mettre à la disposition de leurs élèves.

SOMMAIRE

Trois outils pour les maîtres

Nous nous proposons, dans les pages qui suivent, de fournir aux enseignants trois *outils* précisant le contenu du *message géographique* qu'ils sont chargés de faire passer dans leurs classes.

Deux de ces outils ont un caractère institutionnel, et sont relatifs aux connaissances à acquérir (programme) et aux objectifs à atteindre ; le troisième consiste en une proposition de thèmes d'étude destinés à aider les maîtres à répondre aux directives institutionnelles.

Un bref programme de contenus, très classique dans sa démarche et ses orientations

Comme chacun des programmes des sept disciplines de l'école élémentaire, celui de géographie est fort succinct. Quant à sa démarche générale, elle est des plus classiques. Au Cours Préparatoire et au Cours Élémentaire, on progresse du proche au lointain, du connu à l'inconnu (un inconnu qui, grâce à la télévision, ne l'est plus tout à fait). Au cours moyen, bien que différente, la démarche est tout aussi logique. On va du général au particulier, en abordant le *proche* par le détour du *lointain*. Avant d'étudier *la région où vit l'élève*, on présente la planète, puis la France.

En ce qui concerne son orientation d'ensemble, il est clair que ce programme se réfère à des espaces (la France, la région), ou à des éléments de géographie générale, humaine et physique, et non à un corpus de concepts géographiques déterminés. Si bien que s'il donne un savoir, un tel programme ne conduit pas à un apprentissage progressif des principaux concepts géographiques. Ce qui provoque l'interrogation de Pierre Desplanques : « *Ne pourrait-on réfléchir à la conception de programmes qui associeraient un découpage conceptuel, notionnel et méthodologique raisonné, à la présentation d'espaces dans lesquels les professeurs pourraient choisir les exemples les plus démonstratifs ?* ». Vœu on ne peut plus recevable, et qui connaît peut-être une amorce de réalisation dans le premier degré, avec la publication par le ministère d'une liste de compétences à acquérir à travers l'étude des programmes des différents cours.

Un éventail d'objectifs, étroitement articulés sur les programmes

La loi d'Orientation du 10 juillet 1989 indique, dans son article 4, que « *la scolarité est organisée en cycles pour lesquels sont définis des objectifs et des programmes nationaux de formation comportant une progression annuelle ainsi que des critères d'évaluation* ». C'est dans cette optique qu'un document, publié par la direction des Écoles, précise les *compétences à acquérir au cours de chaque cycle.* Compétences qui sont à la fois *transversales* (*relatives aux attitudes de l'enfant, à la construction des concepts fondamentaux d'espace et de temps et aux acquisitions méthodologiques*), et disciplinaires (recouvrant à ce titre *à la fois des savoirs et des méthodes spécifiques à chacun des grands domaines*). Ces compétences fondamentales, qui caractérisent les trois cycles des *premiers apprentissages*, des *apprentissages fondamentaux* et des *approfondissements*, précisent *les orientations selon lesquelles le maître doit construire son action pédagogique, sans exclure des extensions ou des approfondissements.* On ne saurait mieux dire que ces objectifs ne se substituent pas aux programmes, dont ils ne font qu'articuler les points forts, et qu'une pédagogie visant à ne prendre en compte que les objectifs évoqués dans le document ministériel, voire à tenter de les atteindre en terme de *bachotage*, ne saurait être de mise.

Une progression de thèmes d'étude permettant d'acquérir les contenus et d'atteindre les objectifs fixés par les textes officiels

Acquérir les connaissances et atteindre les objectifs fixés par le programme, supposent l'établissement d'une progression de thèmes d'étude, concernant chacun des cycles de l'école élémentaire, puis, de manière plus fine, chacun des cours de ces cycles. Cela est d'autant plus nécessaire que le programme présente un caractère très général, et n'établit pas de distinction entre les deux années du Cours Élémentaire et du Cours Moyen.

Élaborées collectivement par les maîtres, dans le cadre des conseils de cycle et d'école, et en référence au projet d'école, les progressions concernant l'enseignement géographique ne doivent pas conduire à l'établissement d'une filière disciplinaire autonome. Il importe en effet d'harmoniser ces progressions avec celles des autres disciplines, l'histoire et l'éducation civique notamment, mais également le français, les mathématiques, les sciences et la technologie.

Les thèmes d'étude que nous proposons se rapportent nécessairement aux programmes officiels, ce qui les conduit à privilégier le *factuel* sur *le notionnel.* Nous avons cependant tenté de ménager une place non négligeable au second. L'étude que nous avons consacrée aux principaux concepts de la géographie, devrait d'ailleurs permettre aux enseignants de faire émerger le *notionnel,* à partir du *factuel* présenté dans nos progressions.

La géographie ne représentant pour nous, ni une pure science sociale, ni une pure science économique, nous avons donné aux *conditions physiques* (relief, climat, végétation, hydrographie) la place qui leur est traditionnellement réservée dans les manuels. Jean Dresch assurant que *l'étude du paysage naturel autorise seule celle de sa transformation par l'homme et d'une explication du paysage total,* nous paraît exprimer, avec bon sens et sagesse, une vérité d'évidence. Que le cadre naturel dans lequel s'exerce l'activité humaine soit perçu comme une contrainte, ou un ensemble de potentialités diverses, la géographie ne peut se permettre de le passer sous silence. L'essentiel étant de faire bon usage de cet incontournable *réel.*

Quant à la forme *énumérative* que nous avons adoptée, elle répond à un objectif de clarté. Notre but, en présentant nos progressions et nos thèmes d'étude, a été de mettre à la disposition des enseignants un riche ensemble documentaire, à charge pour eux de choisir, dans la masse d'informations proposée, ce qui leur paraît prioritaire et le mieux adapté aux besoins et aux capacités de leurs élèves. Il est en effet hors de question de faire un sort à chacun des thèmes d'étude évoqués. À charge pour les enseignants également, d'organiser à leur convenance les matériaux présentés, et de mettre leurs élèves en état de s'approprier les plus importants d'entre eux. Une dérive majeure consisterait à exploiter ces thèmes d'étude de manière dogmatique, en utilisant le tristement célèbre *plan à tiroirs.*

Nul doute que les enseignants sauront extraire du stock d'informations que nous mettons à leur disposition, la *substantifique moelle* dont ils feront profiter leurs élèves.

Cycle des apprentissages premiers
(Petite, Moyenne et Grande Section de Maternelle)

Compétences à acquérir

Le cycle 1 constitue une période *de transition et d'articulation.* Il doit à la fois répondre aux objectifs qui lui sont propres, et permettre aux enfants qui en ont la possibilité, *d'entreprendre les apprentissages fondamentaux et instrumentaux qui caractérisent le cycle suivant.*

En ce qui concerne les objectifs transversaux afférents à ce cycle, ceux d'attitude (*construction de la personnalité, acquisition de l'autonomie et apprentissage de la vie sociale*), visent à permettre à l'enfant d'affirmer son autonomie dans l'espace, par rapport aux objets et aux personnes. Quant à la construction du concept d'espace, l'enfant du cycle 1, apprend progressivement à :

- se situer dans un espace donné (classe, cour, rue, quartier,...);

- parcourir un itinéraire simple ;

- se donner des repères et des codes ;

Cet apprentissage s'effectue grâce à l'exploration d'espaces de plus en plus étendus et de plus en plus nombreux, ainsi que par le biais d'activités au sein de l'espace immédiat de l'enfant, réalisées dans des situations de vie quotidienne.

Thèmes d'étude possibles

Faire de la géographie à l'école maternelle, c'est donc faire prendre conscience à l'enfant de l'espace dans lequel il évolue (classe, groupe scolaire, habitation, etc.). Prise de conscience qui s'opère par le biais de l'éducation motrice, mais également de l'éducation artistique et de bien d'autres activités, dont les mathématiques.

L'enfant d'école maternelle, lit-on dans les Instructions de 1986, découvre et construit progressivement des relations spatiales. « *Il saisit sa propre position dans l'espace ; il perçoit et représente la position d'un objet par rapport à un ou plusieurs autres ; il appréhende, nomme, représente, des formes et des itinéraires. Des objets informatisés tels que robots pédagogiques et automates (« tortue », jouets programmables, etc.) peuvent rendre des services à l'école maternelle.* » Sortant du cadre scolaire, l'enfant observe et distingue en outre « *les paysages et les espaces* ».

En ce qui concerne l'appréhension de l'espace, analyser la situation et le déplacement d'un objet conduit à une série d'exercices fort profitables.

On commence par analyser l'objet au regard de sa place (dans, dedans, intérieur, hors, dehors, extérieur,...), de son *sens* (pile, face, envers, endroit, devant, derrière, haut, bas, fond, sommet,...) et de ses limites (limites, frontières, le bout, la fin, le tour, le long,...). On l'analyse ensuite au regard de sa situation par rapport à un ou à plusieurs repères fixes (ex : mettre la table : l'assiette, la fourchette, le couteau, le verre, la petite cuillère ; ou encore, orientation de la classe par rapport à des repères familiers : côté cour, côté couloir, puis côté immeubles, arbres, montagne, et enfin Nord, Sud, Est, Ouest). On analyse encore l'objet au regard de ses positions relatives (extérieur, intérieur, contigu, sécant). Et on s'intéresse enfin aux déplacements des objets (pions sur un quadrillage, voitures : rue à sens unique (couloir de gauche, de droite, central), à double sens, circulation multiple (échangeur); rivière : le courant, les rives, l'amont, l'aval... [1]

En ce qui concerne l'enfant, de multiples jeux de position l'aident à se situer dans l'espace (par rapport aux autres, aux objets...), à se *décentrer,* également, en prenant conscience qu'il est un élément, parmi d'autres, du milieu. L'enfant apprend également à s'orienter dans l'espace. Il acquiert les notions de latéralité, profondeur, intériorité, extériorité... Il commence à prendre conscience des distances (proximité, éloignement...), et même, modestement, s'initie à la représentation de l'espace, en positionnant des objets les uns par rapport aux autres, réalisant ainsi une maquette topologique.

1. Histoire, géographie régionale, GS-CP-CE1-CE2, O.C.C.E. Isère.

Cycle des apprentissages fondamentaux
(Grande Section de Maternelle, Cours Préparatoire, Cours Élémentaire première année)

Compétences à acquérir

Le cycle 2 se propose d'assurer *la structuration des apprentissages fondamentaux et instrumentaux,* et d'installer chez les élèves les *automatismes de base.*

Objectifs transversaux

En ce qui concerne les objectifs transversaux, l'enfant *commence à faire des représentations simples de l'espace familier, puis d'un espace plus abstrait, éloigné d'une expérimentation concrète ; il peut s'y situer.* Parallèlement à cela, il élargit le champ de ses sources d'information.

C'est ainsi qu'en fin de cycle, il doit être capable de rechercher l'information, non seulement sous forme orale, en questionnant des personnes ressources, mais également en recourant à des documents écrits, *dont on lui dévoilera progressivement les codes d'élaboration* (indicateurs horaires, plans, documentation touristique...). Il doit encore être en mesure de restituer et d'organiser les informations qu'il a réunies : raconter une visite (oralement ou par écrit), faire un compte rendu d'observation, en choisissant la forme la plus appropriée : orale, écrite, tableaux, schémas, etc.

Objectifs de l'enseignement géographique

En ce qui concerne les objectifs de l'enseignement géographique, l'enfant, au cours de ce cycle, s'entraîne à passer de l'espace *vécu* à l'espace *perçu*. Il le fait à partir de son environnement proche, qu'il compare à d'autres, plus éloignés dans l'espace.

En fin de cycle, l'enfant doit être capable de :

• **décrire son environnement immédiat,** prendre des repères et s'orienter ;

• **construire et utiliser un plan simple,** employer un vocabulaire précis relatif à quelques éléments de géographie physique et humaine (le quartier, la ville, le village, la campagne, le temps qu'il fait, la plaine, la montagne, le fleuve, la rivière, la ferme, l'usine, le magasin...);

• **connaître les différences essentielles** entre son milieu et les autres grands milieux naturels et humains, en recourant à des comparaisons ;

• **repérer les éléments des milieux étudiés** sur des photographies aériennes ou des plans ;

• **situer les milieux étudiés sur la carte,** le globe, le planisphère.

Programme officiel du Cours Préparatoire et du Cours Élémentaire

Cours Préparatoire	Cours Élémentaire
Observation et description d'espaces familiers : comparaison avec des espaces plus éloignés. Première analyse de paysages par l'étude de l'environnement proche (milieu naturel et marques de l'activité des hommes).	Étude de l'environnement immédiat ; comparaison avec d'autres cadres de vie (milieu naturel, activité humaine, composantes économiques et sociales) choisis dans chacune des zones polaire, intertropicale et tempérée. Localisation de ces divers lieux et milieux sur la carte, le planisphère et le globe.

Un programme centré sur la conquête de l'espace

Au Cours Préparatoire, on *observe* et on *décrit* – ce qui correspond à la démarche éprouvée de la géographie classique – des espaces familiers. Des espaces qui ne sont pas encore *géographiques,* se contentant d'être *de vie.*

On se trouve en effet sur le chemin qui doit conduire, dans la conquête de l'espace, de l'espace *vécu* à l'espace *pensé.* Au Cours Préparatoire, disent les Instructions de 1985, l'élève *apprend à organiser autour de lui le temps et l'espace.* En même temps qu'il prend contact avec l'espace proprement géographique, sous la forme du paysage. Un espace concret, que l'élève est invité à analyser, en distinguant ce qui relève du *milieu naturel* et des *marques de l'activité des hommes.* (Aux maîtres de se garder d'établir entre ces deux ensembles de facteurs des relations simplistes de cause à effets). Ces paysages, à l'analyse desquels on commence à initier les élèves, sont évidemment pris dans leur *environnement proche.*

Au Cours Élémentaire, la prise de conscience de *l'espace géographique,* dans lequel l'enfant *apprend à se situer,* dépasse la simple analyse de paysages. Le point de départ n'est plus *l'espace familier,* mais *l'environnement immédiat.* Un environnement doté de trois composantes : le milieu naturel et l'activité humaine, comme au Cours Préparatoire, avec en plus, les éléments économiques et sociaux afférents à cet environnement.

Intervient ensuite l'un des principaux éléments de la démarche chère à la géographie classique : la comparaison. L'élève est en effet invité à comparer son environnement immédiat avec d'autres *cadres de vie* (au sens de *milieux de vie*), ruraux ou urbains, *choisis dans chacune des zones polaire, intertropicale et tempérée.* L'élève peut ainsi découvrir un certain nombre de ressemblances et de différences, et progresser dans l'appréhension de la notion d'espace géographique.

Un autre principe, hautement revendiqué par la géographie classique, celui de localisation, est mis en œuvre dès le Cours Élémentaire. Tous les *lieux* (comme on disait au temps de Vidal de la Blache, et comme on n'ose plus dire aujourd'hui, sauf dans les Instructions officielles !), ainsi que tous les *milieux* (dixit toujours les I.O.) découverts, doivent être localisés *sur la carte, le planisphère ou le globe.*

Au Cours Préparatoire

Consolidant et développant ses acquis de l'école maternelle, l'élève de Cours Préparatoire affine sa manière de se situer et de s'orienter dans l'espace, en même temps qu'il accroît sa capacité à représenter cet espace.

Il apprend également à dépasser son milieu familier (sa maison, son école, son appartement), pour accéder à d'autres *unités de vie* de son environnement proche (sa rue, son quartier, son village). Il s'éveille enfin à la vie économique et sociale et s'initie aux subtilités du *temps qu'il fait.*

Fiche 13

Cours Préparatoire
Thèmes d'études possibles

Découverte de l'espace-classe

• **Observer, décrire, mesurer** (à l'aide d'unités empiriques (le pas), et expliquer ce *paysage* que représente la classe (mobilier, tableaux didactiques : localisation et fonctionnalité). Représenter ce *paysage* (plan, maquette).

• **Se situer** dans la classe par rapport à des repères fixes et mobiles.

• **Expliquer** la localisation de sa place assise dans la classe, par rapport à des repères fixes et mobiles, alors que l'on est à l'extérieur du local.

• **Se déplacer** dans la classe (aller de sa place au coin lecture), en décrivant l'itinéraire parcouru.

• **Retrouver** son emplacement dans la classe, ainsi que ceux des camarades, sur une photo, un plan ou une maquette.

• **Distinguer** l'intérieur et l'extérieur de la classe (notions de domaine, de frontière).

Découverte de l'espace-école

• **Situer** les classes de l'école par rapport à la sienne.

• **Effectuer et décrire** des itinéraires à l'intérieur de l'école. Préciser, verbalement et graphiquement, la situation, les uns par rapport aux autres, des divers éléments rencontrés.

• **Réaliser** le plan et la maquette de l'école. Les orienter.

• **Étudier** le fonctionnement systémique de l'école. (But, interrelations directeur-instituteurs, maîtres-élèves, maîtres-parents, école-municipalité, etc.) Mécanisme de gestion et de régulation (conseils de cycle, d'école ...) Réaliser un graphe représentant, à l'aide de flèches, ces diverses interrelations.

Paysage urbain : le quartier

• **Réalisation d'itinéraires à travers le quartier :** les éléments urbanistiques rencontrés : rues, carrefours, immeubles, magasins; les repères et leur position relative selon le sens du trajet (orientation). Repères d'abord affectifs, puis sociaux.

• **Itinéraires possibles pour se rendre à l'école,** à partir des différents domiciles des élèves. Avantages et inconvénients des uns et des autres (distance, temps, sécurité).

• **Représentation codée** de ces différents itinéraires.

• **Identifier les principaux pôles d'attraction** du quartier pour l'enfant : école, domicile des camarades, piscine, cinémas...

• **Identifier,** d'après la nature des bâtiments où elles travaillent, (avec leurs enseignes, dessinées ou écrites) les personnes appartenant aux différentes catégories professionnelles représentées dans le quartier (boulanger, caissière de supermarché, responsable de pressing, garçon ou patron de café...)

• **Suivre et expliquer** les transformations du quartier qui s'opèrent sous les yeux des enfants : voirie, immeubles, magasins, végétation...

• **Réaliser un plan** ou une maquette du quartier, l'orienter, y faire figurer l'école, la maison des élèves, de leurs amis, etc.

Il est possible, après cette prise de connaissance globale du quartier, de se livrer à l'analyse précise de l'une de ses rues, dont on étudiera :

• **L'aspect extérieur :** orientation, pente, dimension, chaussée et trottoirs, types de bâtiments, espaces privés et publics.

• **La rue comme espace social :** qui l'habite ? la vie de la rue (le jour, la nuit, heures et jours calmes, heures et jours mouvementés); la circulation (variété des flux, rythmes quotidiens, hebdomadaires, voire annuels); gestion et réglementation de la rue (circulation, propreté, hygiène, cadre de vie : bruit, vitesse des véhicules); relations des habitants avec les espaces voisins, pour les achats, les démarches administratives, le travail, les loisirs.

• **La rue comme espace économique.** Les fonctions de la rue (résidentielle, commerçante, administrative ...)

• **La rue autrefois**

• **L'image que les enfants,** leurs parents, et surtout les habitants ont de leur rue : conviviale, calme, agitée, triste, gaie, dangereuse...

Paysage rural : le village et son environnement

• **Itinéraires variés** à travers le village (comme cela a été fait pour le quartier).

• **Situation, forme et dimension** du village (village-rue, globuleux...)

• **Activités des habitants,** vie du village : approvisionnement en eau, gestion des déchets, marchés, fêtes, folklore...

• **Liaisons avec la ville** voisine, avec l'environnement rural. Aire d'influence à laquelle appartient le village.

• **Le village autrefois** (vestiges du passé, coutumes, langue...)

• **Évolution récente** du village. Projets d'aménagement.

• **La campagne** autour du village : inventaire et mise en système simplifiée des éléments observés : champs, forêts, maisons, voies de communication, supermarchés, en fonction de la vie des gens.

Dans le quartier ou le village, l'appartement ou la maison de l'enfant

• **Localisation,** aspect architectural (l'enfant situe sa maison sur un plan, à l'intention de ses camarades); il leur fait connaître l'itinéraire qui y conduit, leur montre et leur commente les photographies qu'il en a prises.

• **Description intérieure :** pièces, meubles, appareils électroménagers, audiovisuels, chauffage, évacuation des ordures.

• **Vie des habitants** de la maison (activités professionnelles et domestiques. Moments de présence dans la maison. Quand ils ne sont pas là, où sont-ils ?).

Découverte de la vie économique et sociale

Cette approche de la vie économique et sociale s'est déjà effectuée au cours des activités précédemment évoquées. On peut la compléter en étudiant, de manière simple, mais en en montrant leur fonctionnement économique et social, quelques unités de production : une exploitation agricole, un atelier artisanal, une entreprise industrielle ; quelques lieux d'échanges : foire, magasin ; quelques service public (P.T.T., E.D.F.) ; et enfin quelques services municipaux : voirie, service des eaux, centre de secours...

On s'attachera également à étudier la circulation et les transports dans l'environnement proche de l'enfant : voies de communication, mouvements de population, flux de produits...

Ne pas oublier de préciser la région à laquelle appartient la ville ou le village de l'enfant, ni de situer celle-ci sur la carte de France. Ne pas oublier non plus de localiser sur la carte les lieux où se rendent les enfants (vacances, classes de découverte, etc.)

ÉVEIL AU TEMPS QU'IL FAIT

• **Le soleil :** observation de sa position dans le ciel, selon les heures de la journée et les périodes de l'année. Variation des zones situées au soleil et à l'ombre. Direction de l'ombre d'un arbre selon les heures de la journée, modification de sa longueur selon les périodes de l'année. Les effets du soleil. Ses variations suivant les saisons. L'étude de la marche du soleil dans le ciel permet également d'aborder la notion d'orientation.

• **La météorologie :** Observations régulières et tenue d'un tableau météorologique simple : état du ciel, sécheresse ou précipitations, températures, vent. Première approche de la notion de moyenne : le temps qu'il a fait pendant la semaine écoulée. Prise de conscience des variations saisonnières. Profiter de ces observations pour acquérir le vocabulaire adéquat : pluie, gel, verglas, brouillard, rosée...

Au Cours Élémentaire

Alors qu'au Cours Préparatoire, l'élève passe de ses *espaces familiers* (maison, école), à son *environnement immédiat* (rue, quartier, village), ne sortant ainsi pas de son *cadre de vie*, au Cours Élémentaire, il compare ce cadre de vie à d'autres, situés en d'autres points de l'espace. En outre, l'initiation géographique se fait plus précise et plus rigoureuse. C'est en effet au Cours Élémentaire que sont acquises les démarches et expérimentés les outils (cartes, croquis, etc.) qui permettront l'étude de la France au Cours Moyen.

En ce qui concerne son *environnement immédiat*, il s'agit de donner à l'enfant la possibilité de s'orienter dans un paysage réel ou représenté, d'y appréhender les relations géographiques simples qui le structurent, en rapport avec les processus économiques et sociaux dont il est le siège. Il s'agit enfin de donner à l'enfant les moyens de représenter l'espace – un espace qu'il s'est contenté de *vivre* au Cours Préparatoire – en l'initiant au plan, au maniement de l'échelle géographique et à la lecture de la carte (routière notamment). Dans le domaine méthodologique, les enfants de Cours Élémentaire s'initient à la technique d'enquête, ils apprennent à choisir et à critiquer les documents, écrits ou iconographiques, originaux ou reproduits.

Au Cours Élémentaire première année

On ne reviendra sur l'*espace familier* que pour achever de le structurer, en situant, grâce à une série de repères spatiaux, la classe dans l'école, l'école dans le quartier, et surtout en affinant la schématisation, déjà abordée au Cours Préparatoire. En ce qui concerne la salle de classe, on passera de la maquette (dessinée au tableau par le maître, avec la participation des élèves), au plan (dessiné individuellement par chaque élève). Le passage s'opérera par projection et réduction des dimensions (notion d'échelle). On n'oubliera pas de légender le plan.

Mais c'est sur *l'environnement immédiat* de l'enfant qu'on se centrera. Par *environnement immédiat*, on entendra à la fois les personnes qui vivent autour des enfants (activités, situation socio-économique), leur cadre de vie, urbain ou rural, et enfin le temps (pluie, soleil) dont ils bénéficient. Cette étude concrète du milieu où vit l'élève permettra d'acquérir un certain nombre de notions générales relatives aux paysages, dans leurs composantes physiques (différentes formes du relief, nature de la végétation et des eaux...), et humaines (organisation de l'espace, activités économiques...) Elle permettra également de fructueuses comparaisons avec d'autres espaces qu'elle donnera à l'enfant l'occasion de découvrir.

Cours Élémentaire 1
Thèmes d'étude possibles

Fiche 14

REPRÉSENTATION GRAPHIQUE DU CADRE DE VIE

• **Réaliser le plan du quartier,** à partir d'une maquette ou d'une photographie aérienne.

• **Réaliser le plan du village,** à partir d'une photographie aérienne.

• **Tracer des itinéraires sur ces plans.** Au Cours Préparatoire, ces itinéraires étaient simples, vécus le plus souvent, avant d'être représentés, de manière très simplifiée et schématique. Au Cours Élémentaire première année, ces itinéraires se complexifient. Les élèves effectuent des choix, en fonction de la distance, du temps de parcours (feux), de l'agrément du trajet (rues piétonnes, magasins), de la sécurité, etc. Surtout, les itinéraires sont directement représentés sur le plan du quartier ou du village, sans avoir été réellement parcourus.

• **Indiquer sur un plan** du quartier ou du village les principaux pôles d'attraction (lieu où l'enfant et ses parents se rendent régulièrement). Faire apparaître la fréquence de ces visites.

• **Du plan topographique** (« *représentation plane, précise et détaillée d'une certaine portion de terrain, généralement à grande échelle* » (GDE Larousse), à la carte géographique (« *représentation conventionnelle sur un plan des phénomènes géographiques à l'intérieur d'un espace donné [pays, région, département, etc.]* »). Différence entre le plan et la carte. Paysage vu de plus haut pour la carte (échelle plus réduite). Les détails disparaissent, la vision de la réalité est plus épurée, plus abstraite. Il est important de travailler sur la carte

(1/50 000) de la région où vit l'enfant. Étudiant la légende de cette carte, l'enfant découvre comment des réalités concrètes, qu'il connaît bien, peuvent être codées à l'aide de signes abstraits et conventionnels qu'il doit apprendre.

• **Étude de la carte routière** (carte I.G.N. au 1/100 000). On étudie sur cette carte le maillage des villes et des villages (notion de pavage spatial, de pôle et de zone d'influence), la distribution des voies de communication (nature, importance, orientation, convergence, distances, etc.), l'importance relative des espaces urbains et ruraux, le plan des villes et des villages, etc.

Dès le Cours Élémentaire première année, on peut procéder à une initiation à la carte de France, sous réserve d'en réaliser une approche affective (lieu de naissance des enfants, déplacements des parents, séjours de vacances, etc.)

Se situer et s'orienter dans un espace connu

• **Se situer** par rapport à des repères

• **S'orienter** de manière empirique

• **S'orienter** de manière rationnelle, avec boussole et cartes

• **Déterminer les points cardinaux,** par référence aux positions du soleil (repérer les directions Est, Sud, Ouest, Nord, dans un paysage).

• **Orientation absolue,** par rapport aux positions du soleil, et **orientation relative :** prise de conscience que l'orientation est fonction du point précis où l'on se trouve.

• **Orientation d'un plan** (de l'école, du quartier, du village).

Lire et interpréter les paysages ruraux

• **Reconnaître les différents éléments d'un paysage** (et en indiquer l'élément dominant).

Distinguer les éléments relatifs au cadre dans lequel s'organise la vie : relief, végétation, cours d'eau...; des éléments humains : habitat (groupé, dispersé, matériaux et forme des maisons), emplacement et topographie des villages, forme, dimension, dispersion des champs et trame des chemins, nature des cultures, voies de communication....

Bref, repérer ce qui relève de la naturalité, de l'artificialité (nous avons vu que l'homme anthropise la Terre), et de la spatialité (limites, divisions, terroirs, etc.)

• **Interpréter le paysage**, déterminer son organisation et son fonctionnement : plans successifs, disposition des grandes unités paysagères en fonction des conditions socio-économiques et de l'activité principale : polyculture, monoculture, élevage... Montrer que tous les éléments du paysage se tiennent, que celui-ci fonctionne de manière cohérente. Faire apparaître pour cela les interrelations existant entre les différentes composantes du paysage.

• **Rechercher** les traces du passé dans le paysage et les indices des évolutions en cours.

En conclusion, déterminer le type de paysage auquel appartient le paysage observé : agricole, urbain..., tenter de mettre à jour le moteur du paysage, ce qui le constitue et lui imprime sa marque : cadre physique, expansion urbaine, problème de rentabilité économique... Tenter également de tester la *santé* du paysage : est-il en équilibre, en mutation, en difficulté?... (indices permettant de se prononcer).

• **Représenter le paysage** (dessin, croquis), à partir de la réalité ou d'une photographie aérienne.

Le situer sur une carte de la région.

Montrer surtout, à l'aide de flèches reliant les différentes unités paysagères, comment le paysage *fonctionne.*

Étude d'un quartier urbain

L'étude d'une rue, telle qu'elle a été conduite au Cours Préparatoire, dans son aspect extérieur, ses fonctions, son évolution et son impact sur l'imaginaire des gens, peut se prolonger au Cours Élémentaire première année, par le même type d'étude appliqué à un espace social plus vaste et plus complexe : le quartier.

Sans qu'il soit question de les suivre toutes, et d'aboutir à une monographie exhaustive du quartier, nous indiquons les principales pistes de travail possibles concernant l'étude d'un quartier urbain (Fiche 15).

Les différents types de paysage, en France et dans le monde

Le principal objectif de ce secteur de la progression, est d'apprendre à analyser le cadre dans lequel s'inscrit l'activité humaine. On distinguera, et on caractérisera, les différentes formes du relief, on en fera connaître quelques-unes particulièrement représentatives d'une région donnée (vallée glaciaire, calanques provençales, etc.). À l'étude des formes du relief, on associera celle des cours d'eau, de la végétation et du climat. On n'omettra pas d'évoquer les formes les plus caractéristiques de l'occupation humaine, en indiquant les différents types de relations existant entre celle-ci et le contexte physique dans lequel elle se déroule (absence de relation : le milieu est totalement domestiqué par l'homme, résistance du milieu à son aménagement, utilisation par l'homme des potentialités physiques du milieu, etc.)

On analysera, sur le terrain ou par l'intermédiaire de photographies, un paysage de plaine, de montagne, de plateaux et de collines, un paysage littoral, et un paysage volcanique.

Le temps qu'il fait

• **Suite des observations journalières réalisées au Cours Préparatoire,** les observations conduites au Cours Élémentaire première année deviennent plus complètes (direction du vent, température aux différentes heures de la journée; temps observé : nuages, pluie, neige; utilisation d'un code de représentation), et plus précises. Utilisation systématique d'un matériel adéquat : girouette, thermomètre, pluviomètre. Introduction des symboles météorologiques simples, lecture de relevés, de bulletins et de cartes météorologiques.

• **On commence également à passer du temps qu'il fait au climat** (notion de moyenne, de climat tempéré, chaud, froid, sec, humide). Influence du climat sur la végétation, sur les activités humaines (où et comment se manifeste-t-elle?). Influence de l'homme sur le climat. On s'interrogera sur l'existence éventuelle d'un climat urbain (notion de micro-climat).

• **On peut greffer sur l'étude du temps qu'il fait, celle, très succincte, du jour et de la nuit,** des saisons, du cycle de l'eau, des grandes zones climatiques (planisphère, globe).

Les hommes au travail

• **Vivre en ville ou au village** (différence dans le cadre et le mode de vie. Avantages et inconvénients).

• **Les principales activités des hommes :**

– être agriculteur ou éleveur (étude d'une ferme, d'une coopérative laitière).

– travailler en usine ou être artisan dans un atelier (étude d'une grande entreprise, de l'atelier d'un menuisier).

– se livrer à des activités de service (travailler dans un bureau, dans un magasin : boutique, grande surface).

– se livrer à des activités de transport : sur terre, sur mer et dans les airs (être chauffeur routier, conducteur de TGV, capitaine au long cours, commandant de bord).

Vivre ailleurs

• **Dans les régions polaires**

Le climat et les paysages polaires. (On peut étudier le Grand Nord canadien, l'Alaska, la Sibérie ou l'Antartique.)

Les Esquimaux, autrefois et aujourd'hui.

• **Dans la zone chaude**

Le climat, la végétation et la faune dans la zone intertropicale.

Activités traditionnelles et mutations économiques.

Suggestion de sujets d'étude

La route des vacances (carte). – Une rue commerçante. – Le paysage agraire autour du village. – Une ferme, un élevage, un port de pêche (secteur primaire). – Chez le menuisier, le cordonnier, le maçon. – Une petite industrie locale (secteur secondaire). – Un magasin, la poste, la station service (secteur tertiaire). – Le cycle de l'eau. – La haute montagne. – Tremblements de terre et volcans. – La vie d'un chauffeur routier, d'un commandant de bord. – Les régions polaires. – Un désert. – La forêt vierge.

Fiche 15

Pistes de travail pour l'étude d'un quartier

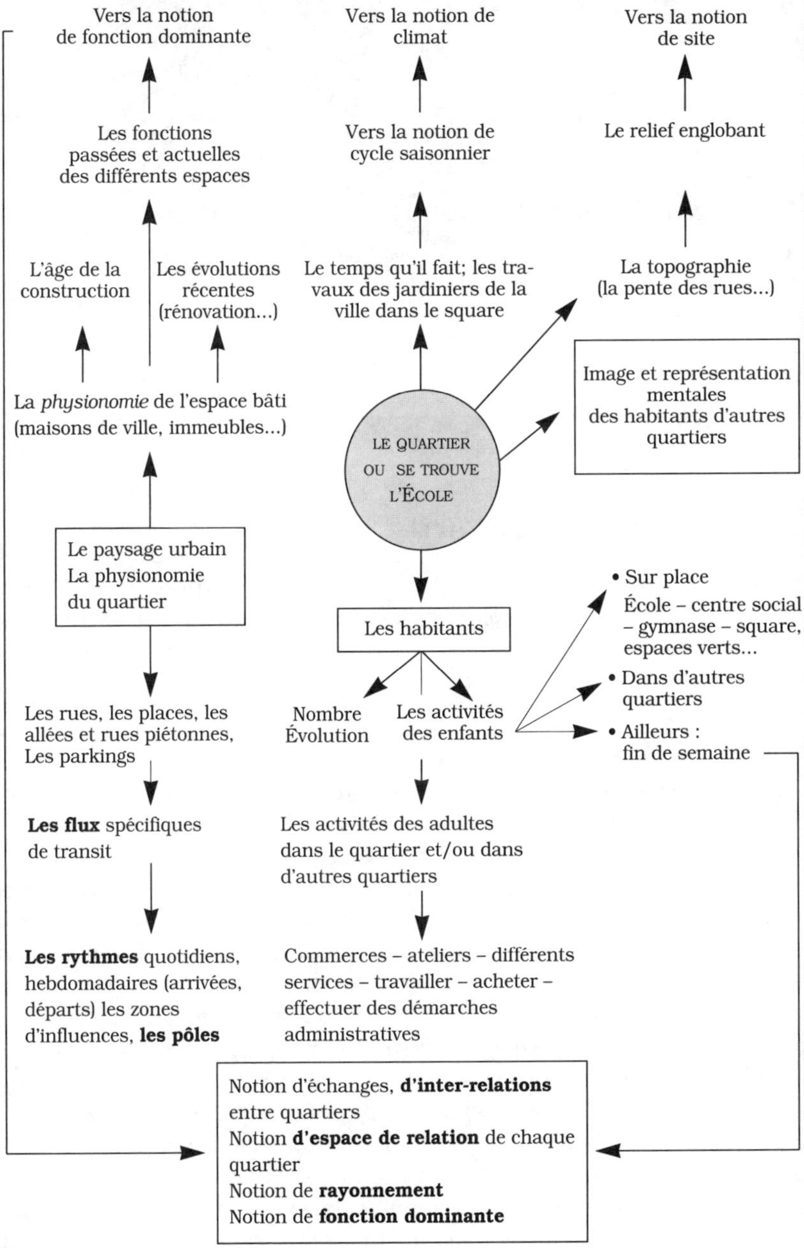

Extrait de : *Histoire et géographie à l'école élémentaire, pour une mutation*, op, cit., p. 77.

Cycle des approfondissements (Cours Élémentaire deuxième année, Cours Moyen première et deuxième année)

Compétences à acquérir

Le cycle 3 vise à renforcer et à consolider les apprentissages du cycle précédent, à élargir la compréhension des notions précédemment abordées, et à faire prévaloir un plus grand *souci de rigueur* dans le domaine des méthodes de travail.

Objectifs transversaux

En ce qui concerne les *objectifs transversaux, l'horizon de l'enfant s'élargit à d'autres civilisations, d'autres cultures,* et il peut désormais *identifier quelques grands problèmes du monde,* comme la faim, la santé ou la protection de l'environnement. L'élève de ce cycle doit en outre être capable d'émettre des hypothèses, *d'élaborer un modèle abstrait pour traduire ou interpréter une situation,* ainsi que de *repérer et représenter les éléments significatifs d'une situation* (objectifs concernant le *désir de connaître et l'envie d'apprendre*). Au cours de ce cycle, l'enfant s'entraîne à passer de l'espace *vécu* à l'espace *pensé.* Il est capable de mettre en relation les concepts de temps et d'espace (temps mis pour parcourir une distance donnée), de comprendre des échelles différentes, de passer d'une échelle à l'autre et d'une représentation à une autre. Dans le domaine des compétences méthodologiques, l'élève doit développer ses capacités de mémorisation (il doit être en mesure de retenir *des termes de vocabulaire,* et avoir acquis les méthodes de travail dont il aura besoin dans sa scolarité ultérieure. Il doit également être apte à rechercher, analyser, synthétiser et transmettre l'information.

Objectifs de l'enseignement géographique

Dans le domaine proprement géographique, l'enfant doit pouvoir, à la fin du cycle des approfondissements :

• **situer sur le globe ou le planisphère** les continents, les océans et les principaux milieux géographiques ;

• **situer les principaux États** sur une carte, un planisphère, un globe (en particulier les États européens);

• **situer sur une carte** les principales régions et les grandes métropoles de la France ;

• **identifier et décrire,** dans leur diversité, les paysages français à partir de photographies et de cartes, en utilisant le vocabulaire géographique adéquat ;

• **caractériser et localiser** les principales activités économiques de la France : agriculture, industrie, services...;

• **utiliser des outils diversifiés :** cartes, plans et graphiques, atlas, encyclopédies et dictionnaires, documents informatiques et audiovisuels ;

• **exploiter les apports des médias**

Programme officiel du Cours Moyen

Étude de la France dans l'ensemble européen et mondial.

La Terre

Présentation de la planète : répartition des océans, des continents et des zones climatiques. Localisation des grands ensembles de population et des principaux États.

Situation de l'Europe et de la France.

Les paysages du territoire français

La diversité des milieux : montagnes, plaines, vallées, côtes, villes et campagnes.

Premières lectures de paysages urbains et ruraux.

Activités économiques et populations

La répartition de la population : village, ville, métropole régionale.

Agriculture, industrie, échanges commerciaux, l'entreprise.

Localisation des principaux foyers d'activité économique (forces et faiblesses).

L'aménagement du territoire et les problèmes de l'environnement.

Étude de la région où vit l'élève et de sa place dans la France.

La France dans le monde

Économie, technologie, science et culture : importations et exportations.

Un programme centré sur l'étude du territoire national

Au Cours Moyen, on aborde une étude *plus systématique* de la géographie de la France. Résolument, et récusant les reproches de *repli national* et de *franco-centrisme* souvent adressés aux programmes français de géographie, celui de 1985 estime, non sans raison, que les élèves, doivent prioritairement étudier leur pays. Un pays, cependant, non coupé de *l'ensemble européen et mondial* auquel il appartient. Ce qui signifie, non pas qu'il faille, au Cours Moyen, étudier d'autres pays que la France, mais comparer notre pays à d'autres, et surtout indiquer les relations qu'il entretient avec ces autres pays.

Un programme en quatre parties

On commence par une **présentation de la planète,** dans ses aspects physiques (architecture générale des terres et des mers, zones climatiques), démographiques (*les grands ensembles de population*, ce qui permet de faire apparaître l'extraordinaire inégalité des implantations humaines sur le globe), et politiques (en se contentant de la localisation des *principaux États*). Sur cette planète, sommairement décrite, on situe ensuite l'Europe et la France. Ce qui indique déjà à quel type d'ensemble physique et humain elles appartiennent.

Vient ensuite **l'étude des différents milieux** du territoire national. Milieux physiques : montagnes, plaines, vallées, côtes (manquent les plateaux, non négligeables dans le relief français); milieux humains : *villes et campagnes*. Aux *premières analyses des paysages*, préconisées au Cours Préparatoire, répondent, au Cours Moyen, les *premières lectures de paysages, urbains et ruraux*.

Ayant abordé l'étude du territoire national sous l'angle concret du paysage, on la poursuit sous un angle plus théorique, avec **l'analyse des problèmes démographiques et économiques.** L'étude de la répartition de la population et du maillage urbain de la France, permet de mettre en application nombre de concepts mis en avant par la nouvelle géographie.

Il n'est pas inintéressant de noter que l'étude de la trilogie classique, agriculture, industrie, commerce, se termine par celle de **l'entreprise qu'on se doit d'aborder sous l'angle économique** (production, commercialisation, compétitivité) et **social** (organisations représentatives des travailleurs, politique salariale, chômage, etc.). L'étude de la localisation des principaux foyers d'activité économique (*forces et faiblesses*), permet d'évoquer l'espace industriel français, (que présente la Fiche 10, page 117), ainsi que la situation de la France par rapport aux grands axes européens de développement. Quant à l'étude de l'aménagement du territoire et des problèmes d'environnement, elle est l'occasion d'évoquer la gestion de l'espace (avec les POS et autres ZAC), la déconcentration industrielle, l'amélioration du réseau de communication, tout en prenant en compte les impératifs environnementaux. Le thème : développement économique et environnement, est en effet l'un de ceux qui doit retenir prioritairement l'attention au Cours Moyen.

En ce qui concerne l'étude *de la région où vit l'élève,* et de *sa place dans la France,* il est clair qu'il s'agit d'une étude essentiellement économique et sociale. Une étude qui doit être l'occasion de faire réfléchir les élèves à la notion de région, dans ses aspects de moins en moins *naturels,* et de plus en plus industriels, *relationnels* et urbains, voire psychologiques et affectifs.

L'étude de la France se termine par celle de la situation de notre pays dans le monde, dans les domaines économiques (forces et faiblesses, en ce qui concerne les importations et les exportations), technologiques (place de la France par rapport au Japon, aux États-Unis, à l'Allemagne), scientifiques et culturels.

Thèmes d'étude possibles au Cours Élémentaire deuxième année

Tout en faisant, le plus souvent possible, référence à l'environnement immédiat de l'enfant, ce n'est plus sur lui qu'on se centre au Cours Élémentaire deuxième année. Utilisant et développant les connaissances de géographie générale acquises l'année précédente, on étudie de manière plus approfondie les paysages français, la vie et les activités des hommes, tout en se familiarisant davantage avec l'outil cartographique.

Ce qui n'exclut pas d'effectuer un détour par l'*ailleurs,* qu'il s'agisse de la France (dans sa situation en Europe et dans le monde), ou de la vie sous d'autres climats et dans d'autres paysages.

Maîtrise plus affirmée du plan et familiarisation avec les cartes

Fiche 16

DU PLAN DU QUARTIER À CELUI D'UNE GRANDE VILLE FRANÇAISE

- Réalisation par les élèves de la carte mentale de leur quartier ou de leur village (mise en évidence des représentations).
- Réalisation du plan (plus étoffé et plus précis qu'au CE1) du quartier où habite l'élève. Le plan est légendé (notion de signes conventionnels).
- Étude du plan simplifié d'un quartier d'une grande ville française (le centre de Paris par exemple). Doter le plan d'une légende, y tracer quelques itinéraires, à pied, en voiture, en autobus ou en métro.
- Étude du plan simplifié d'une grande ville française. Orienter le plan, le légender, y tracer quelques itinéraires, à pied, en voiture, en autobus ou en métro. Moyen de communication le plus rapide pour aller d'un point à un autre.

ÉTUDE DE LA CARTE (CARTE ROUTIÈRE)

• Apprendre à lire la légende.

• Repérer sur la carte les différents signes de la légende.

• Itinéraire à suivre pour aller d'un point à un autre, en voiture, en bicyclette, à pied. Ce qu'on rencontre : village, usine, chapelle, château, bois, carrefours importants ...

• Comparaison de la représentation d'un même lieu à l'aide d'une carte à grande (1/5 000), moyenne (1/25 000) et petite échelle (1/100 000).

• Étude de la carte de la région où se trouve l'école. Figureront sur cette carte : la hiérarchisation des villes, les centres industriels, les voies de communication avec la hiérarchisation des routes (distances, et, si possible, nature et importance des flux (personnes, marchandises).

• Réalisation de la carte de la région, telle que celle-ci est *vécue* par les parents : résidence, lieu de travail, d'approvisionnement, de loisir... Fréquences des déplacements entre ces différents lieux.

• Approche de la carte de France. Porter, sur un fonds de carte où figurent en grisé les grands ensembles de relief (régions peu élevées, collines et plateaux, montagnes) :

– Les points cardinaux

– Les frontières (naturelles, artificielles), les mers et les pays voisins

– Les fleuves, villes, grands axes de communications

– Les principales distances kilométriques et temporelles

– La situation sur la carte de France de la ville ou de la région où se situe l'école.

APPROCHE DU GLOBE TERRESTRE

• Description d'ensemble : pôles, hémisphères, méridiens, parallèles (équateur), répartition des terres et des mers. Situation de la France sur le globe.

• Rotation de la terre autour de l'axe des pôles.

La France que nous habitons

Position sur le globe

Zone tempérée

Relief

Principaux types, rapports avec les activités humaines.

• **La notion de relief :** altitude, dénivellation, formes topographiques.

• **Les plaines :** différents types, localisation.

• **Collines, plateaux et vallées :** aspects, localisation.

• **Les montagnes,** différents types (en fonction de leur altitude et de leurs formes. Les notions de *montagnes jeunes* et de *montagnes vieilles* sont récusées par les géographes d'aujourd'hui, car sous-tendues par un raisonnement anthropomorphique, et se référant à la théorie davisienne aujourd'hui dépassée.

Localisation des montagnes françaises.

L'homme et la montagne : aujourd'hui, autrefois.

• **Le littoral,** contact de la mer et de la terre (marée, estran, vagues, érosion et alluvionnement).

Les types de côtes : côtes basses (plages de sable, cordons de dunes, étangs, flèches de sable, lagunes, marais salants, parcs à huîtres et à moules).

Côtes élevées (écueils, récifs, falaises, golfes, caps, baies, presqu'îles...).

Les îles. Localisation des différents types de côtes.

• **Comment représenter le relief ?** Couleurs, courbes de niveau, signes conventionnels.

• **Réalisation d'une carte légendée du relief** de la France.

Les eaux

• **Océans, mers et lacs** (naturels et artificiels : barrages), étangs, marais.

• **Fleuves et rivières** (sources, cours : méandres, lit : profil en long et en travers de la vallée), amont, aval, rive gauche et rive droite, affluents, confluents, embouchure (estuaire, delta), débit, régime. L'eau sous la terre.

• **Construction de la carte** des fleuves français.

Climat et végétation

• **Les composantes du climat.** Cartes de l'état du ciel.

• **Les types de climat :** océanique, semi-continental, méditerranéen, de montagne. Existe-t-il des micro-climats ?

• **Influence du climat sur la végétation :** forêt (feuillus, résineux : épicéas, sapins, pins), lande, garrigue.

Le climat explique-t-il à lui seul les paysages végétaux ?

• **Étagement de la végétation** en montagne.

Fiche 18

Vivre en France

Anatomie des Français

• Aspects démographiques

– Population de la France, autochtones et immigrés

– Accroissement

– Répartition par tranches d'âges, natalité, mortalité, espérance de vie

– Immigration, mouvements migratoires.

• Répartition de la population

– Étude d'une carte de la population française présentant les principales agglomérations (avec le nombre de leurs habitants), ainsi que les densités de population : zones très, assez et peu peuplées (le *désert français*, la *diagonale du vide*).

Vivre en ville

• Le cadre de vie urbain (immeubles, rues : piétonnes ou non, places, espaces verts)

– Les vieux quartiers et leur rénovation ; faubourgs, banlieues et zones industrielles (présence d'espace, de main-d'œuvre et de voies de communications pour recevoir les matières premières et expédier les produits fabriqués);

– Les paysages industriels : grands bâtiments, cheminées, réservoirs métalliques...).

• Facilités offertes par la ville

– Commerces : petits commerces des centres villes (commerce de proximité), super ou hypermarchés des quartiers périphériques.

– Services : administratifs (mairie, écoles...), techniques (eaux, gaz, électricité), d'aide (médecins, pompiers, police), poste, banques, trésor public, transports en commun.

– Loisirs : culturels (cinémas, théâtres, concerts, lecture : bibliothèques), sportifs (salles d'éducation physique, stades, gymnases), fêtes nationales et locales.

• Difficultés de la vie en ville

– Pollutions diverses (notamment de l'air, éventuellement de l'eau). Problème des déchets ;

– Difficultés de circulation : à l'intérieur de la ville, pour y entrer et en sortir (phénomène de nasse);

– Stress dû à une vie trépidante ;

– Nuisances affectant ces *machines à vivre* que sont souvent les habitations urbaines. Nuisances sonores, thermiques, esthétiques, etc.

– Problèmes de sécurité.

Vivre à la campagne

• Le cadre de vie rural

– Le village : site (village perché) et situation (liaisons avec la ville et les autres villages), forme (village rue, en étoile, globuleux), structure : le centre et la périphérie ;

– Habitat groupé et habitat dispersé ;

– L'habitation des ruraux : matériaux, forme, évolution ;

– La ville à la campagne (l'urbain à l'assaut du rural) ;

• **De quoi vivent les ruraux ? :** quelques-uns de l'agriculture (regroupement des terres), ou de l'artisanat, une majorité travaille en ville.

• **Vivre à la campagne : un bon ou un mauvais choix ?**

– Qui vit à la campagne ?

– Pour les vrais ruraux, vie calme, calquée sur les rythmes naturels, pollution de l'air moindre (celle de l'eau est fréquente, du fait de l'activité agricole), peu de nuisances sonores ;

– Par contre, un certain isolement : moyens de communications parfois insuffisants, commerces, services et lieux de culture et de loisirs souvent éloignés.

VIVRE EN MONTAGNE

• **Déclin du mode de vie traditionnel,** dans des villages accrochés au flanc de la montagne et isolés une partie de l'année, avec maigres cultures vivrières et élevage à base de migrations pastorales.

L'industrie liée à la houille blanche (électro-métallurgie) est en perte de vitesse.

La montagne se vide.

• **Essor d'un nouveau mode de vie,** lié au tourisme estival et surtout hivernal (l'or blanc).

Mode de vie qui n'a plus rien de rural, qui est à peine montagnard, et qui est en fait surtout urbain, les grandes stations de ski n'étant pas autre chose que des villes à la montagne.

• **L'aménagement de la montagne**

Les hommes au travail

CULTIVER LA TERRE ET ÉLEVER LE BÉTAIL

• **Baisse du nombre des agriculteurs** et diminution de la surface des terres cultivées.

• **Les principales cultures françaises :** implantation, mode de culture, utilisation.

• **Forme des élevages,** produits de l'élevage.

• **Industrialisation de la culture et de l'élevage,** développement du machinisme agricole.

• **Établir une carte des cultures en France :** céréales (blé, maïs), betterave, vigne, fruits et légumes. Justifier une telle répartition. (Quels sont les facteurs explicatifs déterminants, les facteurs naturels ou les facteurs économiques ?)

• **Établir une carte de l'élevage en France :** gros bétail, porcs, moutons et chèvres. Élevage au pâturage, à l'alpage ou en stabulation permanente (élevage hors-sol). Justifier une telle répartition (même question que précédemment).

EXPLOITER LA FORET

• **Les principales régions forestières** françaises.

• **Rôle de la forêt :** production de bois (chauffage, industrie), abris pour le gibier, espace de loisir.

VIVRE DE LA MER

• **Le milieu marin :** poissons, crustacés, algues, végétation herbacée.

• **Aménagement des côtes** par l'homme : ports, digues, phares, marinas (problème du bétonnage des côtes).

• **La pêche :** côtière, hauturière (chalutiers).

• **Élevage des coquillages et marais salants.**

• **Construction et réparation des bateaux.**

• **Activités commerciales** (cargos).

• **Activités touristiques.**

• **Représenter sur une carte les principaux ports** de pêche et de commerce français, ainsi que les principales zones touristiques.

TRAVAILLER EN USINE

• **L'industrie transforme les matières premières en produits finis :** minerai de fer → acier → automobiles; laine → tissu → vêtements; pétrole → carburant; lait→ produits laitiers.

• **Elle utilise pour cela de l'énergie,** pétrole, électricité.

• **Le machinisme industriel** (robots).

• **Le travail en usine.**

L'ingénieur et le dessinateur industriel conçoivent le produit (bureau d'étude). L'ouvrier le réalise et se met pour cela au service de la machine : travail à la chaîne, les trois-huit, les rythmes de travail (cadences).

Le commercial vend le produit.

• **Représenter sur une carte les principaux foyers industriels** français. Essayer de justifier leur implantation.

• **Circuler :** une nécessité, mais des difficultés majeures (cf. le casse-tête des départs en vacances).

Les hommes voyagent, transportent les produits de leur industrie et diffusent leurs informations.

• **Flux** de personnes, de marchandises et d'informations (origine, direction, convergences...)

• **Les principaux moyens de transport**

– La route : les types de routes (du chemin vicinal à l'autoroute); la construction des routes : ponts, viaducs, tunnels, lacets; le code de la route. Réaliser la carte du réseau routier français.

– Les transports par route : quels voyageurs et quelles marchandises? (camions-frigorifiques, camions-citernes, camions-bennes, bétaillères). Avantages et inconvénients des transports par route.

– Le chemin de fer : le réseau ferroviaire français. Sa constitution, son évolution (du tramway rural au tramway urbain et au T.G.V.). Réaliser la carte du réseau ferroviaire français.

– Voyageurs et marchandises transportés par chemin de fer. Concurrence du rail et de la route.

– L'avion : les infrastructures aéronautiques : aéroports, aérogares, pistes de décollage et d'atterrissage, tour de contrôle. Les types d'avions (avec ou sans moteurs, de tourisme, gros porteurs, avions-cargos). Les lignes aériennes (intérieures, internationales, transcontinentales). Le personnel (navigant, au sol : aiguilleurs du ciel, mécaniciens). Personnes et produits transportés. Concurrence avion-T.G.V.

– Le bateau : de la péniche au tanker.

• **Diffusion de l'information**

L'information se diffuse de plus en plus grâce à un réseau de communications invisibles, utilisant les ondes, et non plus les fils et les câbles. Télécommunications, téléphone, radiodiffusion, télévision. Transmission par satellite.

Fiche 19

Au-delà des frontières de l'hexagone

Fiche 20

• **La France en Europe**

L'Europe, l'un des cinq continents du monde (situation, États, paysages).

Situation de la France en Europe. Autoroutes et voies ferrées internationales.

Liaisons aériennes au départ de Paris.

Les pays de la C.E.E. (capitales, population).

• **Le français dans le monde** (francophonie) : D.O.M., T.O.M., pays où l'on parle français.

• **Ailleurs dans le monde**

– Les grandes zones climatiques et de végétation (réalisation d'une carte).

– Déserts froids et déserts chauds.

– Savane et forêt vierge.

– Pays riches et pays pauvres : la coupure Nord-Sud.

– Les problèmes des pays en voie de développement.

– Et si on regardait du côté du Japon?

• **Pour chacun de ces grands ensembles :** les situer sur la carte, en évoquer le climat, la végétation, la vie des gens et les liaisons avec les autres pays.

Suggestions de sujets d'étude

Les montagnes françaises. – Fleuves et rivières. – La nature méditerranéenne. – Paris, capitale de la France. – Étude d'une ferme de grande culture. – L'élevage hors-sol.– Une station de sports d'hiver. – La forêt française. – Itinéraire d'un produit : de sa fabrication à sa commercialisation et à son utilisation. – *Bison futé*. – La vie des Esquimaux. – Le Sahel. – L'Asie des moussons.

Au Cours Moyen

L'approche de la France, réalisée au Cours Élémentaire deuxième année, débouche, au Cours Moyen, sur l'étude plus précise et plus approfondie du territoire national et des activités des hommes qui l'habitent. La ventilation de cette étude entre les deux années du Cours Moyen relève de l'initiative des maîtres. Une solution possible consiste à planter le décors au Cours Moyen première année, en traitant les points :1 (La Terre) et 2 (Les paysages du territoire français) du programme, avant de se centrer sur les hommes et leurs activités (point 3), et d'étudier la place et le rôle de la France dans le monde (point 4).

Les fiches 21 à 25 présentent une progression possible au CM1. Elles sont suivis par les fiches 30 à 34 qui présentent une progression au CM2. On trouvera en outre pour chacun de ces niveaux, des fiches d'activités supplémentaires pour les thèmes les plus importants (fiches accompagnant le programme de 1984).

Fiche 21

La Terre et les hommes CM1

LA PLANÈTE TERRE

• Notre planète dans le système solaire

– Aux origines de l'univers. Du Big-Bang à l'apparition de l'homme.

– Observation des étoiles. Notion de constellation.

– La Terre : une planète du système solaire (noms, distances et dimensions comparées des planètes).

– Les mouvements de la terre : rotation sur elle-même et révolution autour du Soleil.

– Le globe terrestre : dimensions et principaux repères.

– La biosphère en péril : effet de serre, raréfaction de la couche d'ozone, pluies acides.

• Océans et continents

– Répartition, localisation.

– Origine : les mouvements de l'écorce terrestre (tectonique des plaques). La dérive des continents.

– Les grandes lignes du relief terrestre.

– Mers et océans (profondeur, relief sous-marin, eaux : salinité, température, mouvements). Principaux types de reliefs littoraux (fjords, reliefs coralliens, deltas...).

• Représenter la terre

– Photographies aériennes (verticales ou obliques).

– Globe terrestre : canevas conventionnel (réseaux de méridiens et de parallèles), projections cartographiques (cylindriques, coniques, polaires).

Fiche 21

– Cartes à grande et à petite échelle, plans cadastraux, représentation du relief (hachures, courbes de niveau).

• **Les grands milieux géographiques (climats, végétation)**

– Hauteur du Soleil sur l'horizon, longueur des jours, les saisons.

– Les zones climatiques et de végétation. La zone polaire, la zone tempérée (climat tempéré et climat méditerranéen), la zone intertropicale (climat tropical, équatorial, désertique).

LES HOMMES SUR LA TERRE

• **Inégale répartition**

• **Zones de faible peuplement :** déserts chauds et froids, hautes montagnes, forêts denses, soit les 2/3 de la surface des continents.

• **Les grands foyers de peuplement :** Asie du Sud-Est, Europe et Amérique du Nord.

– Les grandes agglomérations mondiales.

• **Pays développés et pays en voie de développement** (nécessité d'un écodéveloppement, notion de développement durable).

• **Principaux États du monde.** Progression de la démocratie. Les zones à risque.

La France dans le monde CM1

Fiche 22

• **L'espace français dans le monde** (France d'outre-mer, pays francophones).

• **Situation de la France dans le monde :** au centre des terres émergées de l'hémisphère Nord, dans la zone tempérée, sur le front humide de l'Ouest, au croisement des civilisations grecques, romaines et chrétiennes, au cœur du monde occidental. Rayonnement culturel et politique de la France, son *poids* économique et militaire.

La France en Europe CM1

Fiche 23

• **L'ensemble européen**

– Les paysages (relief, climat, végétation).

– Les hommes : États, population, pôles économiques, grands axes de communication.

– La Communauté Économique Européenne.

• **L'Europe de l'environnement** (directives communautaires contre les pollutions).

• **La France dans la Communauté Économique Européenne**

– L'Acte Unique Européen.

– Le traité de Maastricht.

Le visage de la France
CM1

Fiche 24

• Représenter la France.

• Constitution du sol français.

La France des montagnes

Au centre, à l'Est et au Sud (Fiche 26).

• **Des montagnes, traditionnellement qualifiées de *jeunes*** bien que leur mise en place remonte à quelques millions d'années : ère tertiaire. Certaines de ces montagnes sont très élevées et présentent des sommets déchiquetés : Alpes et Pyrénées ; d'autres sont constituées par de hauts plateaux calcaires : Jura.

• **Des massifs, habituellement qualifiés d'*anciens*** (ère primaire 500 millions d'années), rajeunis au tertiaire : Massif Central, Vosges.

La France des plaines et des plateaux

• **Ardennes et Massif Armoricain** sont des massifs anciens arasés par l'érosion.

• **Les plaines** occupent les 2/3 de la superficie de la France. Le Bassin parisien au Nord, vaste cuvette s'appuyant sur les massifs anciens. Moins étendu, le Bassin aquitain est une large gouttière évasée vers l'océan. Les plaines communiquent entre elles par des seuils (du Poitou, de Naurouze, de Bourgogne, trouée de Belfort).

• **Au Sud et à l'Est de la France,** les plaines sont réduites à des **couloirs** dominés par les massifs anciens cassés et soulevés par le plissement alpin : Alsace, couloir rhodanien, Languedoc.

Les paysages maritimes

3 200km de côtes (Fiche 27).

• **Variété des côtes françaises :** basses et bordées de dunes, basses et marécageuses, côtes à falaises rocheuses rectilignes (calcaire), côtes rocheuses et découpées (granit). La nature des côtes dépend du relief de l'arrière-pays et de l'action d'érosion ou de comblement de la mer.

• **Les côtes de la Manche et de l'Atlantique**

• **Les côtes méditerranéennes**

• **Dégradation et protection du littoral.** Création et rôle du Conservatoire du littoral.

Fleuves et rivières de France

• **Le cycle de l'eau**

• **Rivières** océaniques, méditerranéennes et de montagnes.

• **Les quatre grands réseaux hydrographiques** français : Seine, Loire, Rhône, Garonne.

• **Le Rhin, fleuve européen.**

• **Lacs et zones humides**

• **Gestion de l'eau et lutte contre la pollution**

CLIMATS ET VÉGÉTATION

• **Le climat tempéré français**

Régime de vents d'ouest, perturbations atlantiques, anticyclones des Açores et russo-sibérien.

Influence respective de ces masses d'air suivant les saisons.

• **Diversité des climats et des paysages végétaux**

– Régions océaniques

– Régions à tendance continentale

– Régions méditerranéennes

– Régions de montagnes

– La forêt en péril : incendies, pluies acides, etc.

– Climats et paysages d'outre-mer.

• **Le climat est-il en train de changer ?**

Les paysages français
CM1

LES PAYSAGES URBAINS

Trois Français sur quatre vivent en ville (Fiche 28).

• **Implantation des villes**

– Site, souvent à l'origine défensif (piton rocheux : Laon ; méandre : Besançon, Cahors), ou de passage (pont : Grenoble, Melun).

– Position : situation de la ville par rapport à sa région et aux voies de communications (villes-carrefours, Lyon, Rennes, Chambéry ; villes de contact plaine-montagne (villes de piémont, Épinal, Montbrison).

– Situation également par rapport aux ressources minières ou énergétiques (*grappes de villes* sur le gisement charbonnier du Nord). Notons que les conditions de site et de situation, qui ont provoqué la naissance des villes, ne sont plus toujours *opératoires* aujourd'hui. D'où les migrations spatiales des villes.

– Place de la ville dans le réseau urbain régional, national ou international.

– Rayonnement de la ville.

• **Organisation de l'espace urbain**

Plan de la ville, radioconcentrique ou orthogonal, avec les *déformations* (P. George) imposées par la topographie (ville étirée le long d'une vallée, étagée sur un versant, dédoublée : ville haute et basse, de rive droite et de rive gauche.[1] Un plan composite reflète une extension anarchique, la ville ayant multiplié les centres secondaires et les quartiers.

1. P. George, *La ville*, op. cit., p. 2.

– Le tissu urbain (mosaïque des quartiers, types de maisons, densité des habitations, taux d'éclairement, quotient des espaces verts par rapport aux surfaces bâties).

– Les conséquences de la densification urbaine : encombrements et dégradation de la qualité de la vie. Peut-on freiner la densification urbaine ?

– Le centre ville (bureaux, magasins, ensembles monumentaux).

– Les quartiers périphériques (lotissements de pavillons, grands ensembles ; zones d'activités commerciales (hypermarchés), avec leurs parkings démesurés ; quartiers d'affaires (La Défense à Paris, La Part-Dieu à Lyon, Le Forum à Lille) ; zones industrielles, avec leurs infrastructures de transport, etc...

– Le problème des banlieues.

• **Les fonctions de la ville** (commerciale, industrielle, administrative, touristique...).

• **Les relations ville-campagne** (péri-urbanisation, migrations temporaires ou durables, relations foncières et économiques, attraction exercée par la ville sur la campagne.

• **La ville dans sa région** (marché des produits, du travail et des capitaux).

• **Le réseau urbain français**

– Les petites villes (à partir de 2 000 habitants) ; les villes moyennes (Épinal) ;

– Les centres régionaux (plus de 100 000 h. : Grenoble, Rennes) ;

– Les métropoles régionales (Lyon, Toulouse, Strasbourg...) et leurs zones d'influence ;

– Les villes nouvelles et leurs espaces verts : Cergy-Pontoise ; les villes françaises à vocation internationale.

• **Les ports français :** de commerce, de voyageurs, de plaisance, de pêche, militaires.

• **Étude d'une ville moyenne :** Épinal, Montélimar, Rodez.

Site, situation, naissance et développement, tissu urbain, fonctions, écologie urbaine, rayonnement. Un tel plan est utilisable pour l'étude de toute ville. Chaque ville française peut en outre faire l'objet d'un sujet d'étude.

• **L'agglomération lyonnaise** (1,2 millions d'habitants), deuxième agglomération de France.

• **Marseille :** premier port méditerranéen.

• **Paris,** capitale de la France et ville internationale (2 millions d'habitants pour la ville, 8,7 pour l'agglomération).

• **L'écologie urbaine**

– Adaptation de l'homme au milieu urbain.

– Pollutions et nuisances diverses, cadre de vie, déplacements, vie avec les autres...

Les paysages industriels (usines noires et usines vertes)

• Paysages industriels anciens (paysages miniers du Nord).

Un tel paysage associe :

– Des terrils (on les boise aujourd'hui, voire on les transforme en espaces de loisirs).

– Des puits de mines (chevalements métalliques autrefois, tours depuis 1945).

– Des cités minières : corons d'avant la guerre de 1914, pavillons d'après cette guerre.

– Des voies ferrées pour l'expédition du charbon.

– Des implantations d'usines récentes pour utiliser la main d'œuvre charbonnière (Renault à Douai).

– Des *friches industrielles*, parfois transformées en musées.

• Paysages industriels modernes

– Situation : généralement près des villes (main-d'œuvre), ou au bord de la mer (importation des matières premières et de l'énergie (pétrole), exportation des produits fabriqués, ex : le complexe sidérurgique Usinor à Dunkerque).

– Différents éléments : les usines, isolées ou groupées en zones industrielles ; les infrastructures de transport (routes, voies ferrées, (avec embranchements en direction des grandes usines), ports, aéroports); les habitations ouvrières : H.L.M., lotissements de pavillons, maisons des cadres.

– Atteintes à l'environnement : rejets liquides ou gazeux, bruit, odeurs...

Les différents éléments de l'espace rural

Espace agraire et paysage rural (fiche 29).

• L'espace agraire

– Répartition des champs (empreinte de l'homme sur le paysage) et des bois.

– Le finage (du latin *fines*, confins, territoire, limites) : espace occupé par une collectivité agricole, et qui lui est juridiquement reconnu.

– L'*ager* (champ), partie du finage entretenue par l'homme (champs labourables ou prés fauchés).

– Le *saltus* : portion du finage non travaillée en permanence.

– Le terroir : espace cultivé en permanence (à la différence du *parcours*, plus extensif) par une collectivité agricole. Ne possède pas, comme le finage, un aspect juridique.

– La morphologie agraire. Le plan parcellaire : superficie et forme des parcelles (en *lames de parquet*, rectangulaires ou carrées, à contours irréguliers). Le problème du remembrement.

• Le système agricole

– Répartition des terres de labour (et des cultures), des prairies et des vergers ; polyculture ou monoculture ; les assolements (succession de cultures différentes en un même endroit); les techniques de production (intensivité, extensivité, cycle des travaux, main-d'œuvre et mécanisation).

– Les structures agraires (conditions sociales et foncières au sein desquelles s'exerce le système agricole), répartition de la propriété, mode de faire-valoir...

• **L'habitat rural**

– Matériaux des maisons (autrefois empruntés au milieu local).

– Forme des maisons : maison-bloc à terre (juxtaposition du logement, de l'étable et de la grange), en longueur ou en profondeur (perpendiculaire à la rue : maison lorraine); maison-bloc en hauteur (cave, étable, logement); maison dissociée : à cour ouverte (élevage), ou fermée (cultures céréalières), maison disloquée : chalet d'alpage, grenier; groupement ou dispersion des maisons (maisons isolées, hameaux, villages); forme des villages : village-rue, village *en tas*, village-carrefour ou *en étoile*, (résulte d'une extension du village le long des routes d'accès).

• **Les paysages ruraux français**

– *L'openfield* (ou champs ouverts, ou *champagne* ou *campagne)* : absence de clôture; habitat groupé; villages (maisons et jardins) séparés des champs (souvent originellement en forme de lanières ou de rubans, aujourd'hui souvent en vastes blocs (*openfields* mosaïques) lorsque des regroupements de parcelles sont intervenus; groupement des champs en *quartiers* (à l'intérieur desquels ils se disposent parallèlement entre eux); division du territoire de la commune en *soles* (comprenant un nombre plus ou moins grand de quartiers); prédominance des labours; anciennes pratiques communautaires : assolement triennal.

Évolution : les grosses fermes à cour fermée sont devenues de grandes exploitations très mécanisées, spécialisées dans la *grande culture* (céréales, betteraves à sucre); les habitants des villages travaillent souvent à la ville voisine.

L'*openfield* est caractéristique des plaines et plateaux du Bassin parisien, du Nord et du Nord-Est de la France.

– *Le bocage* (ou *pays d'enclos*) : champs clos (haies d'arbres, d'arbustes et de buissons, parfois renforcées d'un entrelacs de branches : les plesses; murs de pierres sèches; talus surmontés d'une haie); chaque champ est desservi par un chemin (*chemins creux* des Chouans de Balzac); habitat dispersé en fermes (à cour ouverte), ou hameaux; prédominance des prés naturels et de l'élevage.

Évolution : on a, depuis vingt ans, regroupé les terres appartenant à un même propriétaire (remembrement). On a, pour ce faire, arraché les haies. Ce qui a fortement perturbé l'écosystème.

Le bocage prédomine dans les régions de l'Ouest et du Centre de la France.

– *Le paysage rural méditerranéen :* habitat groupé; villages perchés (insécurité); *construction* des versants pour éviter le ravinement; cultures en terrasses, soutenues par des murets de pierre; haies d'arbres (cyprès) dans la vallée du Rhône, pour protéger les cultures du vent (mistral, tramontane).

Évolution : aménagement des plaines côtières où sont construits de nouveaux villages (les villages perchés étant abandonnés, puis aujourd'hui rénovés pour le tourisme); construction de serres en verre ou en plastique (culture sous tunnel) pour abriter les cultures délicates (fleurs, fruits, légumes); depuis 1945, irrigation à grande échelle : aménagement de la Durance, du Verdon, construction du canal de Provence et du Languedoc.

• **Dégradation des paysages ruraux :** rurbanisation, *mitage*, friches, éventrement par les carrières et les gravières, accumulation de matériaux stériles (*terrils* ou *crassiers*) ou de déchets...

Suggestions de sujets d'étude

Les mouvements de l'écorce terrestre. – Les reliefs littoraux dans le monde. – La forêt amazonienne. – La mégalopole de la côte Est des États-Unis. – Grands cols et tunnels européens. – L'Europe et l'espace (Arianespace). – Le milieu montagnard. – Le tourisme en montagne. – L'homme et les marées. – Étude d'un fleuve français (La Loire, dernier fleuve indompté). – L'aménagement du Rhône. – Le climat océanique. – La végétation méditerranéenne. – Étude d'une ville moyenne, d'une grande ville. – Le bocage.

Fiche 26

Les montagnes françaises

Les traits caractéristiques	Des repères significatifs		Vocabulaire actif	Exemples de sujets d'étude
	Localisations	Éléments visuels d'identification		
• Le volume montagneux : pente, altitude, vallée • Un climat différent de la plaine : plus d'eau, des températures qui diminuent, la neige • Végétation : étagement lié aux modifications climatiques • Caractères de la vie montagnarde : isolement, vie rurale, rôle de la pente, de la neige, terre d'émigration • Activités industrielles et artisanales dans les vallées (rôle de l'eau, de l'énergie) • Aujourd'hui, tourisme (ski en hiver), mais aussi une dégradation du milieu dans bien des cas <u>Notions</u> : – paysages – évolution de la population – répartition des activités – réseau	• Alpes du Nord, Pyrénées • Vosges, Massif central • Alpes du Sud, Corse Il ne s'agit pas bien entendu d'étudier chaque massif montagneux mais de procéder à des comparaisons pour pouvoir les identifier (d'après les repères visuels) et les localiser.	• Vallées (types de vallées : en gorge, en U, larges avec terrasses) • Versants : raides, à pente douce, à replats • Torrent : cône de déjection neige, glaciers • Végétation étagée (limite de la forêt) • Traces dans le paysage de la vie rurale, de l'élevage, (chalets d'alpage) • Industries dans les vallées ; barrages et centrales • Stations de sports d'hiver (équipements ; constructions)	• Altitude • Pente • Vallée • Versant • Glacier, • Torrent • Forêt • Hydro-électricité • Station de sports d'hiver	• Une vallée de montagne (celle de la classe de neige, des correspondants, des vacances) • La forêt en montagne (en liaison avec la biologie) • L'eau en montagne • Le tourisme d'hiver • La population en montagne (évolution du XIXe au XXe siècle) • L'habitat en montagne • La vie dans la montagne il y a un siècle et aujourd'hui (gravures anciennes, expositions...)

Le littoral

Les traits caractéristiques	Des repères significatifs		Vocabulaire actif	Exemples de sujets d'étude
	Localisations	Éléments visuels d'identification		
• La côte est le contact terre-mer, frange où les deux domaines s'interpénètrent • La frange est fonction : – de la nature de l'arrière-pays. – de la mer (marée – pas de marée). • Le littoral évolue : – naturellement (érosion, dunes...); – sous l'effet de l'homme (ports de plaisance...). • Dans cette zone de contact : vie animale et végétale plus ou moins abondante selon le type littoral et continental (en liaison avec la biologie). • L'homme a des activités : – pêche ; – cultures ; – tourisme ; • Épuisement des fonds et pollution littorale.	• Des zones ou l'on trouve : – des côtes hautes ; – des côtes basses ; – des littoraux tropicaux (Antilles). • Des côtes urbanisées • Des grands ports : – de pêche ; – de commerce.	• Une côte rocheuse, une falaise, une plage... • Marée haute, basse • Côte touristique, urbanisée • Un port : les réservoirs, le stockage, les réparations, les quais)	• La plage, une falaise, une île • Les dunes, des galets • La marée, des vagues • Chaîne alimentaire (en liaison avec la biologie) • Eaux territoriales • Un chalutier, un pétrolier, un paquebot	• Le littoral local (ou celui de la classe transplantée), d'autres types de littoraux (vacances, documents) • La côte, domaine touristique • Un port de pêche • Un port de commerce • Le milieu marin (une station océanographique)

Fiche 27

Fiche 28

Les villes françaises

Les traits caractéristiques	Des repères significatifs		Vocabulaire actif	Exemples de sujets d'étude
	Localisations	Éléments visuels d'identification		
• 3 Français sur 4 vivent en ville aujourd'hui • Une ville est un ensemble de quartiers dont l'aspect et les fonctions diffèrent : nécessité d'un réseau de transport • Diversité et hiérarchisation (par les activités et les équipements qu'on y rencontre) du réseau urbain • La vie quotidienne en ville : eau, chauffage, alimentation, déplacements, ramassage des ordures, pollution... • La ville, lieu de culture et de loisirs	• Les 5 à 8 plus grandes villes • Le réseau urbain régional (savoir situer les principales villes de la région)	• Types de quartiers : centre ville, quartiers anciens, grands ensembles • Les fonctions : quartiers industriel, administratif, commerçant, résidentiel • Les espaces verts • Les éléments du site (boucle de fleuve, colline, côte...) • Les transports urbains (bus, métro...) • La signalisation urbaine (feux, panneaux...) • Une carte du réseau urbain français, un plan de ville	• Milieu urbain • Ville, quartier, banlieue • Rue, avenue, boulevard, place • Capitale, métropole, ville moyenne • Immeuble	• Dans la ville des élèves ou la ville la plus proche : – les différents quartiers, les fonctions, leurs relations – les déplacements des citadins – la croissance de la ville... • Paris, les très grandes agglomérations françaises (ex : Lille – Roubaix – Tourcoing) ou européennes (ex : la Ruhr) • Les loisirs en ville

Le milieu rural et l'habitat

Les traits caractéristiques	Des repères significatifs		Vocabulaire actif	Exemples de sujets d'étude
	Localisations	Éléments visuels d'identification		
• Occupation du sol : paysage marqué par le passé, le cadre physique et les activités humaines • Diversité des paysages ruraux français avec quelques dominantes : bocage, milieu montagnard, campagne ouverte... • Le village est une forme d'habitat et de groupement de la population • L'activité agricole du village est en déclin, d'où l'abandon ou la substitution d'une fonction de résidence sans véritable activité • La France : un grand pays agricole	• Les zones de grande culture, les zones d'élevage, les zones de culture spécialisée (ex : la vigne) • Des dominantes : – Est → villages groupés, plutôt villages-rue – Ouest → habitat dispersé, hameaux – Bassin parissien → gros village-tas, grosses fermes intercalées – Midi → gros villages, petits bourgs déjà urbains – périphérie des grandes villes : campagne urbanisée (villages-dortoirs)	• Le terroir du village (sur une carte topographique) • Paysage rural – avec haie (bocage) – sans haie (campagne ouverte) – méditerranéen (terrasses) • Le type d'habitat – groupé (villages-tas, villages-rue...) – dispersé (hameaux, fermes...) • Villages perchés (ex : méditerranéens...) • Bâtiments caractéristiques : hangars à matériel, silos, châteaux d'eau	• Milieu rural • Terroir, agriculture, haie, bocage • Cultures maraîchères, fruitières • Coopérative • Remembrement • Village, hameaux • Habitat groupé, habitat dispersé	• Le village des élèves, un village de la région, un autre village • Le paysage rural local • En liaison avec l'histoire, les marques du passé dans le paysage • Activités agricoles (types de cultures, élevage) • Le milieu rural de la montagne

Fiche 29

Fiche 30

La population française
CM2

• **Le recensement** permet de compter les Français.

– Cinquante-cinq millions d'habitants en 1985 (Fiche 35).

– Comparaison avec les autres pays européens.

• **Composition de la population**

Hommes, femmes, âges (pyramide des âges, vieillissement de la population), Français, étrangers. Unité et diversité (types physiques, accents, parlers régionaux...)

• **Croissance de la population française**

– Taux de natalité et de mortalité.

– Espérance de vie.

– Croissance naturelle (baby-boom de 1942 à 1965), immigration.

• **Répartition de la population**

– Densité : 100 h. au km², comparaison avec les pays voisins.

– Inégale répartition (Paris et le désert français).

– Régions de fort et de faible peuplement.

– Exode rural et croissance urbaine (2 Français sur 3 vivent en ville).

• **Les emplois des Français :** 23 millions d'actifs.

– Secteur primaire (un travailleur sur douze est agriculteur), secondaire (les machines remplacent de plus en plus les hommes), et tertiaire (un actif sur deux).

– Place des femmes dans ce dispositif.

– Mobilité de la main-d'œuvre : déplacements quotidiens, migrations régionales (en raison des difficultés économiques).

– Le chômage

– Travail précaire et travail au noir.

– Les travailleurs clandestins.

– Une nouvelle pauvreté.

• **Les étrangers en France :**

– Historique de l'immigration, quantité (environ 4 millions) et origine,

– Législation, implantation, activités professionnelles, conditions de travail et de vie.

– Problème de l'immigration clandestine.

– Comment intégrer les travailleurs immigrés ?

L'État et les citoyens CM2

Fiche 31

• **Un État démocratique**

– La Constitution de la Ve République.
– Le système électif.
– Droits et devoirs des citoyens.

• **Les fonctions de l'État**

– Défense, justice, éducation, protection sociale...
– Rôle grandissant de l'État (nationalisation).

• **Découpage administratif et économique du pays**

– Communes, départements, régions.
– La décentralisation.

Produire et consommer CM2

Fiche 32

En introduction à l'étude de l'économie française, quelques généralités sur la notion de circuit économique sont nécessaires : consommation, production de biens (agricoles, industriels), production de services, offre et demande (fiche 36), échanges. Fonctionnement théorique d'une entreprise de production industrielle...

La première agriculture d'Europe

• **Occupation du sol** (surfaces productives, bois et forêts, prairies, terres cultivées), utilisation des terres cultivées et place de l'agriculture dans les différentes régions françaises.

• **L'élevage** (la moitié du revenu de l'agriculture), premier élevage national : les bovins (lait, viande). Élevage industriel des porcs (charcuterie), des volailles et des lapins. L'élevage du mouton progresse.

• **Les cultures principales :** céréales (blé, associé à l'orge, au maïs, au fourrage ou à la betterave à sucre), vignobles (vin de consommation courante et de qualité), fleurs, fruits et légumes. Répartition géographique des différentes cultures.

• **Les exploitations :**

– Exploitations traditionnelles : superficie (moins de 50 hectares), faire-valoir direct, souvent polyculture, répartition géographique...

– Exploitations modernes : issues de la *révolution* qui a suivi la deuxième guerre mondiale. Grandes superficies, main-d'œuvre réduite, emploi de techniciens et d'un important machinisme. Spécialisation. Élevage hors-sol (porcs, poulets, bœufs).

– Coopératives agricoles (25 000) : collecte et vente des produits agricoles. Parfois, en plus, activités de transformation : vin, beurre, fromage. *Groupements agricoles d'exploitation en commun* (G.A.E.C.).

– Les problèmes de l'agriculture française. Sa place dans le marché commun. Surproduction et *gel des terres*. Détérioration des sols et des paysages (remembrement). Pollution de la nappe phréatique. Évolution vers une *campagne unifiée, aseptisée, droguée* (P. George), appelée à devenir à terme un véritable désert animal.[1]

• **La pêche, une activité en déclin** (la moitié de la consommation française).

– Les trois grands types de pêche : côtière (filet, palangre, casier ; crustacés, sardines, maquereaux); hauturière (chalut ; harengs, merlans...); la grande pêche (navires-usines ; morues, langoustes, thon).

– Les principaux ports de pêche français.

– Les élevages marins : ostréiculture, myticulture, conchyculture, aquaculture (fermes marines).

– Le Sud-Ouest de la Bretagne : première région de pêche française ; Boulogne : premier port de pêche français.

– La pêche en difficulté (raréfaction du poisson, augmentation du prix du fuel, concurrence internationale...).

• **La première forêt d'Europe, mais une richesse sous-exploitée**

– Plus du quart du territoire national (dont un tiers appartenant à l'État et aux collectivités locales).

– Les trois grands types de forêts : arbres à feuilles caduques (chênes, hêtres, charmes), forêt méditerranéenne (pins), de montagne (feuillus, sapins, épicéas). Répartitions géographiques.

– Fonctionnement de l'écosystème forêt (plantes et animaux).

– Les traitements de la forêt : taillis simple, taillis sous futaie, futaie régulière (1/3 des forêts françaises).

– Gestion et exploitation de la forêt (sylviculture) : entretien, (âge d'abattage selon les essences, façonnage, débardage).

– Le reboisement (priorité souvent donnée aux résineux, de croissance rapide, mais qui stérilisent le sol, au détriment des feuillus, lents à pousser, mais créateurs de sols).

– Les ennemis de la forêt (incendies, pluies acides, parasites, défrichements intempestifs).

– Les fonctions de la forêt.

Fonction économique (augmentation mais insuffisance de la production du bois. Utilisation du bois en menuiserie, pour la construction de charpentes, et la fabrication de papier. Mais, achat de bois et de pâte à papier à l'étranger).

Fonction écologique et sociale.

UNE INDUSTRIE EN CRISE

• **Matières premières et sources d'énergie**

– Un sous-sol relativement pauvre en matières premières, mis à part le sel, la potasse, le fer et la bauxite. Localisation des principaux centres d'extraction minière.

– Des ressources énergétiques insuffisantes. Déclin du charbon, cherté du pétrole (cinquième capacité de raffinage du monde). L'électricité, première énergie française (hydroélectricité, électricité thermique, nucléaire). Les éner-

1. P. George, *Les hommes sur la terre, la géographie en mouvement*, op. cit, p. 176.

gies douces. Évolution des types d'énergie consommée depuis les années cinquante. La dépendance énergétique de la France. Les économies d'énergie.

La France a pourtant la cinquième place dans l'industrie mondiale (un travailleur sur trois est dans l'industrie).

• **Les principaux secteurs industriels**

– Les industries de base, qui transforment les matières premières : sidérurgie, industrie de l'aluminium, industries chimiques (chimie minérale, chimie organique), industrie textile…

– Les industries de biens d'équipement (bâtiments et travaux publics).

– Les industries de biens de consommation

industrie automobile : 400 000 personnes, 3 millions de véhicules par an, dont la moitié est exportée, industrie aéronautique : troisième du monde ;

fabrication de vêtements ; industries agro-alimentaires.

• **Le tissu industriel français**

– La décentralisation industrielle.

– La région parisienne : automobile, aéronautique…

– Le Nord (charbon) et l'Est (fer) : sidérurgie.

– Les Alpes (hydroélectricité) : industrie de l'aluminium.

– Les ports (importations : pétrole, fer). Industries variées : Seine-Maritime, région de Marseille et de Fos-sur-Mer.

– Région lyonnaise (communications) : industries textile, chimique, automobile…

• **Les entreprises industrielles**

– Les entreprises artisanales (moins de 10 personnes).

Elles sont au nombre de 80 000 en France, et emploient 2 000 000 de travailleurs.

– Les petites et moyennes entreprises (P.M.E) (de 10 à 500 personnes) : elles emploient un salarié de l'industrie sur deux.

– Les grandes entreprises industrielles (plus de 500 personnes).

Elles sont au nombre de 1 400 environ (30 % des entreprises françaises), et emploient quelques 3 000 000 de salariés. Elles fournissent les 2/3 de la production française.

Fonctionnement : séparation des activités de production, de gestion et de commercialisation ; travail à la chaîne et automatisation.

Concentration de la production : entreprises multinationales, chefs de file, filiales, sous-traitants.

L'État est le premier entrepreneur de France.

• **La crise de l'industrie française**

– déclin des vieilles industries. Âpre concurrence internationale (textile, automobile).

– Importation et exportation des principaux produits industriels.

– L'avenir : modernisation des entreprises, automatisation (mais risque de chômage), développement et décentralisation des industries de pointe (électronique).

• **La vie dans l'entreprise :** conditions de travail, action sociale, droits des travailleurs, les syndicats, les moyens d'action...

UNE AUGMENTATION CONSIDÉRABLE DES SERVICES

Un travailleur sur deux, en raison de l'élévation du niveau de vie et de l'urbanisation. Les types de services : activités de commandement ; activités au service des besoins sociaux, secteur public (enseignement, P.T.T.), secteur privé (médecins, commerçants...) ; activités culturelles et artistiques. Répartition des services suivant la taille des villes.

TRANSPORTS ET COMMERCE

• **Spécificité des différents moyens de transport** (marchandises et/ou voyageurs) :

routes, chemins de fer, voies navigables, réseau aérien, tubes (oléoducs, gazoducs).

Modernisation des moyens de transport (autoroutes, T.G.V.). Part des différents moyens de transport pour les marchandises.

Concurrence et complémentarité des moyens de transport (fiche 37).

• **Les réseaux de transport et les flux** (marchandises, voyageurs).

Forme en étoile.

Réseaux très dense à l'Est de la diagonale Le Havre-Marseille.

Deux axes privilégiés : Lille-Paris-Lyon-Marseille et Le Havre-Paris.

• **Les réseaux de transport de l'information :** téléphone, télex, radio-télévision (mass média).

• **Les grands ports de commerce.** Localisation, trafic, importations, exportations.

• **Le commerce de détail**

– Le circuit commercial : producteur-grossiste-détaillant (intermédiaires)-consommateur.

– Du petit magasin à l'hypermarché.

– La vente par correspondance.

• **Le commerce extérieur de la France**

– La France, quatrième puissance commerciale du monde.

– Un commerce extérieur déficitaire : ce que la France importe, et ce qu'elle exporte (balance commerciale). Poids de l'achat des produits énergétiques.

– Les partenaires commerciaux de la France : les pays du Marché commun (surtout l'Allemagne).

• **Un marché important : le tourisme**

Un Français sur deux part en vacances, un million et demi de personnes travaillent dans le tourisme.

– Qui part en vacances ?

– Les lieux de tourisme et les grands aménagements touristiques : mer, montagne, campagne (tourisme vert : à la ferme, gîtes ruraux), étranger, le tourisme culturel. Tourisme fixe et tourisme itinérant.

– Les visiteurs étrangers.

– Les modes d'hébergement.

Aménagement du territoire

• **Déséquilibre économique entre les régions françaises**

– Les pôles dynamiques : Paris, villes du Sud-Est, quelques villes de l'Ouest et du Sud-Ouest (Rennes, Nantes, Bordeaux, Toulouse), Strasbourg.

– Les régions qui stagnent ou régressent. Le Nord-Est et le Nord, le Grand Ouest (malgré les industries de décentralisation), les zones de montagne non touchées par le tourisme.

• **Les aménagement réalisés**

– au niveau local : plan d'occupation des sols (P.O.S), plan d'urbanisme.

– au niveau régional : schémas directeurs, plan d'aménagement rural.

– au niveau national : grands aménagements ruraux (irrigation dans le Bas-Rhône et le Languedoc ; dans le domaine industriel : *pôles de conversion* dans les régions d'industrie traditionnelle, décentralisation vers le *Grand Ouest ;* métropoles d'équilibre et technopoles ; rénovation urbaine (Montpellier) ; modernisation des réseaux de transport (autoroutes, T.G.V.).

La gestion de l'environnement

C'est l'affaire de tous.

• **Éviter la pollution de l'air** (essence sans plomb, usines propres.)

• **Ne pas gaspiller l'eau,** ne pas la polluer (nitrates);

la dépollution (stations d'épuration, sauvetage des lacs : Annecy ; Préservation des eaux marines).

• **récupérer** (collecte sélective) et recycler les déchets ménagers, traiter les déchets industriels, stocker les déchets dangereux.

• **Préserver l'espace,** la faune et la flore (réserves et parcs naturels).

• **L'éducation à l'environnement :** l'éducation civique de notre temps.

Fiche 32

Comment étudier sa région ? CM2

Fiche 33

Première démarche, **faire prendre conscience à l'élève de son appartenance à sa région,** et des liens (y compris affectifs) qui l'unissent à elle.

Deuxième démarche, **chercher à savoir comment l'élève se représente sa région** (carte mentale).

Rechercher ensuite à quoi est dû le caractère particulier de sa région :

• **À ses données physiques :** relief, sol, climat, végétation.

Cela est rare. La région aujourd'hui n'est plus naturelle, mais économique. Les conditions naturelles ne peuvent que donner une coloration particulière à la région, à travers cette partie visible de l'espace qu'est le paysage.

Fiche 33

• **À son unité historique**

Cela est encore plus rare. Seuls quelques vestiges historiques rappellent le souvenir des anciennes provinces, déjà mises à mal par le découpage en départements.

• **À son découpage administratif**

La région économique donne unité et vie à son territoire, lorsqu'elle possède une ou deux métropoles en fonction desquelles s'organise l'espace, dans ses infrastructures : réseau urbain, voies de communication, et dans les flux qui l'animent : personnes, biens, capitaux, informations, impulsions et décisions.

Il convient évidemment **d'étudier l'activité économique dominante** à travers laquelle s'établit l'influence de la ville sur la région : activités industrielle, et/ou activité tertiaire. Il peut évidemment arriver que la polarisation de l'espace par une grande ville déborde – ou n'atteigne pas – les limites de la région économique.

Il convient ensuite de situer la région dans l'espace français : espace naturel, mais surtout espace économique : zone dynamique, zone en crise, axes de communications... On déterminera également l'apport de la région à l'économie française, ou les efforts de celle-ci pour intégrer et valoriser la région.

Fiche 34

La France dans le monde CM2

• **Les Français à l'étranger** (un million et demi).

• **La francophonie (**280 millions de personnes).

• **La coopération :** aide financière, technique, militaire.

• **Le rayonnement scientifique et technologique** de la France, dans le domaine de la gastronomie et de la haute couture, mais également dans celui des transports (matériel ferroviaire, aéronautique : Airbus), des télécommunications (lanceur Ariane) et du matériel militaire (Mirage).

• **Le rayonnement culturel.** (Rôle des attachés culturels, de l'Alliance française).

Suggestion de sujets d'étude

Les étrangers en France. – Le chômage en France. – Migrations et activités des membres de ma famille. – La vigne et le vin en France. – La pêche hauturière. – L'aquaculture. – Les incendies de forêts. – Les énergies douces. – Du haut-fourneau à l'automobile. – L'automobile. – Une grande entreprise industrielle. – La vie dans l'entreprise. – Le ramassage des ordures ménagères. – Les voies navigables. – Le service des télécommunications. – Fruits et légumes : du producteur au consommateur. – L'aménagement touristique de la côte languedocienne. – Le P.O.S de ma commune. – Les parcs naturels. – La pollution de la nappe phréatique.

La population française : 55 millions de Français en 1985

Les traits caractéristiques	Des repères significatifs		Vocabulaire actif	Exemples de sujets d'étude
	Localisations	Éléments visuels d'identification		
• Poids de la population française (par rapport aux autres pays européens) • Une population inégalement répartie • Recensement : natalité et mortalité, immigration et émigration • Population urbaine/population rurale • Mouvements de la population : – intérieurs : exode rural ; – inter-régionaux (effets du marché de l'emploi); – migrations journalières. • Les vieux, les adultes, les jeunes • Importante population étrangère	• Les zones dépeuplées et les régions d'accueil en France (cartes par points) • Origines des migrants • Les mouvements saisonniers, en particulier les vacances (opérations *Bison futé*)	• L'habitat pavillonnaire récent ; HLM ; ville nouvelle • Friches, villages abandonnés, installations industrielles désaffectées • Pyramides des âges (en première approche, lecture globale)	• Densité • Natalité, mortalité, immigration, émigration • Recensement • Exode rural • Urbain/rural	• Origine géographique des parents, grands-parents (repérage sur un arbre généalogique) • Origines de la population immigrée (à partir de l'école et de données chiffrées plus générales) • Différents types de déplacement de la population française : – lieu de vie/lieu de travail ; – lieu de vie/lieu de vacances ; – exode rural ; – de la France vers l'étranger. • Évolution de la population française depuis le XIXe siècle (en liaison avec l'histoire)

Fiche 35

Fiche 36

L'entreprise et la distribution

Les traits caractéristiques	Des repères significatifs		Vocabulaire actif	Exemples de sujets d'étude
	Localisations	Éléments visuels d'identification		
• Il existe une relation étroite entre la production et la consommation • La production nécessite du travail, de l'énergie, de la technologie, de l'investissement • La production se situe par zones et la consommation est disséminée sur toute l'étendue du territoire (d'où la question de l'acheminement et de la distribution) • L'implantation industrielle dépend des matières premières, de l'énergie, des transports, de la main-d'œuvre • La recherche et le développement industriel	• Les grandes zones de production agricole et d'élevage (céréales, vigne, élevage) • Les grandes zones de production industrielle (sidérurgie, automobiles, chantiers navals) • Les lieux de production et les lieux de consommation dans une ville	• Les biens de consommation (dans une maison, dans un équipement collectif) • Un complexe industriel, une usine • Lieux de distribution (grands et petits commerces : les halles, le marché…) • Les centres de transport	• Outil-machine • Travailler à la chaîne • Produire – consommer • Producteur – consommateur • Patron – salarié • Coopérative • Crédit – faillite	• Découverte d'une entreprise locale (artisanale, industrielle, commerciale, coopérative) • Une entreprise nationale • Les objets dans les maisons • Le cheminement d'un produit de consommation (ex : une boîte de conserve, une cagette de fruits) • La publicité : son rôle (ajuster la consommation à la production) • Un catalogue de vente par correspondance • Le marché local

Les réseaux de communication

Les traits caractéristiques	Des repères significatifs		Vocabulaire actif	Exemples de sujets d'étude
	Localisations	Éléments visuels d'identification		
• Au XXe siècle pouvoir se déplacer et communiquer aisément – À l'aide d'un réseau visible, train, route, canal, courrier, presse, informatique. – D'un réseau invisible, satellite, T.V., radio, téléphone, C.B. • Les moyens de transport et de communication sont indispensables à l'économie de la culture • Les moyens de transport ont leur spécificité (vitesse, coût, nuisances) • Le système en réseau : avantages, fragilité	• Des régions bien desservies, des régions enclavées • La toile d'araignée française : les axes nord-sud, est-ouest	• Un aéroport, une gare (en particulier une gare de triage) • Un port • Un relais hertzien • Les réseaux de transport sur diverses cartes (cartes S.N.C.F., aérienne, maritime, routière, autoroutière) • Un *trèfle* autoroutier	• Trafic • Route, autoroute, voie ferrée, voie navigable • Fluvial, maritime, aérien • Douane	• Le réseau de transport régional (une carte routière, une carte de transports en commun) • Le réseau de transport national • La circulation en ville • Une entreprise de transport • Un complexe de communication (une gare S.N.C.F., routière, le métro, les taxis...) • Les flux journaliers dans une agglomération

Fiche 37

5

En classe de géographie

Les contenus de l'enseignement géographique précisés, il convient de déterminer les outils, et de choisir les méthodes susceptibles de permettre aux élèves de se les approprier.

SOMMAIRE

Les outils de l'enseignement géographique

La géographie ne peut se contenter d'observer et d'analyser la partie visible de l'espace. Elle doit aller au-delà, et prendre conscience des phénomènes économiques et sociaux qui sont à l'origine de l'organisation des paysages. Appréhender le *fonctionnement* d'un espace donné, suppose en effet, nous l'avons souvent dit, qu'on complète la vision directe (par ailleurs subjective et aléatoire) qu'on peut en avoir, par une approche indirecte, en ayant recours à un certain nombre de ***médiateurs,*** comme les cartes, les images satellitaires, les données numériques, ou encore les enquêtes sociologiques. Médiateurs qui objectivent le réel et révèlent l'*invisible.*

La nécessité de médiateurs pour saisir l'espace est encore plus manifeste lorsqu'il s'agit d'enseigner la géographie. Seul l'espace visible proche pouvant être appréhendé directement, il s'avère indispensable, pour aborder les espaces hors de portée du regard, d'avoir recours à des documents appropriés. C'est la raison pour laquelle les Instructions de 1985 recommandent de recourir *à des instruments adaptés au niveau des élèves (globe, planisphère, croquis, plans, cartes, graphiques simples).* Les instructions pour les collèges indiquent de leur côté que le professeur de géographie *utilise comme support permanent le planisphère et des cartes à échelles différentes.* Mais, pour que les élèves ne se laissent pas abuser par les médiateurs dont ils usent – comme c'est souvent le cas, lorsqu'ils se fient à une perception hâtive pour analyser un paysage –, il importe qu'ils soient initiés *à leur utilisation méthodique* (I.O.1985). Que les enseignants leur apprennent donc à *lire* ces médiateurs, en explicitant leurs règles de fonctionnement, et en les exerçant au maniement de cette *grammaire graphique* dont la géographie ne peut se passer. Bref, il convient que les maîtres communiquent aux élèves les rudiments sémiologiques des principaux médiateurs géographiques.

Priorité à l'image

■ *Une image vaut dix mille mots*[1]

«*L'histoire de la géographie,* assure Pierre George, *est une longue histoire de l'image.*»[2] Qu'il s'agisse de donner à voir un espace lointain, ou d'aider à la compréhension d'un espace directement observé, en le présentant sous un angle de vue particulier (photographie aérienne), l'image est indispensable à tout enseignement géographique. D'autant, qu'à la fois substitut et outil d'analyse du réel, elle représente en outre un irremplaçable support d'observation et de réflexion.

Mais l'utilisation de l'image suppose qu'un certain nombre de précautions soient prises.

■ Apprendre à lire l'image

Il convient tout d'abord de bien faire comprendre, aux jeunes enfants notamment, que l'image n'est pas le réel, mais sa simple représentation. Qu'elle est en outre un réel vu à travers le prisme mental et les intentions de son auteur. L'image n'est en effet pas davantage *neutre* que la perception directe. «*Il n'y a pas d'images justes,* assure Jean-Luc Godard, *il y a juste des images.*» Et de fait, deux photographies d'un même paysage peuvent donner une idée fort différente de ce paysage. L'image est donc fausse par nature. Et elle l'est d'autant plus, que si son contenu dépend de celui qui l'a réalisée, il dépend également de celui qui la regarde. L'interprétation d'une image est en effet liée au vécu et à la culture de celui qui l'interroge. On peut découvrir des choses très différentes – et parfois contradictoires – dans une même image. Ce que les spécialistes expliquent en disant que **l'image est, par essence, *polysémique.***

Ceci a pour conséquence que la signification de l'image ne s'impose pas d'emblée à l'élève. Accéder à sa compréhension est un acte culturel qui suppose un apprentissage lent, méthodique et progressif. Apprentissage dont le but est d'habituer l'*apprenant* à établir une relation entre les *signes* de l'image et leur *signification.* Par delà le choc affectif que peut procurer l'image, il convient, pour faire d'elle un véritable outil géographique, qu'analysée et ramenée à un schéma théorique, elle «*devienne le substrat d'une idée*»[3]. Un tel apprentissage doit conduire le jeune enfant à dépasser la vision prioritaire du détail

1. Mao Tsé-Toung.
2. P. George, *Les hommes sur la terre, la géographie en mouvement,* op. cit., p. 202.
3. Villin, L'image et la pédagogie de la géographie, in *L'École Publique,* 17 mai 1951.

(pointillisme) qu'il doit au caractère syncrétique de sa structure mentale, pour accéder à une vision globale du phénomène observé. Elle doit l'aider à passer d'une *description-inventaire* à une *description-synthèse* qui, faisant apparaître les relations entre les faits figurés, amorce déjà leur explication. Elle doit enfin lui permettre de distinguer les différents plans de l'image, de reconstituer les dimensions véritables et d'apprécier les proportions.

Le meilleur moyen d'obtenir la compréhension de l'image, consiste à en faire réaliser. C'est en effet en s'employant systématiquement à photographier le réel que s'acquiert le sens de l'image.

Bien choisir les images

Le choix des images doit être judicieux. Celles que l'on retient doivent clairement caractériser le fait étudié. Surtout dans les petites classes, il importe qu'aucun détail accessoire, rendant difficile l'émergence du sens, ne les surcharge. L'image doit en outre être suffisamment expressive pour provoquer l'intérêt des élèves. Ajoutons que, sans tomber dans le travers de présenter un trop grand nombre d'images, ce qui nuit à une analyse correcte et incite à la passivité, il est souvent intéressant de faire observer plusieurs images d'un même phénomène, de manière à ne pas tomber dans le piège d'une *image totalitaire,* offrant un seul point de vue sur le phénomène étudié, et imposant une interprétation unique de ce phénomène. Ainsi, la notion de ligne d'horizon doit être présentée, au Cours Élémentaire, à l'aide d'images de plaines, où cette ligne est régulière, mais également de paysages accidentés, où elle est sinueuse et irrégulière.

La nature de l'image à analyser, dépend de la nature du phénomène géographique dont on veut comprendre le *fonctionnement.*

Premier choix à opérer, celui qui distingue *l'image imprimée* de *l'image projetée.* Si cette dernière se prête mieux que la petite image du manuel à une exploitation collective, il faut savoir que les jeunes enfants ne passent pas facilement de l'une à l'autre, leur champ visuel balayant avec plus de difficultés l'écran que la page du livre.

Deuxième choix nécessaire, celui entre *l'image fixe* (la diapositive ou le film fixe), qui immobilise le réel, le fige dans l'un de ses aspects – pas nécessairement le plus caractéristique –, et *l'image animée,* qui restitue le mouvement (torrent, circulation, travail à la chaîne...). Selon le phénomène à étudier, et son intention pédagogique, il est clair que le maître utilisera l'un ou l'autre de ces deux médias. Indiquons simplement que le film permet à la fois les gros plans, grâce auxquels on peut analyser les détails, et les plans généraux, qui permettent les synthèses. Ainsi, une succession de plans rapprochés et de *panoramiques* aide à saisir le *fonctionnement* d'un paysage. Ajoutons que, mêlant vues réelles et schémas animés, le film permet de démonter le mécanisme de certains phénomènes géographiques complexes, comme les mouvements de la terre ou le phénomène des marées.

La photographie, image reine pour la géographie

La photographie représente *l'image* par excellence, pour l'enseignement géographique. Qu'il s'agisse de la photographie prise à hauteur du sol, représentant un espace limité ou une activité humaine précise ; ou de celle qui, prise d'un point élevé, embrasse un espace plus vaste et permet comparaisons et synthèses. Signalons à ce propos l'intérêt des cartes postales anciennes, qui permettent de voir *ce qui a changé* dans un paysage, rural ou urbain, ou dans la conduite d'une activité humaine. Qu'il s'agisse également de la photographie aérienne, oblique ou verticale, dont les premières ont été prises en ballon par Nadar dès 1855, dont l'utilisation fut d'abord militaire, durant la guerre de 1914-1918, et dont on ne saurait trop souligner les services qu'elle peut rendre aux maîtres pour enseigner la géographie.[1] Pour Philippe Pinchemel, c'est seulement par le regard vertical que l'on voit, que l'on comprend l'organisation, la logique des relations entre les lieux.[2]

Une nouvelle venue : l'image satellitaire

Qu'il s'agisse enfin de l'image satellitaire,[3] dont l'intérêt pour l'enseignement géographique justifie qu'on s'y arrête un instant.

Rappelons que la télédétection (découverte à distance) permet de saisir d'un seul coup d'œil la moitié de la sphère terrestre (la couverture complète de la France est assurée avec 160 images Spot, alors qu'il faut 90 000 photographies aériennes pour couvrir la même surface), et qu'elle rend *réel* le visage de la terre, qui ne pouvait être jusqu'alors qu'imaginé par les cartographes.

L'interprétation des images satellitaires suppose la connaissance de leurs *clés de lecture.* Celles-ci acquises, l'image satellitaire – trop peu présente dans les manuels – doit être abondamment utilisée en classe, car elle permet de prendre conscience de la sphéricité de notre *planète bleue,* et de déceler certains phénomènes d'ensemble jusqu'alors ignorés ou mal perçus. Notons que la *résolution au sol,* c'est-à-dire la distance séparant deux objets qu'il est possible de distinguer, est de l'ordre de 80 mètres. Grâce à ces images, on peut non seulement merveilleusement illustrer un cours, mais également explorer très efficacement l'espace. Ajoutons que les images satellitaires, qui ont permis à

1. L'IGN met à la disposition du public et des enseignants des photographies aériennes de la France : échelle 1/30 000 ou 1/14 500, format 24/24 cm, agrandissements tous formats jusqu'à 120/120, diapositives 24/36 mm.
2. Ph. Pinchemel, « La géographie en perspective », in *Enseigner la géographie du collège au lycée,* op. cit., p. 42.
3. Th. Hatt, « L'image satellitaire, nouveau regard sur la terre », in *Les Cahiers pédagogiques,* mars 1989.

la géographie d'acquérir une dimension *extraterrestre*, constituent, en raison de leur caractère éminemment cartographique, un passage obligé pour la compréhension de la carte par les élèves.

Nous ne pouvons mieux faire, pour préciser les possibilités qu'offre la télédétection, que de citer les Instructions concernant la mise en œuvre du programme de géographie en classe de Seconde. Grâce aux images satellitaires, obtenues par Landsat, Météosat et Spot, on peut :

– **déterminer des configurations** allant d'une vision de la planète entière à celle d'un État, d'une région ou d'une localité,

– **observer la répartition** des terres et des mers, des grands ensembles structuraux, la répartition des grandes masses atmosphériques et leur circulation, l'évolution du tapis végétal, la configuration et l'organisation des grandes cités, la répartition et l'évolution des cultures.

Grâce à des photographies prises à des dates différentes, on peut encore suivre la progression du remembrement, l'évolution des villes, le développement des zones industrielles, la progression des aménagements portuaires ou des grands travaux d'équipements (autoroutes).[1]

Utilisation pédagogique de l'image

Quant à l'exploitation pédagogique de l'image, elle peut être individuelle (soutien, approfondissement, contrôle, évaluation) ou collective. Elle peut alors illustrer la séquence scolaire ou, mieux encore, servir de document à partir duquel les élèves construisent le savoir. Il convient de citer à ce propos Max Sorre. « *Nous ne demandons pas qu'on illustre une leçon ou un chapitre, nous voulons qu'on puisse tirer de l'image la substance de l'une et l'autre.* » L'image cesse alors, ajoute le grand géographe, « *d'être un simple ornement, elle n'apparaît même pas comme un élément de preuve ou de vérification à l'appui d'un théorème abstrait. Elle est la source même de la connaissance* ».

L'observation et l'analyse d'une image géographique peuvent passer par les phases suivantes :

– Indications et localisation sur la carte de l'espace ou du phénomène géographique évoqué (une observation d'image n'ayant rien à voir avec une devinette).

– S'il s'agit d'une photographie (cas le plus fréquent), identification du type de photographie : prise au sol, photographie aérienne, verticale ou oblique.

1. Des images satellitaires peuvent être acquises auprès des organismes professionnels : SPOT IMAGE, GDTA, IGN, Météorologie nationale, ainsi que par l'intermédiaire de trois lycées expérimentaux : Guy Moquet à Chateaubriand (44), Descartes et Paul-Louis Courier à Tours (37), qui sont équipés de stations de réception des images METEOSAT et NOAA, comportant un système de numérisation des images.

– Analyse du titre de l'image, qui peut donner des indications sur son contenu.

– Réactions face à l'image et observation libre des élèves, chacun lui attribuant un sens. L'enseignant note au tableau, en les classant en fonction de son objectif, les différents apports de la classe.

– À partir de cette observation *sauvage*, l'enseignant conduit les élèves à une analyse organisée de l'image : recherche des éléments donnant une idée de l'échelle ; s'il s'agit d'un paysage, détermination de ses différents plans, de la part de la nature et des aménagements humains, etc. On réalise ensuite un calque repérant les différents éléments de l'image.

– Puis viennent des questions à propos du contenu de l'image. Une problématique est élaborée. Des hypothèses sont formulées.

– On se livre ensuite à une observation *orientée*, en fonction de la problématique dégagée.

– Puis viennent synthèse et conclusions, établies par l'enseignant et les élèves.

On peut imaginer une procédure plus directive, mais à ne pas rejeter pour autant, consistant à fournir aux élèves un cadre de recherche, orientant leur observation et les conduisant à relever les indices pertinents en vue de l'explication finale.

La carte, mémoire des lieux et langage des géographes[1]

« *Instrument de décision et de pouvoir pour les uns* » (pour agir sur la terre il faut la représenter, assure Philippe Pinchemel[2]), plus prosaïquement pour d'autres, moyen d'éviter les *bouchons* sur les routes ; outil pratique permettant de repérer une localité ou de préparer un itinéraire, ou support de rêve, la carte, apparue il y a 3 000 ans en Chine et 2 500 en Grèce, est très présente dans le monde d'aujourd'hui. Et notamment dans le monde scientifique, où la télédétection et l'ordinateur lui ouvrent de nouvelles et prometteuses perspectives. Chargée, selon l'expression d'Édouard Suesse, de représenter le *visage de la Terre*, la carte est surtout le signe distinctif du géographe. « *Le géographe a la carte comme les mathématiques ont le nombre* », observe Maurice Le Lannou. Jusqu'au début du XIXe siècle, la géographie se confondait d'ailleurs pratiquement avec la cartographie.

---

1. F. de Dainville. Nous avons beaucoup utilisé ici deux ouvrages sur la cartographie publiés aux PUF par Ferdinand Joly dans les collections *Que sais-je ?* et *Magellan*.

2. Ph. Pinchemel, « La géographie en perspective », in *Enseigner la géographie du collège au lycée*, op. cit. p. 42.

La carte, outil de compréhension du réel

Pour le géographe, la carte est une image graphique permettant d'établir la répartition spatiale des phénomènes et de rendre compte du *fonctionnement* socio-économique de l'espace. Pour le pédagogue, la carte *débroussaille* (A. Cholley) le réel et en permet une approche synthétique, grâce à la largeur du champ d'observation qu'elle offre. Elle permet non seulement de représenter l'espace et de vérifier les connaissances des élèves (*« La carte est un excellent moyen d'analyse et de contrôle, elle n'est rien de plus »*, assure Maurice Le Lannou), mais elle sert également à interpréter le réel, à le *construire*, aidant ainsi à le mieux comprendre. Il est en effet plus aisé de découvrir les rapports qu'entretiennent entre eux les faits spatiaux en les cartographiant, qu'en se contentant de les analyser intellectuellement. Et de fait, la carte ajoute de plus en plus à sa fonction d'expression, pour le géographe comme pour le pédagogue, une fonction de recherche.

Carte et Instructions officielles

Le législateur, avec une belle constance, a toujours placé la carte au centre de l'enseignement géographique. Pour les Instructions de 1984, il convient de *donner aux enfants de nos écoles les cadres cartographiques nécessaires à la géographie.* Près de quarante ans plus tôt (1945), les Instructions officielles assuraient déjà que *l'un des buts à atteindre, le plus important peut-être, est l'usage de la carte par les élèves.* Mais ce sont les Instructions de 1955 qui proposent la formule la plus percutante en la matière : *«Le géographe part de la carte pour y revenir sans cesse».* Avant d'ajouter – et ce précepte est toujours de rigueur : *«Aucun cours de géographie n'aura lieu sans que la carte murale ne soit présente, sans que le professeur ne dessine croquis et schémas au tableau.»*

Qu'est-ce qu'une carte ?

Pour Fernand Joly, *« une carte est une représentation géométrique plane, simplifiée et conventionnelle, de tout ou partie de la surface terrestre, dans un rapport de similitude convenable qu'on appelle l'échelle ».*[1]

Sur le plan technique, deux éléments de base sont à prendre en compte par le pédagogue, qu'il s'agisse pour lui d'apprendre à lire la carte aux élèves ou de la leur faire construire : l'échelle et le symbolisme cartographique.

• Du terrain à la carte : l'échelle

L'échelle d'une carte est le rapport de distances linéaires existant entre la carte et le terrain. Elle peut s'exprime de trois manières différentes :

- **en clair :** 4 cm représentent 1km

1. F. Jolly, *La cartographie*, coll. *Que sais-je ?*, op. cit., p. 3.

- **numériquement,** par une fraction dont le numérateur est la mesure sur la carte et le dénominateur la mesure correspondante sur le terrain, à l'aide de la même unité

$$1/250\ 000 \text{ ou } \frac{1}{250\ 000}$$

Il en résulte que l'échelle est d'autant plus petite que le dénominateur est plus grand. D'autre part, plus l'échelle est petite, plus la généralisation est grande et donc, moins précise est la carte et moins nombreux les renseignements qu'elle contient. Les cartes à petite échelle sont plus schématiques et plus abstraites que les cartes à grande échelle. Ainsi, une carte au 1/10 000 (1cm = 100m) est à une échelle plus grande – et donc plus détaillée – qu'une carte au 1/50 000 (1cm = 500m).

- **graphiquement,** l'échelle est alors constituée par une ligne graduée, divisée en parties égales, chacune d'elles représentant l'unité de longueur choisie sur le terrain, ou l'un de ses multiples.

Échelle au 1/50 000 (1 cm = 500 m)

La carte de base est, depuis 1964 dans les pays de l'OTAN, celle au 25 000. Selon le niveau d'analyse du réel auquel on se situe, on utilise une carte à grande ou à petite échelle. Yves Lacoste note pertinemment que « *l'opération intellectuelle qu'est le changement d'échelle transforme et parfois de façon radicale, la problématique que l'on peut établir et les raisonnements que l'on peut former* ».[1]

Symboles cartographiques

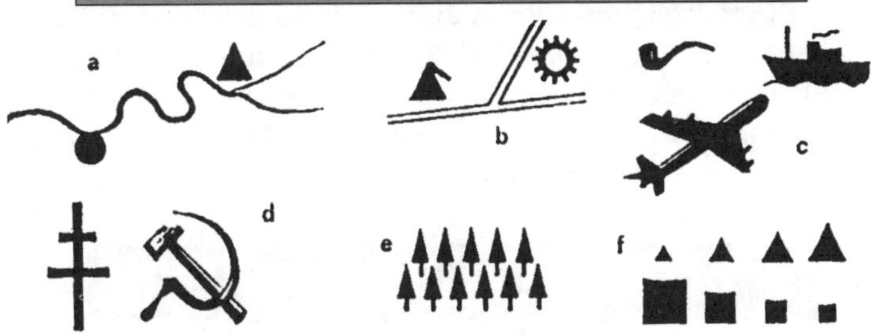

a) Signes conventionnels
b) Signes symboliques (symboles évocateurs)
c) Pictogrammes (symboles figuratifs)
d) Idéogrammes (symboles représentatifs de concept ou d'idée)
e) Poncif (répétition régulière d'un élément graphique)
f) Symboles proportionnels (symboles quantitatifs)

Extrait de : Fernand Joly, *La cartographie*, PUF, coll. Magellan, p. 91.

1. Y. Lacoste, *La géographie, ça sert d'abord à faire la guerre*, op. cit.

• Le *symbole*, élément du *vocabulaire graphique*

Les faits géographiques sont représentés sur les cartes à l'aide d'un vocabulaire graphique constitué de signes visuels appelés symboles. Associant un signifiant et un signifié, ces signes sont rassemblés dans un tableau – la légende – qui permet de décoder la carte. Il existe plusieurs catégories de symboles cartographiques, les uns analogiques (ressemblance entre le signe et ce qu'il représente : vert de la végétation), et les autres arbitraires et conventionnels. Ces deux catégories de signes conduisent à des *cartes à voir* et à des *cartes à lire* (Fiche 38).

Les phénomènes ponctuels (emplacement, nature et importance d'une industrie) sont représentés par des points ou des figures géométriques (cercles, triangles, carrés, losanges), pouvant être très précisément localisés. La taille des symboles ponctuels peut varier avec l'importance du phénomène représenté (importance respective des différents centres sidérurgiques d'une région) (Fiche 39).

Fiche 39

Symboles ponctuels

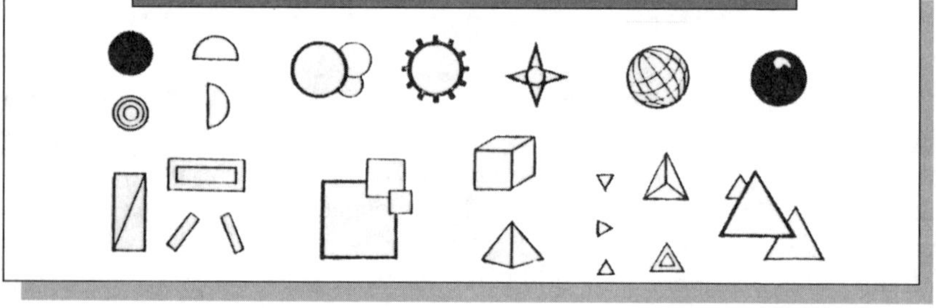

Les phénomènes linéaires (rivières, voies de communication, limites) sont naturellement représentés par des lignes. Les plus couramment utilisées sont les *isolignes*, reliant sur la carte les points où les valeurs d'une variable sont les mêmes : isohypses, isobathes, isothermes, isobares, isohyètes, isochrones, isocoûts. Des signes linéaires peuvent également représenter des flux (flèches dont l'épaisseur est proportionnelle à l'importance des trafics).

Fiche 40

Symboles zonaux

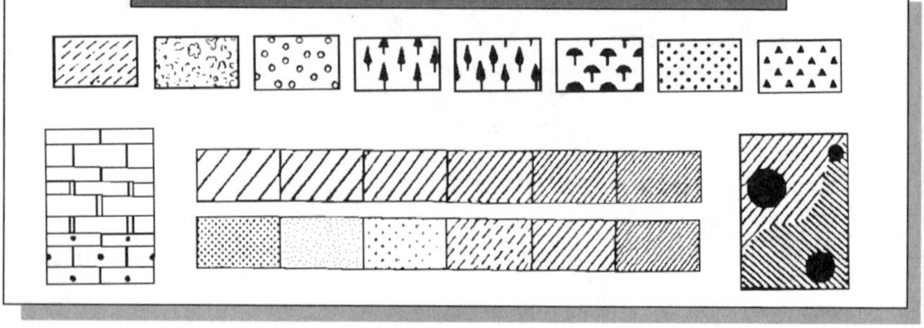

Les phénomènes zonaux (cartes géologiques) sont représentés par des figures en plages de couleurs ou en grisés (points et lignes régulièrement espacés). Qu'il s'agisse de figures en couleurs ou en grisé, la gradation des couleurs va toujours du clair au foncé. (Fiche 40)

Quant au *relief*, il se représente grâce au bloc-diagramme, qui figure la perspective et la troisième dimension, à la couleur, aux hachures, qui apparaissent en 1676 et confèreront gloire et éclat à la célèbre carte d'état-major au 1/80 000, ou encore aux courbes de niveau, qui voient le jour en 1728, et dont les unes sont simples, et les autres *estompées* ou *mises à l'effet* (Fiche 41).

La représentation du relief

Fiche 41

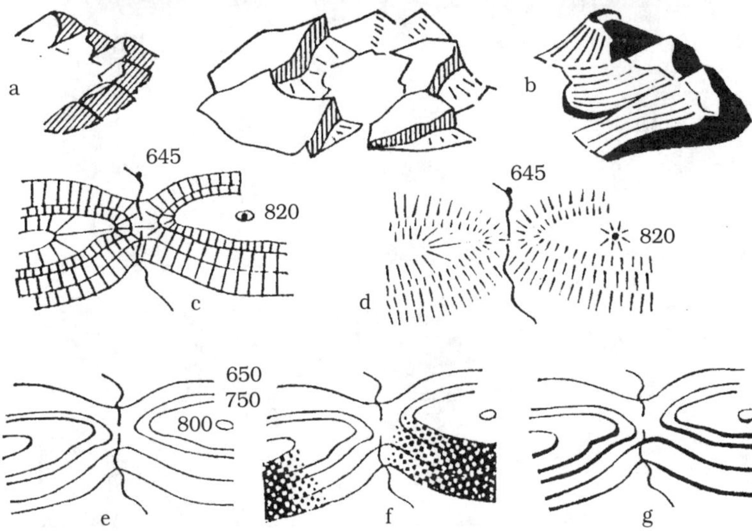

Perspective : a) ancienne – b) moderne

Hachures : c) principe de construction – d) rendu

Courbes : e) courbes simples – f) estompage – g) mise à effet

Extrait de Fernand Joly, *La cartographie*, PUF, coll. Magellan, pp. 93-96-1

Si on passe de la représentation générale du relief à celle de différentes formes géomorphologiques, on peut faire appel à un certain nombre de symboles, tels que ceux indiqués dans la fiche 42.

Exemples de symboles géomorphologiques

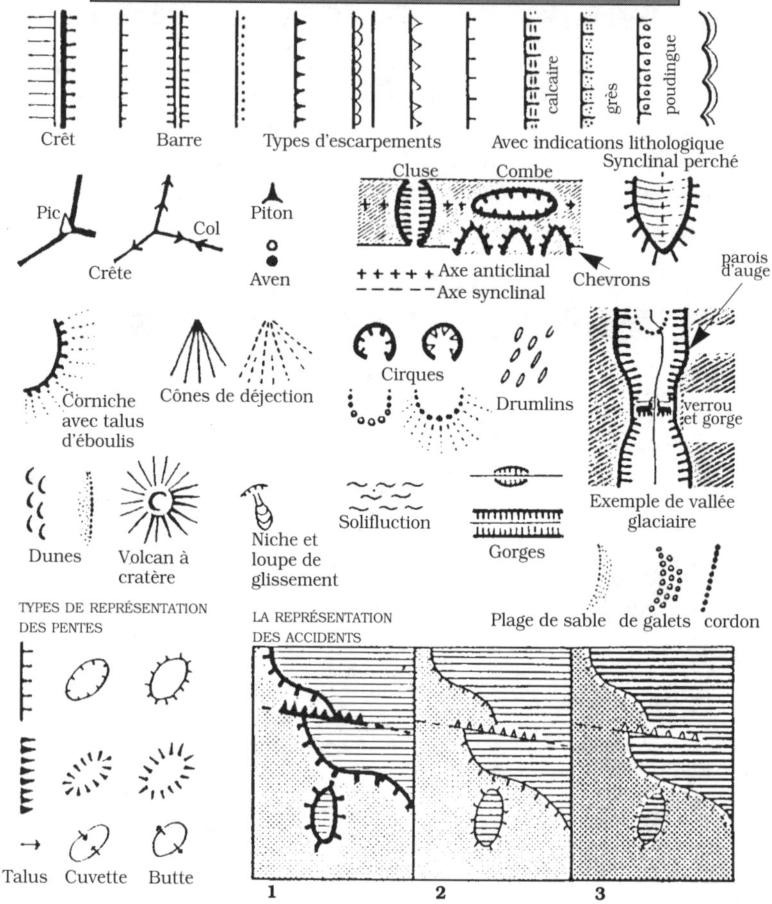

De 1 à 3, les accidents sont représentés de moins en moins vigoureusement ; il y a généralement intérêt à adopter la formule 1.

Extrait de Roger Brunet, *Le croquis de géographie régionale et économique*, Société d'édition d'enseignement supérieur, p. 8.

Les différents types de cartes

Il convient tout d'abord de citer la carte topographique, ou chorographique – ou encore *de localisation* –, dont le prototype a longtemps été la célèbre carte d'état-major au 80 000, dressée de 1818 à 1880. Actuellement, ce type de carte est représenté par celles au 1/25 000 (considérée comme la carte de base du territoire), au 1/50 000 ou au 1/100 000). La caractéristique essentielle de ces cartes, est de se contenter de localiser les objets géographiques, le relief terrestre par exemple, sans les analyser ni tenter de les expliquer.

Ces cartes ne font donc apparaître que *le vu*, le statique, le permanent.[1] Ce qui est nécessaire, mais peut ne pas se montrer suffisant. Quant aux cartes proprement *géographiques* – ou cartes thématiques –, elles ne représentent pas des *objets géographiques*, mais des *phénomènes spatiaux*, dont elles font apparaître les structures présidant à leur organisation, en indiquant les corrélations existant entre leurs éléments (cartes démographiques, agricoles, industrielles, etc.)

• Les cartes topographiques

Le Comité Français de Cartographie attribue pour objet à ces cartes, la *« représentation exacte et détaillée de la surface de la terre concernant la position, la forme, les dimensions et l'identification des accidents du terrain ainsi que les objets concrets qui s'y trouvent en permanence »*. Il s'agit en somme d'une photographie aérienne (à partir de laquelle est d'ailleurs réalisé ce type de carte), transformée en un système de signes, correspondant aux différents signifiants matériels présents sur la photographie. C'est ainsi qu'on y trouve, aussi bien le figuré du terrain, que le réseau hydrographique ; les lacs et le tracé des côtes, que le tapis végétal et les infrastructures résultant de l'activité humaine : voies de communication, clôtures et limites, bâtiments et constructions diverses. Sans parler d'une nomenclature toponymique détaillée.

• Les cartes thématiques

Fernand Joly définit sobrement la carte thématique comme *« une représentation conventionnelle des phénomènes localisables de toute nature, et de leurs corrélations »*. Ce qui signifie que ces cartes sont innombrables. Pour les classer, trois critères peuvent être retenus :

– Le mode d'expression

On distingue ainsi les cartes proprement dites, les cartogrammes (*représentation discontinue d'un phénomène géographique quantitatif par des figurés proportionnels localisés* (F. Joly), les cartodiagrammes (diagrammes positionnés sur une carte), et les anamorphoses géographiques (dans lesquels les surfaces réelles sont déformées pour les rendre proportionnelles à une variable donnée, ex : comparaison entre les surfaces de divers États et leur chiffre de population). (Fiche 43)

Citons encore les cartes en relief, si utiles dans l'enseignement. Dans ce type de carte, le relief n'est pas représenté par des courbes de niveau, mais il apparaît réellement, affecté d'un cœfficient d'échelle particulier (carte des Alpes au 1/500 000 ou de la Vanoise au 1/50 000).

– L'échelle

On distingue, **les cartes à très petite échelle** (1/10 000 000 et plus) : planisphères et cartes couvrant de très grands espaces ; **les cartes à petite échelle** (cartes routières de la France au 1/1 000 000) couvrant

1. M. Clary, Cartes et modèles, un jeu interactif, in *l'Information géographique*, n° 2, 1990.

Figures cartographiques

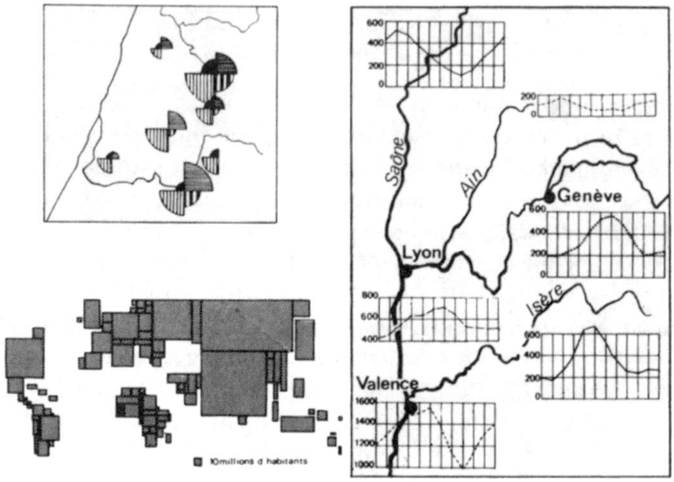

En haut à gauche : cartogramme ; en bas : anamorphose ; à droite : cartodiagramme

Extrait de Fernand Joly, La cartographie, PUF, coll. *Magellan*, p. 76.

un pays ou plusieurs régions ; **les cartes topographiques à moyenne échelle** (cartes touristiques au 1/100 000 de l'I.G.N., au 1/50 000, au 1/25 000 (très détaillées); **les cartes à grandes échelles :** plans des villes, plans cadastraux (1/10 000, 1/5 000) sur lesquelles chaque maison, rue ou parcelle est cartographiée...).

– **Le contenu :** on distingue les cartes **analytiques** ou de référence, qui représentent un phénomène donné (carte démographique, carte des villes françaises) et les cartes **synthétiques,** qui mettent en relation les données de plusieurs cartes analytiques. Ces cartes de corrélations, constituent les cartes géographiques par excellence, dans la mesure où elles expriment les relations entre les phénomènes spatiaux.

Ajoutons que les cartes thématiques ne se contentent pas d'être qualitatives, elles sont aussi souvent quantitatives, indiquant par exemple, dans un terroir donné, la proportion des surfaces cultivées, boisées et bâties. Elles peuvent également être dynamiques et présenter des flux de population (par exemple cartes des mouvements pendulaires montrant l'accroissement de la population de la ville le jour, et la diminution corrélative de celle des banlieues, le phénomène inverse se manifestant la nuit). On peut également, à l'aide de courbes isochrones, représenter les zones pouvant être atteintes, à partir d'un centre ville, dans un laps de temps donné. Ces cartes de pénétration sont très utiles pour déterminer la zone d'influence des villes.

• **De la carte au modèle graphique.** (Fiche 44)
Soucieux de se démarquer de la carte-nomenclature, datant de l'époque où la géographie se satisfaisait de n'être qu'une *science des lieux*, soucieux également d'expliquer l'organisation et le fonctionnement de l'espace, en faisant apparaître le tissu d'interrelations qui sous-tend les phénomènes socio-spatiaux, certains géographes, nous l'avons dit, ont recours à ces représentations théoriques de la réalité que sont les *modèles*. «*Dans sa définition la plus large*, écrit B. Walliser, *la notion de modèle recouvre toute représentation d'un système réel, qu'elle soit mentale ou physique, exprimée sous forme verbale, graphique ou mathématique.*» Les *modèles graphiques*, appliqués à l'organisation de l'espace, donnent donc une *représentation conceptuelle de l'espace.*[1]

Fiche 44

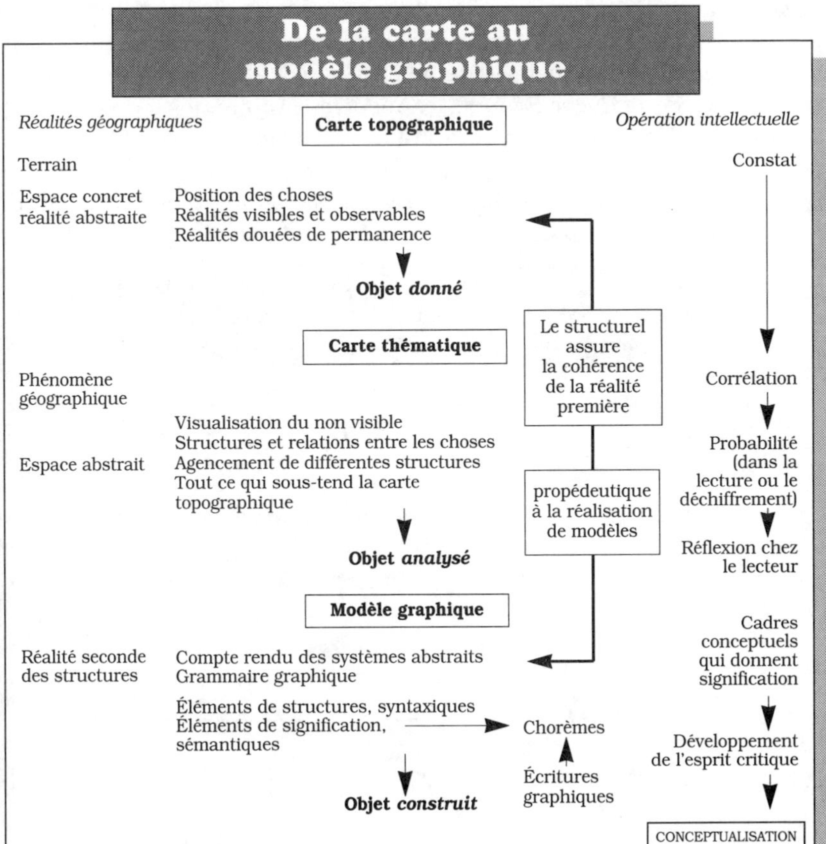

Extrait de : *Quatrième rencontre nationale, sur la didactique de l'histoire, de la géographie, des sciences économiques et sociales.*

1. M. Clary, «De la carte-nomenclature au modèle graphique systémique», in *Cahiers pédagogiques*, art. cit.

Partant des structures mises en évidence par les cartes thématiques, le modèle graphique va au-delà, mettant ces structures en relation, les interprétant et les transcrivant sous une forme qui fait apparaître la *dynamique spatiale*. « *Par la modélisation*, écrit Maryse Clary, *on dépasse le visible pour atteindre la dimension cachée (commandements, flux, relations...), tout ce qui structure le visible, en donne une vision cohérente, crée des espaces abstraits (pôles, axes, réseaux, trames, mailles...), qui donnent sens mais ne se laissent pas saisir visuellement, si bien que d'emblée, l'on se situe dans un processus de conceptualisation.* »

Tout modèle en géographie est nécessairement systémique, dans la mesure où il rend compte « *des différents niveaux d'organisation du système* ».(M. Clary) « *On reconnaît*, assure Y. Barel, *qu'on a affaire à un système et non à un ensemble quand le va-et-vient de l'analyse devient indispensable entre les systèmes et les sous-systèmes, d'une part, entre le système et son méta-système d'autre part.* » Comment en effet comprendre le système *région*, sans se référer aux sous-systèmes que comporte la région, et au méta-système *France*, voire *Europe*, dans lequel il est inséré ? Pour Roger Brunet, les modèles graphiques d'organisation de l'espace élaborés par les géographes résultent de la combinaison de modèles élémentaires qu'il appelle *chorèmes*. Le chorème est défini par leur inventeur comme *une structure élémentaire d'organisation de l'espace, qui se représente par un modèle graphique.*

Fiche 45

Les sept signes de base de l'écriture chorématique

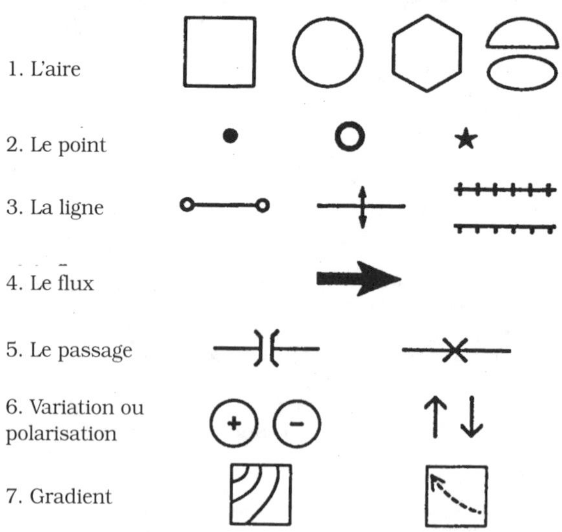

Extrait de Y. André, A. Bally, M. Clary, R. Ferras, P.-P. Guérin, *Modèles graphiques et représentations spatiale* .

Jouant, comme dans toute représentation cartographique, sur le point, la ligne, l'axe et le réseau (Fiche 45), Roger Brunet distingue 28 chorèmes, soit 28 *lettres* (une de plus que celles de l'alphabet) qui, combinées entre elles, rendent compte de *l'organisation spécifique des espaces particuliers,* constituant ainsi *l'écriture du monde.* (Fiche 46) «*Proposer des combinaisons de chorèmes entre eux,* écrit Maryse Clary, *n'a rien d'étrange dans un monde où l'image schématisée occupe une place croissante, où la publicité abonde en logos, où la simple lecture quotidienne d'un journal suffit à alimenter un large catalogue d'exemples.*[1]

Fiche 46

La table des chorèmes

Ou les sept fois quatre = vingt-huit figures de base de toute distribution spatiale et donc de toute carte

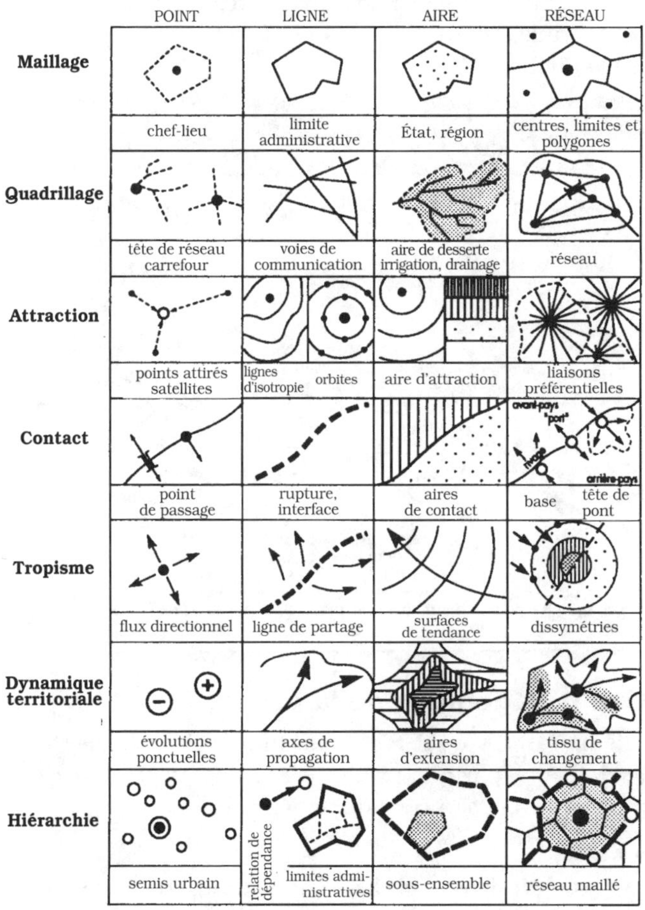

Extrait de Roger Brunet, *La carte mode d'emploi,* Fayard-Reclus, p. 191, 1987.

1. M. Clary, G. Dufau, R. Durand, R. Ferras, *Cartes et modèles à l'école,* Reclus, Montpellier, 1987.

• Les cartes mentales

Alors que les cartes, qu'elles soient descriptives ou interprétatives, se veulent toutes objectives, les cartes mentales revendiquent au contraire leur subjectivité. Une subjectivité qui est leur raison d'être. Selon Downs et Stea, la carte mentale correspond à *« la représentation qu'une personne donne d'une portion de son environnement spatial »*.(1) Ces cartes sont pédagogiquement intéressantes, car elles révèlent la lecture que l'élève fait de son environnement – lecture à la fois sociale, sentimentale et symbolique, et qui évolue avec son âge et son niveau de connaissance –, ainsi que la manière dont il vit cet environnement. Elles aident ainsi l'enseignant à choisir la meilleure voie, pour faire accéder l'élève à une connaissance rationnelle de son milieu de vie. Ajoutons que, comme les *erreurs* commises par les élèves, les cartes mentales permettent de déceler les structures cognitives des apprenants, ce qui guide l'enseignant dans le choix de ses stratégies d'apprentissage (Fiche 47).

Carte mentale de la ville d'un élève de Genève (âge : 11 ans)

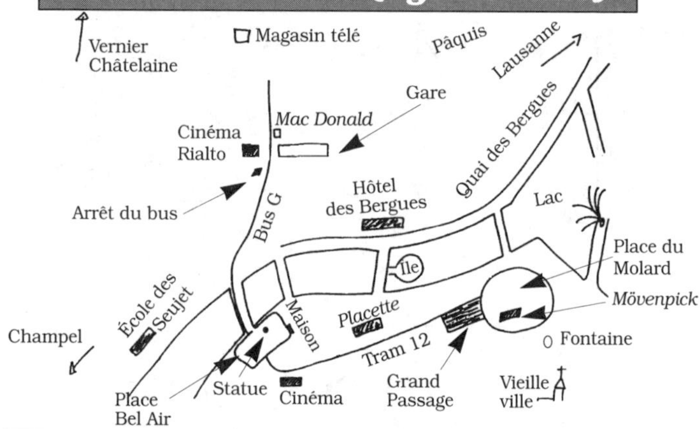

Extrait de Y. André, op. cit., p. 163. Pour des raisons de lisibilité, l'écriture enfantine n'a pas été conservée.

Utilisation pédagogique de la carte

C'est un truisme – mais qu'il n'est pas inutile de rappeler – de dire que la carte doit être partout présente dans les salles de classe. Et que ce n'est pas qu'en géographie qu'on s'y réfère.

• Choisir la carte

Le choix des cartes utilisées en classe ne saurait être livré au hasard. Ces cartes doivent être, bien évidemment, exactes, fidèles et précises dans le fond, tout en étant lisibles et expressives dans la forme. Les

1. Y. André, A. Bailly, R. Ferras, J.-P. Guérin, H. Gumuchian, *Représenter l'espace*, op. cit., p. 148.

meilleures cartes sont celles qui se lisent le plus aisément. Les cartes analytiques, qui ne montrent qu'un seul aspect des choses (relief, climat, villes) ne doivent pas être seules utilisées. La géographie visant avant tout à établir des relations entre les phénomènes, les cartes synthétiques doivent être privilégiées (carte du relief et du réseau hydrographique, du climat et de la végétation, des villes et des voies de communication, etc.).

• Utiliser une large palette de cartes

Trois types de cartes sont nécessaires en classe de géographie : des cartes physiques, politiques et économiques. Pour les cartes plus spécialisées (zone d'influence des villes), on pourra faire appel aux manuels. Plus variées seront les catégories de cartes avec lesquelles les élèves seront en contact, plus le réel s'éclairera pour eux. Les cartes les plus fréquemment utilisées par les enseignants, sont évidemment les cartes topographiques, routières, météorologiques, géologiques ou économiques. Mais n'oublions pas le globe, indispensable pour habituer les élèves à se représenter sphériquement le monde, leur montrer que les États-Unis et l'ex-U.R.S.S. sont voisins, de part et d'autre du détroit de Behring, et que pour aller de Paris à Tokio, il est plus court de passer par l'Alaska que par la Sibérie.

Ne négligeons pas non plus les planisphères, tout en ayant conscience qu'ils *déchirent* la terre, et qu'il convient de choisir ceux qui ne distendent pas trop les régions polaires. Les cartes en relief enfin ont leur intérêt, qu'elles viennent du commerce ou soient réalisées par les élèves (modelage).

• Bloc-diagrammes et cartes muettes

Insistons sur l'intérêt du bloc-diagramme à l'école primaire. Judicieusement introduit en France par Emmanuel de Martonne, le bloc-diagramme représente le relief dans ses trois dimensions. « *À force de passer de la carte abstraite au bloc concret,* écrit Pierre George, *l'œil s'habitue à animer la carte, à la décomposer en ses éléments directeurs. À partir de ce moment l'habillage végétal et humain de la topographie, forêts, villages, voies de communication, prend tout son sens, il s'intègre à une image en trois dimensions.* » Utilisable dès le Cours Élémentaire, le bloc-diagramme se doit, bien évidemment, de représenter, dans un premier temps, l'environnement proche, de manière à ce que l'élève s'habitue à passer du terrain, au bloc-diagramme, au croquis et à la carte.

N'ayons garde d'omettre les cartes muettes qui, bien que passées de mode, sont fort utiles pour vérifier l'acquisition d'une indispensable nomenclature. Notons enfin que l'élève doit posséder tout un jeu de fonds de cartes, qu'il complète au fur et à mesure de son apprentissage, et sur lesquelles, modestement, il s'emploie à *modéliser* l'espace.

Décoder la carte

Apprendre à lire la carte représente l'un des buts de l'enseignement géographique. Or il s'agit-là d'un apprentissage long et difficile, la carte correspondant à une représentation stylisée, intellectualisée, bref, abstraite, du réel. Une représentation à base de signes conventionnels, d'un réel qui ne correspond en outre pas à celui connu des élèves, puisque vu d'avion. Une représentation enfin d'un réel en réduction, simplifié, et déformé, du fait de la rotondité de la terre. La carte, d'autre part, ne décalque pas le réel. Elle l'interprète. Comment s'étonner dès lors, qu'elle ne représente pas autre chose, pour le jeune enfant notamment, qu'*« un ensemble confus de lignes et de couleurs »*. (A. Catteaux)

• Quelles compétences pour *décoder* la carte ?

Savoir *décoder* la carte, donc atteindre le réel à travers sa représentation graphique, suppose pour l'enfant la maîtrise d'un certain nombre de compétences de base. C'est ainsi qu'il doit être capable d'identifier, à partir de la légende, les composantes de l'espace représenté. Donc être au clair avec la notion de symbole. Il doit également savoir localiser les objets et les phénomènes, donc être en mesure de situer un point à l'aide de ses coordonnées et maîtriser la notion d'orientation. Il doit en outre comprendre l'échelle, et savoir ce qu'implique, au niveau de l'information fournie et de sa figuration, un changement d'échelle. L'élève doit enfin être capable d'interpréter la carte, pour en tirer des conclusions sur l'organisation de l'espace.

• *Lire* les différents types de cartes

Selon le type de carte à interpréter, les élèves sont affrontés à des difficultés plus ou moins grandes. La carte topographique, qui rend compte des réalités visibles et observables, suppose l'effort intellectuel minimum. Sa lecture relève du simple *constat* (M. Clary), concernant les localisations et la nomenclature.

La carte thématique, qui *visualise le non-visible,* en représentant les relations entre les éléments et les structures sous-jacentes, suppose pour être décodée, outre une connaissance précise des techniques cartographiques, un effort d'analyse et d'interprétation qui met en jeu toutes les facettes du raisonnement géographique.

Quant aux modèles graphiques, apothéose ou corruption de la carte, selon les opinions, ils sont les plus difficiles à interpréter, dans la mesure où ils ne représentent ni des objets, ni même des structures, mais des systèmes abstraits, visant à expliquer l'espace. Quant au langage cartographique relatif aux modèles graphiques, il ne se réduit pas à de simples symboles, figuratifs ou abstraits, renvoyant à un objet ou à un fait, mais fait appel à des signes complexes, représentant ces structures minimales d'organisation de l'espace que Roger Brunet appelle *chorèmes*. Décoder ces modèles graphiques de base, puis les insérer dans une *combinatoire* permettant de *lire* l'espace, telles sont les opérations, hautement formatrices au niveau du raisonnement géographique, mais combien difficiles, auxquelles les modèles graphiques convient les élèves. Il y a là une nouvelle *grammaire graphique* qui, loin de rendre obsolète celle mise en œuvre dans les cartes topographiques et thématiques, constitue leur point d'aboutissement logique.

La démarche d'ensemble, pour faire accéder les élèves à la carte, est celle qui part du plan (de la classe, de la maison, de la rue, du village, du quartier, de la ville), passe par la schématisation d'un paysage et la *cartographie* d'une photographie aérienne, pour aboutir à la carte topographique, puis thématique et enfin, si possible, au modèle graphique.

Progression de l'apprentissage cartographique à l'école élémentaire

Fiche 48

CARTES À FAIRE		CP	CE	CM
Dessin de « situation »		##########	– – – – –	
Dessin à l'échelle graphique			##########	– – – – –
Cartes thématiques			XxXxXxXxXx	##########
Échelle	intuitive	XxXxXxXxXx	– – – – –	
	graphique		##########	##########
	numérique			XxXxXxXxXx
Orientation	sur repères	##########	##########	– – – – –
	au nord		XxXxXxXxXx	##########
Légende	morphologique	##########	##########	– – – – –
	thématique		XxXxXxXxXx	##########
Titre		##########	##########	##########

########## nécessaire, XxXxXxXxXx souhaitable, – – – – – possible

Extrait de F. Lorin, G. Millet, D. Passat, M. Philippe, *L'utilisation de la carte à l'école élémentaire*, unité de travail du centre national de formation des IDEN, Paris, 1986.

■ Lire et construire des cartes à l'école primaire (Fiche 48)

Le meilleur moyen d'apprendre à lire les cartes consiste à en produire (et non à en *reproduire*, exercice vain s'il en est, les *cartes-dessins*, fignolées comme des miniatures médiévales, n'ayant jamais appris la géographie à personne). C'est dès l'école primaire qu'un tel apprentissage doit être conduit.[1]

• Des dessins de situation au CP

Au Cours Préparatoire, l'élève réalise des *dessins de situation*, qui situent simplement les uns par rapport aux autres les éléments repérés dans la classe, l'école, le village, ou lors d'itinéraires sur le terrain. Ces éléments sont d'abord représentés de manière figurative, puis en plan. La nécessité d'un code, pour que tout un chacun puisse comprendre la carte, apparaît très vite. La notion de légende est en place. Il appartient alors au maître de donner les trois grandes familles de signes, liés à des implantations zonales (la surface), linéaires (la ligne), ponctuelles (le point). C'est, selon Monique Flonneau, la main qui balaie l'objet, le doigt qui suit le tracé ou qui pointe l'objet. Les *cartes* réalisées sont orientées sur le terrain par rapport à la position de l'observateur, et par rapport à un repère visuel déterminé. Quant à l'échelle, elle peut déjà avoir sa place dans les cartes des élèves du Cours Préparatoire. Une échelle toute *intuitive*, bien évidemment, les dimensions des éléments représentés étant lestés d'une forte dose d'affectivité. La mise en œuvre de procédés d'encadrement (plus grand que, plus petit que) peut néanmoins permettre une approche de la notion d'échelle.

• Des itinéraires et des espaces plus complexes au CE

Au Cours Élémentaire, les itinéraires et les espaces à cartographier se diversifient et se complexifient. On ne sort plus de la représentation plane, et on prend en compte les dimensions relatives des éléments représentés (*échelle graphique* ne faisant pas forcément référence aux unités du système métrique). On dessine le schéma d'un paysage observé différents plans jusqu'à la ligne d'horizon, ce qui permet de le mieux comprendre.

On s'initie, modestement, à la réalisation de cartes thématiques, concernant les éléments *naturels* de *l'environnement immédiat* (relief, champs forêts), et ses composantes socio-économiques (cultures, zones industrielles, résidentielles, etc.). On ne représente donc plus seulement des objets, mais des notions et des relations. Ce qui suppose un codage beaucoup plus subtil. L'orientation est toujours essentiellement visuelle Et l'échelle essentiellement graphique (nombre de pas ou gabarit). Les élèves s'emploient bien entendu à localiser, sur la carte de la région et d la France, les principaux repères topographiques (relief, fleuves, villes...) ainsi que les paysages et les cadres de vie étudiés.

1. E. Lorin, G. Millet, D. Passat, M. Philippe, *L'utilisation de la carte à l'école élémentair* Paris, centre de formation des IDEN, 1986.

• **Cours Moyen : des cartes analytiques et thématiques**

Au Cours Moyen, on s'évade du milieu pour atteindre la France et des territoires plus lointains. On réalise, à partir de fonds de cartes, des cartes analytiques du territoire national, se rapportant à chacune des parties du programme (relief, bassins et réseaux hydrographiques, paysages agraires, etc.) On lit et réalise de plus en plus de cartes thématiques (types de temps en France : été, hiver; paysages ruraux et agriculture; industrie et ressources minières et énergétiques; communications et réseau urbain; une région économique). Les élèves réalisent en outre des cartes en relief, établies en fonction des courbes de niveau; passent de la photographie aérienne à la carte, et orientent leurs cartes en fonction des points cardinaux (en liaison avec l'étude de la boussole). L'échelle numérique est couramment utilisée, et on réfléchit, dans les cartes thématiques, à l'échelle la mieux adaptée à la représentation du phénomène étudié.

Modestement enfin, les élèves tentent d'appréhender l'organisation de l'espace, en réalisant quelques modèles graphiques simples.

Lire et réaliser des modèles graphiques

Sous réserve de moduler leur degré de complexité, les modèles graphiques peuvent être réalisés dès l'école élémentaire. Malgré leur difficulté – apparente ou réelle –, et le fait qu'ils sont encore peu connus, leur mise en œuvre est intéressante, car ils permettent de discerner la spécificité d'un espace, de comprendre son organisation interne et donc de pouvoir le conceptualiser. Sur le plan pédagogique, le modèle graphique permet de faire apparaître les représentations des élèves (cartes mentales), il peut être le support d'une démarche de recherche, représenter la synthèse d'une problématique, ou servir d'évaluation formatrice.

Nous donnons (Fiche 49) un exemple de modélisation d'un espace urbain (Nîmes), réalisée dans un Cours Moyen deuxième année.

Intérêt d'une cartographie géométrique

Tout un courant géographique insiste d'ailleurs aujourd'hui sur l'intérêt pédagogique d'une géométrisation des représentations cartographiques, estimant qu'elle attire l'attention sur les éléments majeurs du phénomène représenté, ainsi que sur son *organisation* d'ensemble. On peut ainsi schématiser (car il s'agit alors plus d'un schéma que d'une carte), à l'intérieur d'un hexagone représentant la France, les influences climatiques, l'organisation du relief ou les grandes régions de notre pays.(1) Certains vont au-delà, et jugent pédagogique de représenter à l'aide de silhouettes (la botte italienne, l'ancre du royaume-uni, le papillon hongrois, le poisson tchèque...(2)), ou de

1. Manuel de M. Roche, Troisième, Magnard, 1989, p. 203.
2. Manuel de J.-M. Lambin, J. Martin, P. Desplanques, Quatrième, Hachette, 1989, p. 289.

Fiche 49

Modélisation d'un espace urbain (Nîmes), réalisée par des élèves de CM2

DES REPRÉSENTATIONS...

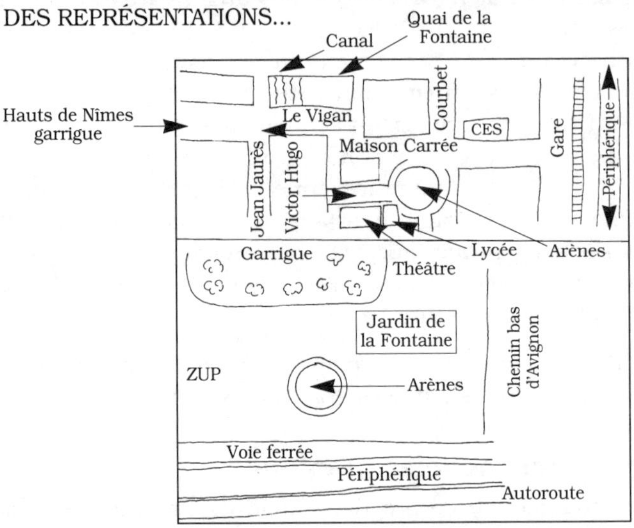

... À LA CARTE...

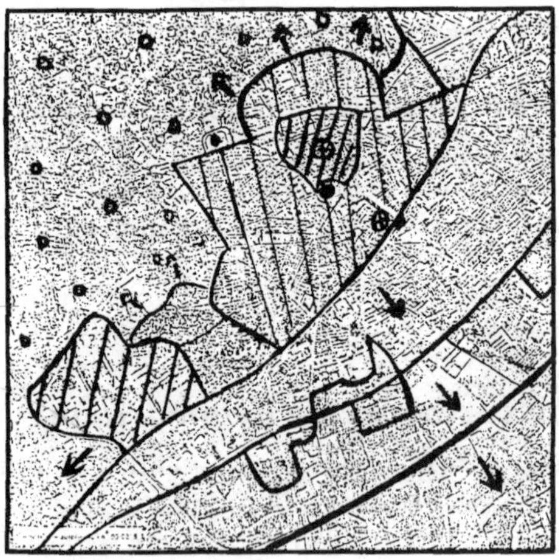

QUESTIONNAIRE D'ÉVALUATION
(Sur un calque posé sur la photographie aérienne)

1. REPÈRES
11. Arènes, jardin de la Fontaine, gare. On indique leur emplacement à l'aide d'une gommette.
12. Voie ferrée, périphérique, autoroute.

2. Organisation spatiale
21. Entoure le centre-ville, à quoi le reconnais-tu ?
    Colorie-le en rouge.
22. Entoure la zone des quartiers anciens autour du centre et colorie-les en orange.
23. Entoure la zone des quartiers récents, colorie-les en jaune.
    – entre la voie ferrée et le périphérique,
    – entre le périphérique et l'autoroute.
24. Entoure la ZUP et colorie-la en bleu.
25. Entoure la zone des garrigues et colorie-la en vert.

3. Dynamique urbaine
31. Est-ce que la ville se développe de la même façon vers les garrigues et vers les ZUP ou les quartiers récents ?
32. Indique les différences !
33. Par une série de flèches, montre dans quelles directions se développe la ville.
34. Par un trait épais montre de quel côté elle ne se développe pas.
35. Observe le grand plan de la ville; qu'est-ce qui a pu empêcher son développement ?
36. Quelle est la limite que la ville n'a pas encore franchie au Sud ?
37. Est-ce qu'à d'autres moments, dans le passé, il a pu exister d'autres limites au Sud ? Si oui, lesquelles ?
38. Qu'est-ce qui te permet de le dire?

4. Centres de décision
41. Indique par un code (+) où se trouvent les organismes qui décident pour la ville.
42. Comment s'appellent-ils ?
43. Est-ce que parmi les espaces de la ville, il y en a un qui te semble plus important que les autres ?
44. Si oui, nomme-le.
45. De quel point de vue te paraît-il le plus important ?

... PUIS AU MODÈLE

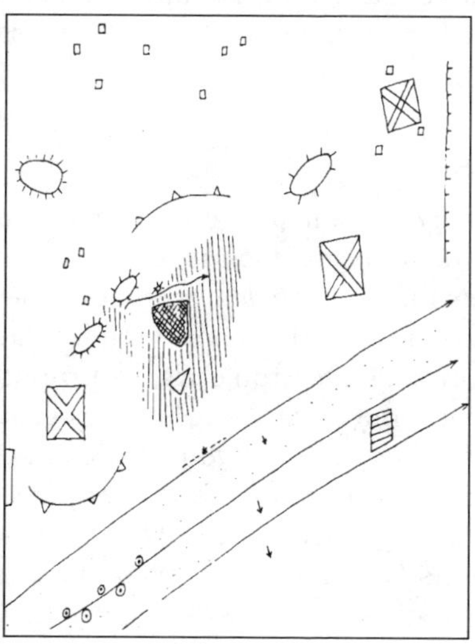

CHORÈMES
pour dire l'essentiel sur les villes

Extrait de M. Clary, R. Ferras, R. Durand, G. Dufau, *Cartes et modèles à l'école.*

formes géométriques simples (un triangle pour l'Inde, un carré pour l'Espagne), voire de formes et taches diverses[1], pays et continents. Jouant sur la mémoire visuelle et stimulant l'imaginaire, ces procédés ne sont pas à rejeter, sous réserve qu'un certain nombre de précautions soient prises, pour que l'élève y recourt avec humour et un certain détachement amusé, sans rien perdre de son sens critique et de sa capacité de raisonnement.

Pas de cartes trop bien *léchées*

Ajoutons que, si les cartes réalisées par les élèves doivent être soignées, donc claires, précises et lisibles, elles ne doivent en rien s'apparenter à on ne sait quelle dérisoire *œuvre d'art*. Les Instructions officielles de 1890 pour le second degré le disaient déjà nettement : «*On a souvent blâmé, jamais trop, ces travaux patients où l'enfant perd un temps précieux, et qu'il juge d'autant meilleurs qu'ils ressemblent plus au modèle copié.*» On va d'ailleurs plus loin en 1908, où le législateur n'hésite pas à écrire : «*Le décalque et le coloriage des cartes sont interdits.*»

Ce qui n'empêche pas, près de cinquante ans plus tard, les Instructions de 1955 de recommander aux élèves de décalquer des fonds de carte, car «*il importe que leurs doigts aient suivi les contours d'un pays pour en bien connaître la configuration*», la main autant que l'œil étant *l'instrument de la mémoire.*

Le croquis et le plan

Mise à part la carte, d'autres représentations graphiques, croquis, plans, schémas, graphes... sont couramment utilisés en classe de géographie.

Une large palette de croquis

Le croquis fait, pour André Cholley, *partie intégrante* de la leçon de géographie. «*Il lui apporte le secours de la localisation précise, épargne du temps dans la description en faisant ressortir les rapports essentiels, facilite la communication.*» Chacun sait qu'un bon croquis vaut mieux qu'un long discours. Pour André Cholley toujours, la pratique du croquis devrait faire sortir la géographie de la *conception livresque* dans laquelle elle s'est trop longtemps enlisée. «*À tous les cours la leçon de géographie doit être accompagnée de croquis exécutés par les enfants..., renchérissent les Instructions officielles de 1923. C'est un exercice indispensable pour graver dans l'esprit les faits géographiques et leurs relations essentielles.*» Des croquis auxquels il appartient de traduire les phénomènes géographiques visibles, entrant dans la com-

1. M. Clary, G. Dufau, R. Ferras, *Cartes et modèles à l'école*, op. cit.

position des paysages, mais également ceux auxquels on n'accède que par le raisonnement (influx de capitaux, organisation d'une entreprise industrielle, circuits de production et de vente, etc.)

Les géographes bénéficient d'une large palette de croquis, la plus grande partie d'entre eux ayant un caractère analytique.

• Les croquis analytiques
À cette catégorie appartiennent :

- les croquis de localisation

- les croquis de répartition, qui, par exemple, interprètent graphiquement une image météorologique d'origine satellitaire, en représentant le *relief isobarique*, avec ses *individus :* dépressions et anticyclones, fronts chauds et froids, vents, sens du déplacement des dépressions et couverture nuageuse

- les croquis de repérage qui situent, par exemple, les différents plans d'une photographie aérienne

- les croquis descriptifs qui montrent le site et la situation d'une ville, ou ses différents *espaces*

- les croquis qui s'attachent à représenter une évolution, celle d'une ville ou d'un paysage rural (remembrement)

- les croquis géomorphologiques, qu'ils soient structuraux (représentation d'un bassin sédimentaire) ou génétiques (représentation de la formation d'un relief au contact des plaques, naissance d'un atoll, recul d'une falaise).

• Les croquis synthétiques
Il existe également de nombreux croquis synthétiques qui mettent en rapport les différents éléments d'un système spatial, concernant, par exemple, le fonctionnement d'un paysage ou la liaison d'une ville avec sa zone d'influence.

• Autres types de croquis
Le modèle graphique, à la fois descriptif, explicatif et heuristique, peut être placé à la fois dans la rubrique des croquis et dans celle des cartes. On peut également inclure dans la catégorie des croquis, les divers schémas (notamment les schémas fonctionnels, celui, par exemple, rendant compte du fonctionnement d'une centrale nucléaire), et la grande variété des coupes dont se délectent les géographes : coupe à travers un océan, un relief, coupe montrant l'étagement de la végétation en montagne, ou l'exploitation du versant d'une vallée alpine, depuis l'usine du fond de vallée jusqu'à la station intégrée, en passant par le village permanent.(1)

---

1. Manuel de M.-T. Drouillon, M. Flonneau, Sixième, Nathan, 1990, p. 236.

• Le croquis, un outil pour le maître et les élèves

En classe de géographie, les croquis sont à la fois réalisés par le maître au tableau, pour concrétiser et appuyer sa démonstration :*«Une leçon de géographie, c'est une gymnastique du dessin,* écrit Pierre Deffontaine ; *sans cesse la craie à la main, le maître trace, situe, délimite tout ce qu'il indique»*, et par les élèves, pour fixer leurs connaissances, les évaluer, ou découvrir l'organisation d'un espace donné. Inutile de dire que si les croquis d'élèves doivent être clairs et rigoureux, il convient, de même que sont proscrites les cartes trop bien *léchées*, de bannir les croquis exagérément raffinés, dont le soin apporté à leur réalisation formelle, nuit à la compréhension du phénomène représenté.

Le plan

Si le croquis peut s'exécuter à main levée, se passer éventuellement d'échelle et de légende, il n'en va pas de même du plan, qui suppose la connaissance des dimensions réelles et des moyens de les réduire, ainsi que l'emploi de signes conventionnels, et l'indication d'une orientation précise. Nous savons déjà qu'à l'école élémentaire, l'élaboration de plans divers représente un passage obligé pour faire prendre conscience aux élèves de l'organisation d'un espace donné, et les préparer à la compréhension de la carte. Le plan s'élabore à partir du réel (observation de la classe, itinéraires dans le village), ou de la photographie aérienne, qu'on s'applique à épurer, en ne représentant que les principaux repères et les éléments les plus significatifs. Ajoutons qu'il faut habituer les élèves à réaliser des plans quadrillés, d'utilisation plus aisée.

Une grande variété de graphiques

Tableaux de données et graphiques constituent un couple pédagogiquement efficace. Les élèves peuvent en effet être invités à construire les seconds à partir des premiers, ou à décoder les seconds pour retrouver les premiers (Fiche 50).

Utiliser modestement l'outil statistique

Sans tomber dans les errements d'une géographie purement *quantitative,* il est clair que la géographie ne peut se passer de l'outil statistique, pour analyser et représenter les phénomènes spatiaux. C'est ainsi, par exemple, que la méthode des quotients est d'une utilisation fréquente en géographie.

Qu'elle soit appliquée à des analyses de facteurs naturels (quotient pluviométrique : quantité de pluie tombée par rapport au total annuel ; quotient d'écoulement : quantité d'eau écoulée par un fleuve

Différents types de diagrammes

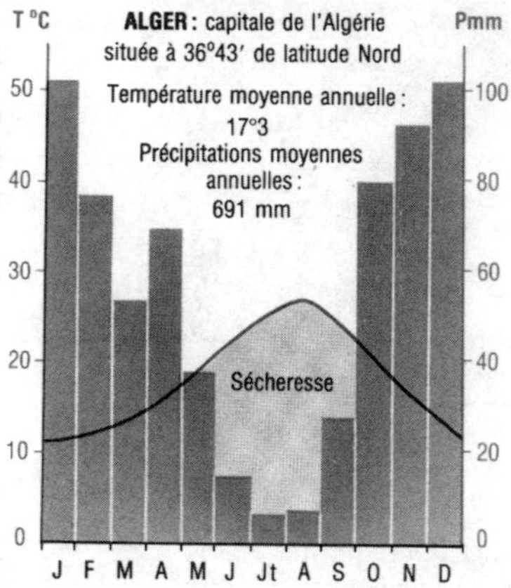

1. Diagramme ombrothermique (manuel Nathan, Cinquième)

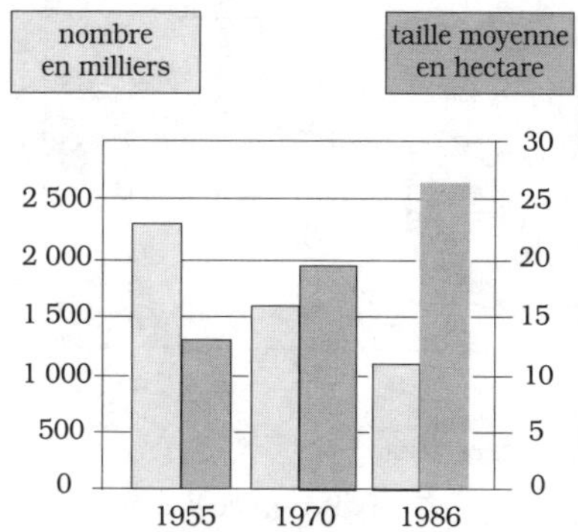

2. Histogramme : évolution du nombres des exploitations agricoles en France (Manuel Hachette, Troisième)

3. Diagramme polaire : clientèle d'un hôtel au cours de l'année (A. André, *L'expression graphique,* Masson)

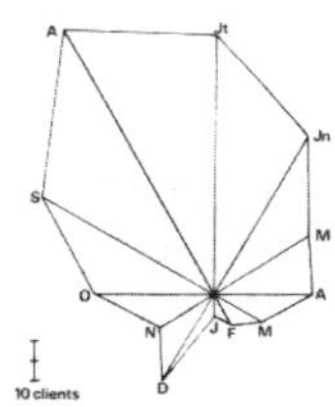

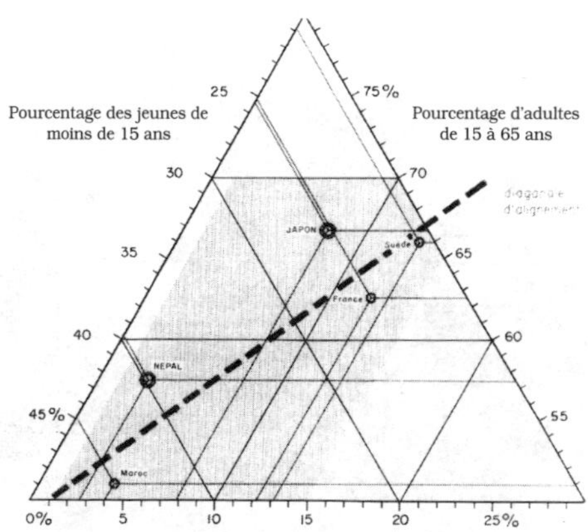

4. Diagramme triangulaire : composition de la population par groupes (groupe d'âge pour la France, le Japon, la Suède, le Maroc et le Népal (P. Barrère, M. Cassou-Mouna, *Le document géographique,* op. cit.)

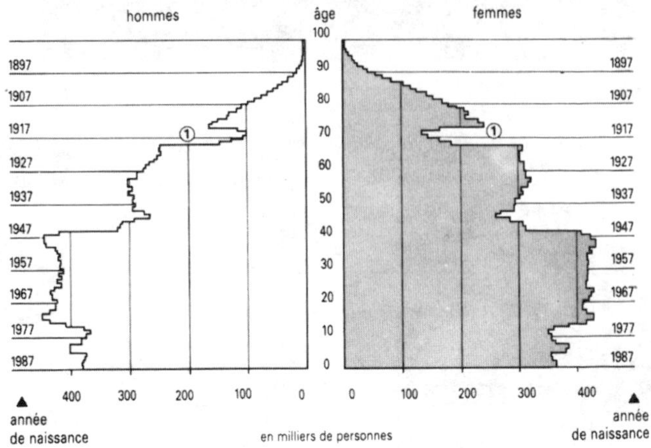

5. Pyramide des âges de la France au 19 janvier 1988
(Manuel Hachette, Troisième)

6. Graphique à banderolle
Évolution du bilan naturel
en Pologne, depuis 1950
(Manuel Hachette,
Quatrième)

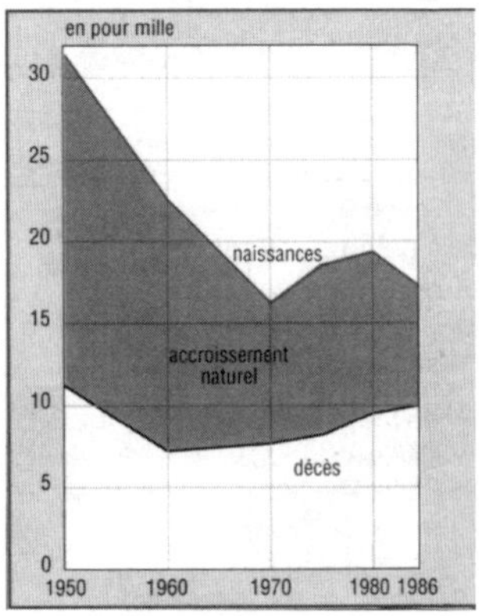

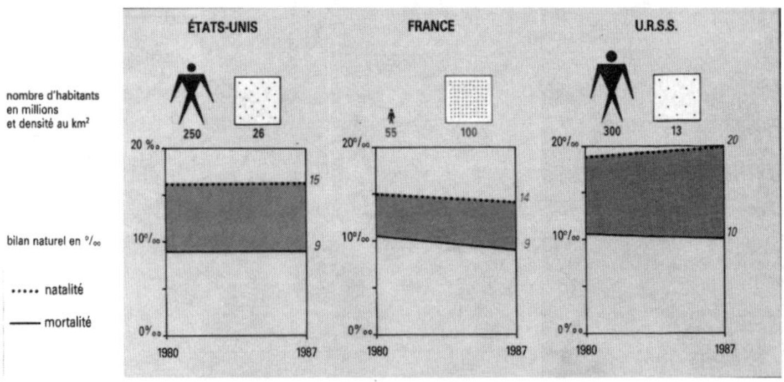

7. Diagramme par points et banderoles
Bilan démographique de la France, des États-Unis et de l'U.R.S.S.
(Manuel Hachette, Troisième)

par rapport au total des pluies tombées sur le bassin), ou à des analyses de situations économiques ou démographiques (quotient individuel du produit national brut).[1]

Qu'ils soient simples (budget d'un ménage), ou à double entrée (données statistiques relatives à différents pays qu'on souhaite comparer : revenu annuel moyen par habitant au Japon, en France et en Côte d'Ivoire, indicateurs du développement dans les différents pays du Tiers-Monde, hauteurs de neige en fonction de l'altitude...), les élèves doivent apprendre à lire et interpréter les *tableaux statistiques.* (Date des chiffres présentés. S'agit-il de nombres absolus ou de pourcentages? De nombres réels ou d'estimations? Groupement des nombres et mise en évidence des évolutions. Explication à l'aide d'autres documents, des groupements et évolutions constatées). Ils doivent être en mesure de faire vivre les chiffres, en les comparant et en les traduisant en réalités concrètes dans l'espace. Ajoutons que les statistiques utilisées à l'école primaire, doivent être réduites à quelques nombres significatifs.

Le graphique pour *faire parler* les nombres

Les graphiques permettent précisément de comparer les nombres et de les présenter de manière claire et frappante, en les *visualisant.* Et il appartient à l'élève de choisir la représentation graphique la plus *parlante,* pour *mettre en scène* les nombres dont il dispose.

Il existe deux grandes catégories de graphiques. Les *graphiques linéaires,* qui sont établis à partir de coordonnées, orthogonales, ou non orthogonales : graphiques polaires ou triangulaires, et les graphiques de *volume* et *figuratifs.*

• Les graphiques linéaires à coordonnées orthogonales

Les graphiques les plus courants sont les graphiques linéaires à coordonnées orthogonales. Entrent dans cette catégorie, la grande variété de *courbes* qui indiquent l'évolution de variables continues durant une période déterminée : températures, population, chômage, prix du pétrole, etc. Deux ou plusieurs courbes peuvent être superposées, pour permettre des comparaisons : évolution de la production automobile en France et en Allemagne, régime des grands fleuves français. En superposant un diagramme en bâtons verticaux, représentant les hauteurs de pluies mensuelles, et une courbe d'évolution annuelle des températures, on obtient un *diagramme ombrothermique.*

Les graphiques à coordonnées orthogonales peuvent utiliser, au lieu de la courbe, le *bâton.* Alors que la courbe, ligne continue, se prête à la représentation de variables elles aussi continues (températures), un autre symbolisme est nécessaire pour représenter les variables discon-

1. P. George, *Dictionnaire de géographie,* op. cit.

tinues (précipitations). Ce symbolisme est à base de *bâtons* ou de *bandes*. Les *diagrammes à bâtons* sont constitués par des traits horizontaux ou verticaux, dont la longueur est proportionnelle à la quantité représentée (les bâtons peuvent être remplacés par des rectangles (colonnes) de même base (histogramme). On peut, à l'aide de ces diagrammes, représenter les exportations (en milliards de dollars) des principaux pays industrialisés, ou encore comparer le taux d'accroissement naturel dans les pays occidentaux et les pays en voie de développement. Les colonnes peuvent être simples (cas précédents), ou doubles (colonnes accolées ou juxtaposées) : commerce extérieur d'un pays avec importations et exportations, en milliers de dollars. Elles peuvent également être subdivisées : pourcentage de la population rurale et urbaine dans le monde en 1850, 1900, 1990.

• Les graphiques linéaires à coordonnées non orthogonales

– Les *graphiques polaires*, dans lesquels les rayons, tirés d'un point central, sont les ordonnées, l'axe des abscisses étant situé sur le pourtour. Ce type de graphique est utilisé pour montrer l'augmentation ou la diminution d'une valeur dans un temps donné (clientèle d'un hôtel au cours de l'année).

– Les *diagrammes triangulaires* qui sont utilisés pour représenter des grandeurs fractionnées en trois composantes (pourcentage de jeunes, d'adultes et de vieillards dans une population donnée.) Ces diagrammes permettent d'établir des comparaisons entre les populations de divers pays, en même temps que de montrer l'évolution des structures de population par l'observation du déplacement des points figuratifs entre deux dates données.

• Les graphiques de surface

Ces graphiques utilisent des rectangles, des triangles ou des cercles. Placés verticalement ou horizontalement, les rectangles permettent d'indiquer les grandeurs relatives des différentes parties d'un tout, à une date donnée. On peut, à l'aide de ces *graphiques à barres*, ou *histogrammes*, représenter la répartition de la production de blé ou de riz dans le monde, ou encore le budget des différents départements d'une région...

On peut passer du graphique à barre au *graphique à colonnes*, réalisant ainsi des graphiques de mouvement. On construit, pour une période de plusieurs années, des diagrammes à barre que l'on place sur des axes de coordonnées, et on obtient des graphiques à bandes ou à tuyaux d'orgue. À ce type de graphique appartiennent les pyramides des âges d'une population donnée (pyramides qui doivent être précisément analysées par les élèves : *classes creuses*, *baby-boom*, etc.), ainsi que les graphiques à banderole qui, grâce à des bandes colorées entre différentes courbes, permettent de figurer l'évolution dans le temps de la structure d'un phénomène (évolution du bilan naturel d'une population, avec courbe des naissances et des décès).

Une deuxième catégorie de graphiques de surface utilise des cercles, des demi-cercles, des triangles ou des carrés, dont la surface est proportionnelle à la grandeur représentée, afin de visualiser les rapports existant entre le tout et ses éléments. C'est ainsi que les *diagrammes en secteur (camembert)* représentent en pourcentage une distribution à un moment donné, grâce à la division d'un cercle en plusieurs secteurs. On peut, de cette façon, représenter le pourcentage des différentes énergies utilisées en France, celui de la production de riz dans les différents pays de l'Asie du Sud-Est, celui des produits d'importation et d'exportation de la France, ou encore celui des différents partenaires commerciaux de la C.E.E.

Peuvent être rapprochés des graphiques de surface, certains graphiques représentant des densités (points) ou des superficies (un carreau pour 100 000 km^2), et qui permettent de comparer la superficie de différents pays ou la répartition des cultures dans une exploitation agricole ; ainsi que les anamorphoses, qui négligent les formes topographiques pour mieux faire apparaître certains faits statistiques : régions françaises représentées par des rectangles dont la surface est proportionnelle à la population. On peut, par ce même procédé, représenter la superficie, la population et la richesse (produit national brut global) des divers continents.

• Les graphiques de volume et figuratifs

Quant aux graphiques de volume et figuratifs, ils représentent les quantités à comparer par des volumes, des silhouettes ou des dessins, situés dans une même colonne ou sur une même ligne (ainsi, pour comparer les populations de plusieurs pays, on peut utiliser des silhouettes, en affectant à chacune d'elle un nombre déterminé d'habitants).

Trois autres outils graphiques

• Coupes et profils

Les coupes et profils sont fort utilisés dans l'enseignement géographique. Qu'il s'agisse des coupes topographiques qui, en exagérant les hauteurs par rapport aux longueurs, font ressortir les traits principaux du relief d'une région ; des coupes géologiques, qui renseignent sur la structure du sous-sol ; des coupes géomorphologiques, qui montrent l'ossature du sol (coupe de la côte de l'Ile-de-France), ou indiquent une évolution (coupe de la côte du pays de Caux); des coupes pédologiques enfin, qui révèlent les différents *horizons* du sol.

On peut encore, grâce à une coupe, montrer la structure d'un phénomène naturel (étagement de la végétation en montagne), artificiel (coupe d'une foggara), ou encore celle d'un appareil technologique (haut-fourneau). À cela s'ajoute la possibilité de représenter le profil longitudinal d'un cours d'eau, ainsi que le profil transversal de sa vallée à un endroit donné.

• **Les graphes**
Un graphe est une figure formée d'un ensemble de points, que l'on appelle sommets ou nœuds, et de lignes, reliant certains de ces points ; ces lignes sont les arêtes du graphe, ou encore ses arcs, si le graphe est orienté. Les graphes sont utilisés en géographie pour représenter les réseaux : hydrographiques, de circulation...;[1] ainsi que les flux, de marchandises (commerce), ou de personnes (migrations).

• **Les organigrammes**
L'organigramme (ou *schéma fléché*) est un graphique intéressant pour le géographe, car il permet de rendre compte de la structure d'une organisation complexe, en représentant à la fois les éléments de l'ensemble, et les relations qu'ils entretiennent entre eux (relations symbolisés par des flèches). On peut ainsi représenter un circuit économique (avec flux de produits, de monnaie et fourniture de travail), une chaîne alimentaire (les flèches signifiant : *se nourrit*), le fonctionnement d'une entreprise (des actionnaires aux ouvriers), ou les techniques de la sidérurgie (du minerai à la tôle ou aux profilés), ou encore le flux de distribution de l'eau potable.

D'autres outils encore pour l'enseignement géographique

Le professeur de géographie dispose de bien d'autres instruments, lui permettant de prodiguer un enseignement vivant et actualisé, et de mettre l'enfant, le plus souvent possible, en situation de construire son savoir. Nous nous contenterons d'en évoquer quelques-uns.

L'actualité

L'actualité est source de sensibilisation et d'information géographiques. Pourquoi, en effet, ne pas utiliser certains événements marquants, relatés par les médias, comme la coupe du monde de football, le tour de France, la traversée de l'Atlantique, ou, côté catastrophes, une pollution industrielle, une inondation, un glissement de terrain, un tremblement de terre ou un cyclone, pour faire passer un *message* géographique ? Mais qu'on ne s'y trompe pas. Le reporter qui *couvre* tel ou tel événement, auquel la géographie n'est pas étrangère, n'en fait pas pour autant œuvre de géographe. Le géographe peut utiliser les matériaux fournis par l'actualité, mais son rôle ne se réduit pas, comme pour le journaliste, à les mettre en scène. Il ne s'agit en effet pas uniquement, pour le scientifique, de décrire les événements, mais

1. Manuel de L. de Bély, J.-M. Flonneau, Troisième, Nathan, 1990, p. 239.

de les analyser, d'en étudier les causes et d'en indiquer les conséquences prévisibles, bref, de les confronter aux lois générales qu'essaie de définir la science géographique, et dont ils ne sont que l'expression ponctuelle. Il arrive d'ailleurs que la géographie, sous l'effet d'une brusque accélération de l'histoire, rattrape et dépasse l'enseignement du géographe. Aux professeurs de se tenir informés, et de transmettre à leurs élèves des connaissances constamment *à jour*. Ce qui est particulièrement nécessaire aujourd'hui, avec les bouleversements que connaissent l'ex-U.R.S.S. et les pays de l'Europe de l'Est.

L'informatique

De l'aveu même des textes officiels, « *l'informatique est entrée* par la petite porte *dans notre domaine disciplinaire* ». Et de fait, l'enseignement géographique ne dispose encore que de très peu de logiciels de qualité, susceptibles de permettre à l'élève de *jouer* avec l'espace, de l'analyser, l'aménager, le construire. Les logiciels existant se rapportent encore trop à la nomenclature de la géographie (type Q.C.M), et pas suffisamment à ses concepts. Cet outil du XXe siècle véhicule un savoir géographique qui est encore trop souvent celui du XIXe siècle.

Il existe cependant quelques logiciels de qualité, permettant aux élèves de se montrer plus autonomes face à l'ordinateur, de s'initier aux représentations graphiques et à la carte (*Logicarte, Cartes et bases, Educarte*...), et de se familiariser avec les problèmes d'aménagement de l'espace.

La télématique

La télématique est appelée à grandement aider l'enseignement géographique[1].

Dans la mesure, tout d'abord, où des banques de données télématiques sont en mesure de fournir aux enseignants les statistiques actualisées dont ils ont besoin, voire les fonds de carte leur permettant de réaliser des représentations cartographiques de séries statistiques (banque de données *CARTO*[2]).

Dans la mesure ensuite, où la petite école rurale pourra disposer des ressources documentaires réservées jusqu'alors aux grands établissements des villes universitaires.

Dans la mesure encore, où les messageries électroniques permettront aux élèves d'échanger des informations sur leur environnement (relevés météorologiques). Dans la mesure enfin où les élèves pourront,

1. G. Compan, « La Télématique, un outil nouveau pour la géographie », in *Cahiers pédagogiques*, mars 1988.
2. *CARTO* est diffusé par le C.R.D.P. de Montpellier. Pour consulter cette base de données : 3614 STAM*CARTO.

avec leurs professeurs, alimenter un serveur local à destination du grand public.

Les jeux géographiques

S'ils sont en honneur dans les pays anglo-saxons, les jeux géographiques le sont très peu en France. Citons *Ecorégion*, jeu de simulation concernant l'aménagement d'une région-type. Une version régionalisée d'*Ecorégion* a été réalisée pour la région Provence-Alpes-Côte d'Azur. *Ecorégion* est accompagné d'outils d'évaluation.(1)

Les œuvres littéraires et artistiques

Les œuvres de Maurice Genevoix pour le Val de Loire, de Giono pour la Provence ou de Roger Frison-Roche pour les Alpes, ainsi que celles des grands géographes de l'École française, Vidal de la Blache ou Raoul Blanchard, sont des mines, dont on peut extraire les textes les plus caractéristiques, pour les lire – avec art si possible – aux élèves, ou pour les leur faire analyser et commenter.

On ne négligera pas non plus les paysages, tels que les ont représentés les grands peintres. Les œuvres de Monnet, Cezanne ou Utrillo, peuvent conduire à une réflexion géographique intéressante sur la côte normande, la Provence, ou Paris.

Du bon usage du manuel

Le manuel représente un outil indispensable, aussi bien pour le maître que pour l'élève.

En ce qui concerne le maître, le manuel – ou plutôt les manuels car il en utilise plusieurs pour préparer ses leçons – est un point d'appui obligé, dont il ne faudrait pas qu'il envisage de se passer. Ce qui ne veut pas dire qu'il doive se livrer, pieds et poings liés, à son outil de travail. Il lui appartient en effet de savoir résister à la facilité du manuel, pour faire passer un message qui lui soit propre, et non pas, systématiquement, celui construit par des auteurs qui, aussi brillants et compétents qu'ils soient, ne connaissent ni le milieu, ni les intérêts, ni le niveau de ses élèves. Le professeur de géographie, écrit Pierre Desplanques, « *doit se montrer capable de s'émanciper, de se dégager du manuel en ne le considérant pas comme un savoir fini, parfait, exposant une géographie arrêtée* ». Et Pierre Desplanques d'ajouter : « *La sacralisation du manuel fait obstacle à la réflexion personnelle, inhibe les libres initiatives, sclérose une pensée géographique qui devrait demeurer vivante.* »(2)

1. M.-T. Prete, Apprendre, en jouant, à aménager la région, in *Cahiers pédagogiques*, mars 1989.
2. P. Desplanques, *La didactique de la géographie*, art. cit.

Disons-le avec force, chaque élève doit disposer d'un manuel de géographie (ou d'histoire-géographie). Ce qui ne veut pas dire que le maître enferme les élèves dans leur manuel. Ceux-ci ont en effet à leur disposition d'autres manuels et d'autres documents géographiques, qu'ils peuvent consulter à la B.C.D., ou, mieux encore, utiliser à l'intérieur même de la salle de classe.

Les manuels de géographie actuellement dans le commerce sont de qualité. Tant au niveau de leur réalisation technique que de leur appareillage pédagogique. Nous les avons beaucoup utilisés dans ce livre. Tout au plus pourrait-on leur reprocher leur poids et leur volume, dus à une interprétation souvent *débordante* des programmes. Peut-être certains sacrifient-ils en outre par trop à l'agrément formel, jouant au *magazine*, et présentant de nombreuses et belles photographies, dont l'exploitation pédagogique n'est pas toujours aisée. S'il doit être attrayant, le manuel de géographie ne doit pas pour autant placer en tête de ses objectifs, celui de surprendre, de charmer, ou de séduire. Une certaine sobriété est de mise en la matière.

Le choix d'un manuel n'est pas toujours aisé. Nous proposons quelques critères permettant d'opérer un choix qui soit le plus rationnel possible (Fiche 51).

En ce qui concerne l'utilisation du manuel, celui-ci fonctionne comme un outil de connaissances (y compris méthodologiques : lire une carte, analyser un paysage, construire un graphique), comme un recueil de documents, iconographiques et surtout cartographiques, à partir desquels l'élève doit pouvoir s'approprier les concepts et les faits géographiques, comme un outil de travail enfin, proposant à l'élève des exercices, activités pratiques, pistes de réflexion, et autres instruments d'évaluation.

Quant à la vogue actuelle des *manuels hectographiques*, qui proposent des documents prêts à être dupliqués, il convient de prendre quelques distances à leur égard. Ces documents sont en effet souvent passablement formels, et ils apportent aux élèves un savoir tout fait, qui sollicite leur mémoire, sans toujours provoquer leur réflexion.

Je choisis un manuel

Fiche 51

Le manuel est un précieux auxiliaire, dont il convient d'user, en se gardant d'en abuser. Ainsi, quel que soit l'intérêt du manuel choisi, il ne convient pas de le suivre pas à pas, et de négliger d'en utiliser d'autres.

Le choix d'un manuel ne doit pas résulter d'une simple impression d'ensemble entachée de subjectivité, mais reposer sur des critères objectifs.

Nous proposons ici quelques critères de sélection qui nous semblent pertinents.

Fiche 51

I – Nature du manuel

– Interprétation du programme (à minima, à maxima)
– Dominante *documents*
– Dominante *leçons*
– Juste équilibre

II – Présentation, organisation

– Agrément d'ensemble
– Organisation d'ensemble

• clarté du plan,
• existence de dossiers d'approfondissement,
• existence de dossiers méthodologiques
• propositions de sujets d'étude,
• présence de textes à commenter
• propositions de travaux pratiques
• propositions de recherches personnelles
• outils pour comprendre la leçon : vocabulaire, chiffres, croquis-clés...
• indications de révisions
• propositions d'évaluation

– Organisation par chapitre

• clarté
• différenciation documents/textes/résumés

– Les outils

• table des matières
• tableau des thèmes
• index, lexique
• table des documents
• cartographie

III – Qualité pédagogique

– Documents, niveau
– Existence de questions ouvertes, fermées
– Qualité du résumé

IV – Qualité scientifque

– Qualité des documents
– Documents référencés
– Vision d'ensemble de la discipline : par ex. géographie non exclusivement centrée sur la nomenclature et la référence aux relations : homme-milieu
– Existence de cartes, croquis, schémas, tableaux statistiques, graphiques...
– Mise au point au plan scientifique pour le maître (recyclage)

La pratique de la classe

L'action pédagogique en matière d'enseignement géographique s'organise, à l'école élémentaire, autour de deux pôles : la *leçon* et le *sujet d'étude.*

La séquence magistrale à l'école

L'enseignement collectif, parfois péjorativement qualifié de *frontal*, a été souvent dénigré. Il est vrai qu'il se prête à de nombreuses dérives, et qu'il est souvent source d'ennui et de passivité pour les élèves. Mais, que l'on s'en plaigne ou s'en réjouisse, il n'en demeure pas moins indispensable. Et le conseil de Rousseau dans *l'Émile : «Ne donnez à votre élève aucune espèce de leçon verbale»*, ne saurait être de mise à l'école élémentaire. Pas, plus que ne saurait être prises en compte les protestations d'Alain : *«L'école primaire offre ce spectacle ridicule d'un homme qui fait des cours. Je hais ces petites Sorbonnes.»* (propos XXV) L'élève ne peut en effet redécouvrir la totalité du savoir géographique, et il est hors de question qu'il soit en mesure de *construire*, pierre à pierre, l'ensemble des connaissances qui constituent le fondement de la culture à laquelle l'école a pour mission de le faire accéder. L'enseignement ne saurait donc faire l'économie de toute transmission magistrale du savoir, laquelle présente l'avantage de livrer le maximum d'information en un minimum de temps, et donc de ne pas dilapider le mince capital de temps dont disposent les élèves, tout en leur permettant d'entrer en contact avec un être humain, détenteur de ce savoir.

■ Faire *participer* les élèves

Ce qui ne veut pas dire que la séquence magistrale doive se réduire au schéma traditionnel : *le maître dit et l'élève écoute* (encore que si le maître possède l'art de *dire, écouter* peut-être un plaisir!). L'élève doit être intéressé, actif, bref, selon le maître-mot des instructions traditionnelles, il doit *participer*. Quant au maître, il utilise tous les moyens dont il dispose pour vivifier, concrétiser, en un mot, *opérationnaliser* sa parole. C'est ainsi qu'il use du récit, illustré de documents ou fondé sur eux (mais il se méfie d'une imagerie trop abondante et simplement attrayante); qu'il a recours aux moyens audio-visuels ; qu'il se sert d'outils divers, comme le globe, la carte, le plan ou les graphiques ; qu'il puise dans les manuels, dans sa documentation personnelle ou dans les informations transmises par les médias.

Au fond, les Instructions de 1887 – rappelées en 1923 – n'ont rien perdu de leur pertinence : « *La seule méthode qui convienne, écrivaient-elles, est celle qui fait intervenir tour à tour le maître et les élèves qui entretiennent pour ainsi dire entre eux et lui un continuel échange d'idées sous des formes variées, souples et ingénieusement graduées.* »

Les Instructions de 1957 pour le second degré tiennent le même langage. Elles assurent que l'exposé du professeur, «*toujours réduit doit comporter une très large participation des élèves*, et se muer en *un véritable dialogue entre le professeur et sa classe.*» *Dialogue,* qui *peut trouver sa synthèse et sa conclusion dans un résumé élaboré en commun, chemin faisant.* Passer du cours magistral à des *entretiens simples mais vivants et pittoresques*, c'est passer de la méthode dogmatique à la méthode active. Les sujets d'étude permettent aux élèves, nous le verrons, d'aller au delà, et non seulement de *participer* et d'être *actifs*, mais de construire eux-mêmes leur propre savoir.

Nécessaire qualité de la parole magistrale

Quant aux Instructions de 1977 pour les collèges, (également pertinentes pour l'école primaire), elles insistent sur la nécessaire qualité de la parole magistrale. « *En tout état de cause, il importe que le professeur use d'une langue correcte, claire et simple, évite le* jargon *des spécialistes, manifeste constamment le souci du concret, du détail suggestif, de l'exemple démonstratif.* » Et nous ajouterions volontiers : que l'enseignant utilise une langue qui ne sacrifie en rien aux tics du moment, et qui tente de persuader les jeunes que le niveau de langue de l'école, n'est pas plus celui de la rue, que celui des médias.

Conduite de la leçon

Après avoir rapidement vérifié les acquis de la séquence précédente (pourquoi pas sous la forme de ce que les Instructions de 1938 appellent les *interrogations individuelles volantes ?*), et fait le point à leur propos, le maître indique le sujet du jour, en le situant dans la progression générale du programme. Il présente ce sujet sous la forme d'un problème à résoudre. Les élèves, par l'observation de documents, tentent, individuellement ou en groupe, de répondre aux questions posées, de valider les hypothèses émises. Ils progressent ainsi, pas à pas, sur le chemin qui conduit à la solution du problème à résoudre. Solution à laquelle le maître apporte les retouches nécessaires.

Ajoutons, que les systèmes relationnels que l'on demande aux élèves de faire apparaître dans les espaces étudiés, doivent être simples, mais justes. Ainsi, on incitera les élèves à se méfier des pièges d'un déterminisme simplificateur (induit par le fameux *plan à tiroir* : relief, climat, végétation, sols), à donner la priorité à l'action des hommes sur les *conditions naturelles,* et à rechercher avant tout la manière dont l'espace à été façonné par les sociétés humaines.

Concluons, en jetant un œil du côté du collège. Traitant de la séquence magistrale, l'Inspection générale écrit, dans son rapport de 1990. «*Si le cours dialogué reste la technique dominante et aussi la mieux maîtrisée, les pratiques pédagogiques centrées sur l'activité personnelle de l'élève, l'utilisation des ressources du CDI, la conduite de Projets d'action éducative gagnent du terrain et tendent à occuper une part croissante du temps d'enseignement. Faut-il ajouter que leur progrès est lié à l'engagement personnel des enseignants, au développement du travail en équipe et aux ressources de l'établissement et de son environnement ?*»

Une telle appréciation peut largement s'appliquer à l'école primaire.

Les sujets d'étude

Les *sujets d'étude* visent, dans l'appropriation des connaissances, à donner le pas à l'activité de l'élève sur la transmission magistrale. Alors que la leçon *ex cathedra,* ou même dialoguée, relève d'une pédagogie impositive ou transmissive – dite encore péjorativement *pédagogie de l'empreinte* – les sujets d'étude se réfèrent aux théories *constructives* du savoir. Théories selon lesquelles les individus s'approprient les connaissances en organisant celles qu'ils possèdent déjà, et en mettant en œuvre leur propre *style d'apprentissage.* Notons que les sujets d'étude répondent au vœu de Jules Ferry qui demandait (déjà!) aux enseignants d'utiliser des méthodes *qui consistent non plus à dicter, comme un arrêt, la règle à l'enfant, mais à la lui faire trouver.* (Certes, on ne parle plus aujourd'hui de *découverte,* mais de *construction* du savoir, il n'en reste pas moins que la mouvance conceptuelle est la même.

Les sujets d'étude dans les Instructions officielles

Les sujets d'étude ne sont pas une nouveauté dans notre système d'enseignement. Ils se situent dans la lignée de la pédagogie Freinet, et de celle de l'*éveil* qui en découle. N'oublions pas que cette dernière ne se veut pas fin en soi, mais moyen permettant à l'enfant d'accéder à la connaissance. L'expression *sujet d'étude* apparaît pour la première fois dans les Instructions de 1980. Il s'agissait alors de pallier les dérives de l'*éveil* pur et dur, tout en préservant ses principaux acquis. Les sujets d'étude, lit-on dans ces Instructions, doivent être «*ancrés dans le réel observable par les élèves, ou abordés à l'aide d'une documentation se substituant à l'événement proche et permettant d'élargir, dans l'espace et le temps, le champ d'investigation*».

Les Instructions de 1984 placent véritablement les sujets d'étude *sur orbite.* Ceux-ci sont au nombre de *4 ou 5 par an, dans la limite de 6 à 8 heures chacun.* Le temps qui leur est imparti ne doit pas excéder la moitié de l'horaire total consacré à la discipline (arrêté du 18/6/86). Léger recul en 1985 (on est passé de Savary à Chevènement) : aux Cours Élémentaire et Moyen, le nombre des sujets d'étude pour l'histoire et la géographie est fixé à 3 ou 4 par an, et leur durée totale ne peut excéder le tiers de l'horaire annuel, soit 24 heures. La géographie disposant de 12 heures, on peut choisir de traiter chaque année 2 sujets d'étude de 6 heures, ou 4 de 3 heures, si on ne craint pas de trop s'éparpiller.

Le but des sujets d'étude est d'aider l'élève *à découvrir et à approfondir des questions d'histoire et de géographie figurant au programme* (I.O., 1985). Ce qui met l'accent sur leur complémentarité par rapport aux séquences d'enseignement. Ainsi, le sujet d'étude peut introduire la présentation par le maître de telle ou telle partie du programme, ou au contraire approfondir, développer, prolonger certains aspects de ce programme. Il peut également permettre l'étude de thèmes nécessitant une approche interdisciplinaire, comme ceux relatifs à l'environnement. Il va de soi que les sujets d'étude, le plus souvent possible, font une place éminente au milieu local.

Fiche 52

Comment conduire un sujet d'étude ?

La démarche mise en œuvre dans les sujets d'étude, est une démarche inductive, correspondant à celle de l'éveil. Une question étant posée, il s'agit pour les élèves d'y répondre. Et cela en utilisant largement les travaux de groupe.

Le traitement d'un sujet d'étude peut comprendre les étapes suivantes :

– Définition du thème à étudier (en extension et en compréhension).

– Première exploration du thème ou de la réalité qu'on se propose d'analyser : enquêtes, visites, analyse de documents.

– Élaboration d'une problématique : questions des élèves, confrontation et organisation de ces questions.

– Élaboration d'hypothèses.

– Recherche et traitement de documents complémentaires pour confirmer ou infirmer les hypothèses.

– Synthèse, au cours de laquelle le point est fait sur la recherche effectuée et les connaissances acquises, celles-ci étant replacées dans le contexte général évoqué dans les séquences magistrales.

– Évaluation : de la méthode, des savoir-faire (on vérifie leur caractère opératoire, grâce à la mise en œuvre de situations de transfert), et des connaissances acquises.

Les élèves conservent une trace écrite de leurs travaux, tant en ce qui concerne les recherches effectuées, que leurs résultats (cartes, résumés, schémas, graphiques, tableaux...)

Rôle du maître dans la conduite d'un sujet d'étude

Quant au rôle du maître, il est important tout au long de chacune des étapes de mise en œuvre du sujet d'étude. Au début, le maître aide les élèves à définir le sujet d'étude, avant de préciser les objectifs notionnels, de savoir-faire et de comportements, qui lui sont assignés. Le maître aide encore les élèves à élaborer la problématique du sujet d'étude.

Il prépare ensuite la documentation et organise le travail de groupe. Lors de la mise en œuvre du sujet d'étude, l'enseignant, *qui sait*, ne joue pas à cache-cache avec celui *qui ne sait pas*. S'il ne fournit pas les réponses, et ne se substitue pas aux élèves pour réaliser les études nécessaires, il les guide néanmoins, et leur suggère, au moment opportun, l'outil qui leur permettra de progresser. Ce qui suppose beaucoup de tact, et une grande attention aux réactions des enfants.[1] Le rôle du maître n'est pas moins déterminant au moment de la synthèse et de l'évaluation du sujet d'étude.

Disons, en conclusion, que les sujets d'étude ne doivent pas être considérés comme *un compromis entre novateurs et traditionalistes, comme une alternance entre une pédagogie active et une pédagogie réceptive.*[2] La pédagogie mise en œuvre dans les sujets d'étude, comme celle utilisée dans les séquences magistrales, est en effet une *pédagogie de l'activité*, associant nécessairement « *les moments où l'enfant découvre et élabore progressivement son savoir, et ceux où il revient au maître d'expliquer et d'apporter directement les connaissances (I.O., 1985)* ».

1. *Histoire et géographie à l'école élémentaire, pour une mutation*, op. cit., p. 35.
2. M. Gérard, *Les sujets d'étude dans l'enseignement de l'histoire*, unité de travail du centre de formation des IDEN, Paris, 1985-86.

La trace écrite

Le temps n'est plus où l'oral régnait en maître à l'école. Pour clarifier les cours et les leçons, les organiser, les mettre en relation, les consolider et les mémoriser, il est nécessaire, à un moment ou à un autre, d'écrire quelque chose à leur propos. La forme la plus courante de cette nécessaire *trace écrite*, est le résumé, que certains voudraient voir jeter aux orties, et que les manuels d'aujourd'hui, conscients de son caractère indispensable, redécouvrent sous des appellations diverses : *synthèse*, *retenons* ou encore : *savoir l'essentiel*.

Le résumé, sous réserve qu'il constitue véritablement une synthèse, qu'il soit court (sa longueur et la complexité de son vocabulaire étant fonction de la classe), rédigé en phrases simples et avec le concours des élèves, au fur et à mesure que progresse la leçon, a toujours sa place à l'école élémentaire. Donnant aux élèves l'occasion d'écrire, il remplace avantageusement les polycopiés divers qui prolifèrent aujourd'hui dans les salles de classe.

Mais les séquences magistrales, tout comme les sujets d'étude, peuvent donner lieu à des *traces* qui ne prennent pas forcément la forme de textes. Tous les outils de représentation dont dispose la géographie doivent être utilisés, qu'il s'agisse des cartes (à compléter), des croquis, des plans ou des itinéraires ; des tableaux statistiques, des graphiques, et autres schémas, d'organisation ou systémiques.

Quant au support de la trace écrite, la sagesse veut qu'à l'école élémentaire on se contente du cahier, réservant le classeur – dont la souplesse lui permet d'être complétée ou remaniée en cours d'année, mais dont la difficulté de *gestion* est plus grande – au collège.

La correspondance scolaire

La correspondance scolaire peut constituer l'une des formes de la trace écrite, les élèves rendant compte à leurs correspondants de l'un de leurs sujets d'étude (surtout s'il correspond à une expérience vécue dans leur milieu). Mais la correspondance scolaire permet en outre de découvrir d'autres espaces, d'autres modes de vie. Aussi est-il intéressant d'entrer en relation avec des classes appartenant à un milieu différent du sien.

Les oppositions classique : urbain-rural, Nord et Sud de la France, campagne-montagne, sont à exploiter, dans une optique d'élargissement géographique. Si la possibilité existe d'avoir des correspondants à l'étranger, il faut la saisir, ne serait-ce que pour illustrer et concrétiser les différents éléments des programmes, lesquels ne sont pas aussi *franco-centristes* qu'on a voulu le dire.

La correspondance scolaire peut être complétée et enrichie par toutes les formules d'échanges et de classes de découverte (en France et à l'étranger), qui, pour peu qu'elles ne se réduisent pas à un simple voyage d'agrément, soient préparées et exploitées dans une optique d'ouverture géographique, sont de nature à permettre aux élèves de mieux comprendre le fonctionnement de leur espace proche, en le comparant à celui d'autres espaces, plus lointains.

Des exercices pratiques

Discipline concrète, susceptible de revêtir, dans certains de ces aspects, un caractère expérimental, la géographie se prête, dans son enseignement, à un certain nombre d'activités pratiques qu'il importe de ne pas négliger. On peut notamment citer :

– Les observations météorologiques, simples à effectuer et ne nécessitant pas un matériel coûteux. On observe et on note les températures (minima et maxima), les vents (échelle de Beaufort), les précipitations (dont on peut mesurer le degré d'acidité en vue d'une réflexion environnementale), la pression, l'état du ciel. Cette observation des éléments du *temps qu'il fait* sert d'introduction à la détermination des composantes du climat. Il est intéressant pour cela de prolonger au-delà d'une année scolaire les observations journalières, et d'établir des bilans saisonniers et annuels.

– Mesure du débit d'un cours d'eau à différentes époques, et approche de son régime.

– Réalisation d'un levée topographique, celui d'une route par exemple.

– Réalisation d'un plan en relief (modelage ou cartonnage).

– Participation, avec une autre classe (correspondants), à une *course d'orientation* ou à une *course au trésor*, dans laquelle, à l'aide de balises munies de consignes échelonnées le long du trajet, on parcourt un itinéraire, en vue d'atteindre un point donné de l'espace.

– etc...

L'évaluation des acquis

S'il ne convient pas, comme on a parfois tendance à le faire, de donner le pas à l'évaluation sur les acquisitions, il n'en reste pas moins nécessaire de vérifier ce qui a été acquis et ce qui ne l'a pas été, ainsi que la justesse et le degré des acquisitions, afin d'être en mesure de compléter et de rectifier les choses, en rééquilibrant les interventions magistrales, et en modifiant l'orientation des activités de la classe.

L'évaluation renvoyant à la didactique de la géographie, concerne tout à la fois les connaissances factuelles, dont il faut contrôler l'acquisition, et les savoir-faire et les notions, dont il convient d'évaluer le niveau de construction. Ce qui revient à dire que l'évaluation en géographie est à la fois sommative et formative.

S'agissant des savoirs, vérifier l'acquisition des connaissances *déclaratives* (vocabulaire, localisations) est nécessaire, ne serait-ce que parce que cette *évaluation-restitution* permet de contrôler le travail des élèves et d'apprécier leur faculté de mémorisation. Sous réserve que l'évaluation ne s'y réduise pas, les questions du type Q.C.M., les exercices consistant à compléter une carte muette (nomenclature, légende) ou un tableau, à trouver des mots (texte à trous), à barrer l'affirmation fausse, à localiser des lieux sur une carte, ne sont pas à rejeter.

En ce qui concerne les savoir-faire, nous énumérons ceux devant être acquis à l'entrée en Sixième (Fiches 53-54). Il appartient aux enseignants de mettre au point les exercices, oraux ou écrits, et les activités diverses, destinés à vérifier la maîtrise de ces savoir-faire, c'est-à-dire leur caractère opératoire. Les *outils* ou *techniques* acquises par l'élève doivent en effet pouvoir être réutilisés dans des situations comparables à celles de leur acquisition (orientation avec carte et boussole, construction de diagramme à partir de tableaux de données, etc.)

Fiche 53

Savoir-faire devant être acquis à l'école

OBSERVATION ET ANALYSE DES MILIEUX SUR LE TERRAIN	MAT.	CP	CE	CM
Décrit les éléments d'un ensemble	x			
Reconnaît les éléments d'un ensemble		x	x	x
Classe les éléments d'un ensemble			x	x
Analyse les éléments d'un ensemble			x	x
Y distingue les éléments naturels			x	x
Y distingue les marques d'activités humaines		x	x	
Met en relation les éléments d'un ensemble		x	x	

OBSERVATION ET ANALYSE DE DOCUMENTS
Décrit, reconnaît des diapos, des images fixes
Explique, classe, analyse des diapos, des images fixes
Décrit, analyse un film, un enregistrement
Explique un film, un enregistrement
Décrit, reconnaît, classe, explique, analyse : article de presse, texte montage, document original

RECHERCHE, EXPLOITATION D'UNE DOCUMENTATION	MAT.	CP	CE	CM
Recherche de documents correspondant aux objectifs poursuivis			x	x
Reconnaît différents types d'ouvrages			x	x
Se sert d'un livre : table, index			x	x
Se sert d'une revue, d'un journal				x
Organise des collectes prolongées d'information			x	x
Assure des collectes prolongées d'information		x	x	x
Utilise presse, radio, T.V. : apport d'information			x	x

L'ENQUÊTE
Elle est à mener à tous les niveaux. À ses différents stades, il y aura un degré de complexité et d'approfondissement variable selon la classe.
Stades de l'enquête :
– définir un projet
– élaborer un questionnaire
– organiser le travail d'enquête
– conduire l'enquête
– réaliser la synthèse d'informations
– dégager les idées générales de cette synthèse
– réaliser un compte rendu d'enquête
– être capable de l'exposer

D'après : *Histoire et géographie pour un enseignement cohérent de la maternelle au CM2*, J.-P. Jessenne, J.-P. Mairesse, C.R.D.P. de Lille, 1987

S'agissant enfin des notions, écartons d'emblée le *par cœur* comme moyen d'évaluation. Ce qu'il s'agit d'évaluer, ce n'est en effet pas l'acquisition d'une certaine *habitude verbale*, mais le niveau de construction des notions. Nous donnons (Fiche 55) une grille d'objectifs concernant *l'espace social*, élaborée par les équipes de recherche de l'I.N.R.P.[1] Il convient là encore de concevoir des activités permettant d'évaluer le degré de construction des notions. Activités à base d'images, de cartes, de croquis ou de graphiques.

1. M. Clary, «Évaluation des concepts à l'école élémentaire», in *Quatrième rencontre nationale sur la didactique de l'histoire, de la géographie et des sciences économiques et sociales*, op. cit.

Fiche 54

Savoir-faire devant être acquis à l'école

UTILISATION DE LANGAGES SPÉCIFIQUES SIMPLES	MAT.	CP	CE	CM
Utiliser un vocabulaire adapté, élémentaire propre à la géographie			x	x
Utiliser des langages graphiques comme : – sources d'information				x
– éléments de réflexion			CE2	x
– moyen d'expression				x
Lit et élabore : – des graphiques				x
– des organigrammes				x
– des éléments de statistiques				x
– des croquis, des schémas			x	x
– des cartes, analytiques, synthétiques			x	x
– des modèles graphiques				
Utilise des outils et des techniques de calcul et de mesure – distances, temps, vitesse			CE2	x
– échelles de cartes				x
– aires, volumes				x
– angles				x
– rapports de proportionnalité				x
Utilise outils et techniques de l'orientation : – s'oriente par rapport à un point		x	x	x
– utilise les points cardinaux			x	x
– utilise la boussole			x	x
– s'oriente sur une maquette, un plan		x	x	x
– oriente une maquette, un plan		x	x	x
Utilise des appareils audiovisuels		x	x	x
Réalise des montages audiovisuels			x	x

LOCALISATION DES REPÈRES	MAT.	CP	CE	CM
Est capable de localiser des repères sur			x	x
– une photographie aérienne			x	x
– un plan			x	x
– une carte régionale			x	x
– une carte de France			x	x
– une carte de l'Europe				x
– un atlas				x
– un globe terrestre				x
– un planisphère				x

Grille d'objectifs notionnels : espace social

Fiche 55

ESPACE SOCIAL sous-notions	**Spécification de de l'ensemble notionnel**	**Actes cognitifs correspondants**
Territorialité	L'espace est une étendue	L'enfant repère et localise le lieu. Il détermine les limites d'un territoire.
	Distance à franchir	Il apprécie la distance en kilomètres. Il apprécie la distance en coût, temps, distance psychologique.
	Position	Il situe un lieu, un territoire à l'intérieur d'un système et à une époque donnée (réseau urbain, région/nation...).
Organisation socio-spaciale	Fonctions de l'espace	Il identifie la fonction dominante (production, habitat, échanges, service...).
	Espaces différentiels pour un individu	*Un individu dépend de plusieurs espaces.* L'enfant caractérise ces espaces. Il détermine le statut d'un adulte.
	Espaces différentiels pour un groupe	Il détermine la relation d'un groupe à un espace. Il appréhende un groupe territorial à différentes échelles – au niveau du vécu (quartier, village...) – au niveau du construit (ville, région, nation...). Il appréhende des groupes non territoriaux (entreprises, groupes culturels, syndicats). Il appréhende des espaces sociaux créés par des activités (mouvements pendulaires, zones de chalandises...).
Les combinaisons	Rapports géographiques	Il appréhende et analyse • les rapports économiques perçus au travers des unités de production, d'échange de biens, de services • les rapports écologiques à l'aval du fait humain équilibre/rupture d'équilibre (pollution, surexploitation) • les rapports sociaux qui unissent les hommes ou les opposent • les rapports historiques en se sensibilisant sur – la permanence des structures – les problèmes de dysfonctionnement • les rapports psychologiques en prenant conscience – du sentiment d'appartenance, des racines – du phénomène de marginalité.

ESPACE SOCIAL sous-notions	**Spécification de de l'ensemble notionnel**	**Actes cognitifs correspondants**
Échelle spatiale	Espaces emboîtés et hiérarchisés	L'enfant perçoit les espaces emboîtés *coquilles de l'homme.* Il appréhende des relations entre ces espaces (flux de personnes, biens, capitaux, information.
	Concept de classe socio-spatiale	Il appréhende des relations dissymétriques (centralité, polarisation, aire, foyer/aire marginale.
	Mutations d'échelle	Il perçoit que les relations changent en changeant d'échelle.
Espace jeux	Nature juridique	Il dénomme la nature : public, semi-public, privé.
	Réglementation de l'espace	Il énonce les règles. Il s'interroge sur la pertinence des règles, une relation décideur/utilisateur.
	Signes d'intervention des pouvoirs dans l'espace	Il interprète les symboles du pouvoir.
	Les décisions	Il analyse le rôle des preneurs de décision.
	Conflits d'intérêts, de pouvoirs	Il analyse des processus de décision. Il détermine les enjeux dans une situation-problème.
Dynamique de l'espace	Espace-équilibre	Il analyse le paysage, produit social à l'articulation de l'espace, du temps. Il procède à une lecture diachronique de l'espace à partir de signes visibles (reconstruire d'autres modes de fonctionnement). Il procède à une lecture synchronique (trames, réseaux). Il modélise l'espace, rétroaction positive, négative.

6

Quelques thèmes d'étude

SOMMAIRE

Fiche 56

Je réalise le plan de ma classe cycle 2

Motivation : Nous allons dessiner notre classe et indiquer la place de chacun d'entre nous, afin de faire connaître à nos correspondants le cadre de notre travail.

SÉQUENCE 1
DÉCOUVERTE INTUITIVE DE CE QU'IL CONVIENT DE FAIRE POUR ÉLABORER UN PLAN

– Recensement des différents éléments de la classe à représenter (entretien).

– Réalisation, par groupe, d'une première approche dessinée de la classe, sans qu'aucune indication n'ait été donnée (sens de la feuille, prise de points de repère, dénombrement des tables...)

– Affichage des dessins réalisés. Commentaire de chacun d'eux par l'un des membres du groupe qui l'a réalisé, puis par la classe entière. Le maître guide, oriente. On écrit au tableau les conclusions auxquelles on a abouti.

• **Pour faire le plan de la classe,** il convient :

– De réaliser une vue de dessus du mobilier

– De représenter les divers éléments du mobilier (symbolisation) en tenant compte de leurs proportions respectives.

– De déterminer l'emplacement occupé par chaque élément du mobilier. Indication des vides par rapport aux pleins (organisation de l'espace).

SÉQUENCE 2
PASSER DU VOLUME AU PLAN

• **Utilisation de divers objets de formes et de volumes variés,** gomme, crayon (debout, couché); globe terrestre, livres, cubes... Tracé de la projection verticale de ces objets (recherche individuelle, correction par le maître).

• **Travail identique à partir d'images de catalogues,** ex : passer d'une table (trois dimensions) à sa trace au sol (deux dimensions).

• **Travail identique,** mais ne portant plus sur des objets ou des images, mais sur le mobilier de la classe. Les enfants visualisent le dessus du mobilier : armoire, tableau, casiers... (Travail individuel contrôlé par le maître).

SÉQUENCE 3 :
PASSER DE LA MAQUETTE AU PLAN

• **Réaliser une maquette de la classe** (approche des notions de réduction et d'échelle).

– Représentation du mobilier de la classe à partir d'un ensemble d'objets aussi hétéroclite que possible : grande boîte d'allumettes figurant une armoire, petites boîtes d'allumettes figurant les tables des élèves. (Quel objet représentera le tableau ?). S'assurer que les proportions entre les objets utilisés correspondent approximativement à celles existant entre les meubles.

– Disposition de ces objets à l'intérieur d'une grande boîte en carton figurant le plancher et les murs de la classe. Cette organisation de l'espace suppose que des mesures aient été prises à l'intérieur de la classe, et que celles-ci aient été réduites.

• **Mettre à plat la maquette** (travaux de groupe).

– Consigne : reconstituer la classe telle qu'elle est disposée, à l'aide de la maquette. Pour cela, plonger les objets (face inférieure) dans de la peinture et les appliquer, à leur place, sur le plan (on aura pu au préalable en tracer les contours).

– Comparaison des réalisations.

– Correction. Amendements.

– Choix du meilleur produit : essai d'oralisation des composantes du plan.

• Le maître reprend les propositions orales au fur et à mesure qu'elles sont énoncées et les inscrit au tableau.

• **Légender le plan de la classe.** Discussion concernant le choix d'un codage de couleurs suivant la fonction des différents éléments du mobilier (travaux de groupe, discussion collective, choix par la classe).

Quelle couleur pour :

– ce qui sert aux ateliers ?

– ce qui sert au maître (bureau, chaise) ?

– ce qui sert aux élèves ?

– ce qui sert au rangement ?

Les objets sont peints aux couleurs attribuées au mobilier qu'ils représentent.

SÉQUENCE 4
PROLONGEMENTS

• **Circuler dans la classe :** renforcement de quelques notions spatiales : gauche, – droite, – devant, – derrière, ...

– Chaque élève dispose d'un plan polycopié.

– Le maître et/ou les élèves suivent des itinéraires dans la classe, que les autres enfants reproduisent sur leur plan (codage).

– Décodage d'un itinéraire préalablement oralisé : je vais au tableau, je passe devant Nathalie, je tourne à gauche...

• **Aménager autrement la salle de classe.**

– On pourra proposer à chaque groupe de réaliser, grâce à la maquette, un aménagement de la classe qui lui convienne mieux.

– On obtiendra ainsi d'intéressants échanges sur l'attrait et la fonctionnalité des divers coins de la classe : coin-lecture, coin-peinture, atelier de mathématiques, coin-élevage etc.

– Par le truchement de ces discussions sur les aménagements possibles de la salle de classe (ou de la salle polyvalente), on pourra impliquer effectivement les enfants dans l'organisation de leur lieu de travail, et adopter une disposition, temporaire ou définitive, en fonction des arguments développés.

Fiche 57

J'apprends la carte

SÉQUENCE 1
QU'EST-CE QU'UNE CARTE?

Il s'agit d'expliquer à un visiteur extraterrestre ce qu'est une carte. La classe répond pour cela aux questions posées par le maître :

– Qu'évoque pour vous le mot carte ? (Réponses individuelles écrites)

On note au tableau les mots ou idées évoquées, avec leur occurrence. (Mise en évidence des représentations des élèves).

– Quels adjectifs emploieriez-vous pour qualifier une carte? (même procédure)

– Quelles différences faites-vous entre la carte et le plan, le globe et la photographie? (débat oral)

– Quelle serait votre définition de la carte? (activité de groupe)

• chaque groupe définit par écrit la carte

• on compare les définitions

• on cherche la ou les définitions données par les dictionnaires.

SÉQUENCE 2
DE LA PHOTOGRAPHIE AÉRIENNE À LA CARTE

Examen d'une photographie aérienne et d'une carte représentant le même espace.

– Concordance des deux (points de repère)

– Ressemblances

– Différences

• **Comparer les symboles** figurant dans la légende de la carte à leur réalité photographique.

• **Imaginer des symboles** pour compléter la carte à l'aide de la photographie aérienne.

• **Conclusions**

– La photographie montre la réalité, la carte la suggère.

– La photographie est totale, la carte est sélective.

– Importance de la prise de vue à 90° pour que la photographie se rapproche le plus possible de la carte.

SÉQUENCE 3
LES DIFFÉRENTS TYPES DE CARTES

• **Rassembler et observer** la plus grande variété possible de cartes (y compris celles figurant dans les manuels, les journaux, les magazines, etc.).

• **Trouver des critères de classement** et dresser un tableau des différents types de cartes examinés.

• **Pour chaque carte, dresser la liste des objets** ou des phénomènes représentés.

• **Chercher**

– Le type de carte le plus courant

– Les cartes qui ne donnent qu'un renseignement et celles qui en fournissent plusieurs

– Celles qui mettent en rapport les phénomènes représentés

– Celles qui se rapprochent le plus de la photographie aérienne

– Celles qui sont le plus utiles dans la vie courante

– Dans quelle profession une carte du relief peut-elle être utile ?

• **Comparer plusieurs cartes** représentant la région où se trouve l'école (carte routière, topographique : hachures, courbes de niveau ; plan cadastral, parcellaire, directeur...)

• **Établir une statistique des types de cartes** figurant dans une série de manuels de géographie (cartes politiques, topographiques, climatiques : températures, précipitations, végétation ; économiques : agriculture, productions industrielles : énergie, matières premières, sites industriels, transports ; démographiques ...)

• **Expliquer une telle répartition.**

SÉQUENCE 4

QUELS SONT LES DIFFÉRENTS ÉLÉMENTS D'UNE CARTE ?

Les symboles (analogiques, conventionnels : figures géométriques, points, lignes...), le titre, les couleurs, la légende, les mots et les chiffres accompagnant les symboles, la rose des vents, l'échelle...

• **Recherche concernant le titre :** place, type d'écriture, pertinence, absence...

• **Les couleurs**

– Trouver, sur différentes cartes, ce qui est représenté avec la même couleur.

– Trouver, sur une même carte, ce qui est représenté avec la même couleur.

– Répartition des couleurs claires et des couleurs sombres, signification des blancs, couleurs symboliques (vert de la végétation), et couleurs arbitraires. Rôle des couleurs : fonctionnel, esthétique, etc.

• **Les lignes :** (cartes routières)

– Quelle différence existe-t-il entre les symboles représentant les routes (différents types), les rivières, les frontières, les chemins de fer ?

– Répertorier les différents types de routes et leur représentation.

– Quels symboles sont placés sur les routes ? Que représentent-ils ?

• **Les figures et dessins divers** représentant les campings, les refuges en montagne, les églises et les aéroports, les cols... Classer ces différents symboles en figuratifs et non figuratifs (cartes routières).

• **Les lettres et les chiffres :** (cartes routières) rechercher la distance entre différentes villes, construire des itinéraires : en bicyclette, en voiture. Repérer les altitudes, étudier la manière dont sont indiquées les villes : symboles, écriture du nom.

• **Étude de la rose des vents :** description, signification, utilisation. En séance de dessin, représenter différentes roses des vents stylisées.

Fiche 57

• **Étude de la boussole :** en classe, dans la cour. Orienter l'école.

– Orienter la carte topographique locale à l'aide de la boussole.

– Se déplacer de l'école au terrain de sports, en utilisant la boussole et la carte.

SÉQUENCE 5
L'ÉCHELLE

• **Comparer plusieurs cartes de la région** où se trouve l'école. Quelle est la carte donnant le plus de détails ? Prise de conscience de la notion d'échelle.

• **Mesurer sur ces cartes certaines distances.** Établir le rapport entre les distances réelles et celles mesurées sur la carte.

• **Comparer les rapports établis** avec l'indication de la légende. Lier cette leçon à l'étude des fractions en CM2.

• **Quand parle-t-on de carte à grande et à petite échelle ?**

• **Comment est représentée l'échelle** dans la légende des cartes (explicitement, numériquement, graphiquement)?

Fiche 58

J'étudie un ruisseau dans ma commune

Objectifs : Acquisition des notions de débit, de régime, de profil d'un cours d'eau (observations répétées au cours de l'année).

PRISE DE CONSCIENCE DE LA NOTION DE DÉBIT

Recherche des conditions de remplissage rapide d'un récipient. (Expériences avec un robinet ou un tuyau d'arrosage).

Conclusion à mettre en évidence :

remplissage rapide → ouverture maximum

remplissage lent → ouverture faible (écoulement lent).

MESURE APPROXIMATIVE DE LA VITESSE
DU COURANT D'UN RUISSEAU

• Approche en classe de la notion de vitesse (voitures, course à pied, course cycliste).

• On décide de mesurer la vitesse du courant (distance parcourue en 1 seconde) d'un ruisseau du voisinage.

Procédure :

• Observer le courant à divers endroits du ruisseau

• Mesurer sa vitesse au centre du ruisseau

• Fixer un point de départ (A)

• Lancer un flotteur (bouchon, balle de tennis, morceau de bois)

• Attendre 10 secondes (chronomètre)

• Repérer l'endroit où le flotteur est arrivé (B)

- Mesurer la distance A B
- Recommencer l'opération avec 2 équipes
- Résultats (immédiats ou en classe)

v/s = AB /10

En cas d'écart entre les 2 groupes, faire la moyenne des 2 vitesses obtenues.

L'étude de documents permet d'aboutir aux conclusions suivantes, en ce qui concerne la vitesse d'un courant :

Courant très lent : < 10 cm à la seconde

Courant lent : de 10 à 25 cm à la seconde

Courant moyen : de 25 à 50 cm à la seconde

Courant rapide : de 50 à 100 cm à la seconde

Courant très rapide : > 100 cm à la seconde

Mesure approximative du débit du ruisseau

- **Volume d'eau écoulé en 1 seconde**

– Mesurer la largeur du lit : (L) (choisir un lieu où le lit est régulier)

– Mesurer la profondeur (P) en 2 points A et B

– Réaliser la moyenne

– Le débit aura pour mesure : D = L x P x V

– Expliciter la formule (notion de volume)

Découverte du régime du ruisseau

- **Ensemble des variations habituelles du débit au cours de l'année**

Établir un tableau des observations de débit réalisées :

– En un lieu d'observation donné : variations saisonnières.

– En 2 ou 3 lieux d'observation : variations le long du cours du ruisseau.

– Observations sur divers cours d'eau d'un même réseau hydrographique (échanges entre écoles).

Études complémentaires :

– Crues, étiages (relations avec le climat, le sol, la végétation, l'intervention humaine).

– Comparer les caractères hydrologiques des grands fleuves français.

Établissement du profil d'un cours d'eau

- **Mise en relation de sa longueur et de sa pente**

– Repérer sur la carte au 1/25 000 le cours d'eau étudié.

– Prendre des repères réguliers tout au long de son cours.

– Déceler les diverses formes du relief (noter les cotes d'altitude).

– Calculer la longueur du ruisseau.

– Reporter sur du papier millimétré les renseignements recueillis.

Fiche 59

Je prends conscience de l'évolution de l'agriculture dans ma commune

(Plébo, Côtes d'Armor) (1)

Trois séances sont consacrées à cette étude, qui repose sur l'analyse de deux documents : le recensement général de l'agriculture (R.G.A.) de la commune en 1979-1980 et 1988.

SÉQUENCE 1
APERÇU SUR L'ÉVOLUTION DE L'AGRICULTURE DANS LA COMMUNE

• **Étude du document «R.G.A. 1988» (voir Fiche 60).**

– Lecture silencieuse.

– Réflexion collective sur le document.

– Que signifie les sigles R.G.A (recensement général de l'agriculture), et S.A.U (surface agricole utilisée)?

– Nature du document : provenance, date, lieu d'émission.

– Quels renseignement ce document donne-t-il? (en établir la liste).

• **Étude du document «R.G.A. 1979-1980» (voir Fiche 61).**

– Même démarche.

– Ce document donne les résultats du R.G.A. de 1970 (en plus des résultats de 1979-1980).

• **Élaboration collective d'une synthèse**

Les deux documents présentés page 230 et 231, montrent l'évolution, de 1970 à 1988 :

– Du nombre d'exploitations.

– Du cheptel.

– Des surfaces consacrées aux cultures (remembrement en 1979, construction d'un aérodrome en 1985, établissement d'une zone artisanale en 1980).

Cette évolution correspond-elle à l'évolution française? (travail de recherche hors temps scolaire).

SÉQUENCE 2
NOMBRE ET DIMENSIONS DES EXPLOITATIONS AGRICOLES

À l'aide des renseignements recueillis dans les documents, compléter le tableau N° 1.

Représenter graphiquement (papier millimétré) l'évolution (1970-1979-1988) du nombre des exploitations de 1 à 10 ha, 10 à 20 ha, 20 à 35 ha, plus de 35 ha.

Expliquer cette évolution.

Conclusions. Élaboration collective d'une synthèse.

• De 1970 à 1988 la S.A.U. a augmenté, puis diminué

– Remembrement (1976)

– Terrain d'aviation (1985)

– Zone artisanale (1980)

• La surface moyenne des fermes a augmenté de 7 ha en 20 ans.

• Diminution du nombre des exploitations

• Une petite exploitation (jusqu'à 20 ha) sur deux a disparu.

• Le nombre des grandes exploitations (plus de 35 ha) a augmenté de 8 à 29 en 20 ans.

• Cette évolution répond à des problèmes de rentabilité.

SÉQUENCE 3
ÉVOLUTION DES SURFACES CONSACRÉES AUX DIFFÉRENTES CULTURES

Compléter le tableau N° 2.

Représenter graphiquement l'évolution (1960, 1970, 1979, 1988) des surfaces consacrées aux céréales, aux pommes de terre, aux cultures fourragères.

Expliquer cette évolution.

Conclusion. Élaboration collective d'une synthèse.

– Disparition de la culture des pommes de terre.

– La S.R.U a augmenté puis diminué (voir séquence 2).

– Très nette évolution de 1970 à 1979 (cela se stabilise de 1979 à 1988).

– Noter l'apparition et le développement d'une culture nouvelle, celle du maïs pour le fourrage, qui occupe maintenant presque la moitié de la surface consacrée aux cultures fourragères.

SÉQUENCE 4
LES PRODUCTIONS ANIMALES. ÉVOLUTION DU CHEPTEL DE 1970 À 1988

Compléter le tableau N° 3.

Représenter graphiquement l'évolution (1970, 1979, 1988) du nombre des bovins, porcins, volailles.

Expliquer cette évolution.

Conclusion. Élaboration collective d'une synthèse.

• La production de porcs a subi une croissance exceptionnelle, due à l'industrialisation des exploitations agricoles.

• Le nombre des vaches laitières augmente, puis diminue : problème des quotas laitiers (1984).

• Apparition d'une nouvelle production (canards).

• Fortune très diverse pour l'élevage des volailles, le nombre des poules est en augmentation, l'élevage des poulets et des dindes en difficulté.

SÉQUENCE 5
ÉLABORATION COLLECTIVE D'UNE SYNTHÈSE GÉNÉRALE SUR L'ÉVOLUTION DE L'AGRICULTURE À PLÉBO DE 1970 À 1988

1. Document émanant de la circonscription de Guingan II, IEN : P. Charlot

Fiche 60

R.G.A. 1979-1980

TAILLE et SUPERFICIE des EXPLOITATIONS

Classe S.A.U. (ha)	Nbre d'exploita. RGA 1970	Nbre d'exploita. RGA 1979	S.A.U. (ha) correspondante RGA 1970	S.A.U. (ha) correspondante RGA 1979
moins de :	7	8	6	3
1 - 2	28	13	37	18
2 - 5	41	21	139	72
5 - 10	28	32	214	245
10 - 20	70	36	1 071	542
20 - 35	65	60	1 690	1 576
35 - 50	8	12	315	469
50 et +	-	10	-	679
ENSEMBLE	247	192	3 471	3 604

dont S.A.U. en priorité : 1 491

ÂGE des CHEFS d'EXPLOITATION

Classe d'âge du chef d'exploitation	Nbre d'exploita. RGA 1970	Nbre d'exploita. RGA 1979	S.A.U. corresp. RGA 1979
moins de 35	23	26	460
35 - 49	111	57	1 323
50 - 54	18	46	1 032
55 - 59	32	44	676
60 - 64	28	12	90
65 et +	35	7	22
ENSEMBLE	247	192	3 604

UTILISATION des SOL (ha)
cultures principales seulement dérobées exclues

Catégorie de cultures	RGA 1970	RGA 1979
Surface agricole utilisée	3 471	3 604
Blé	517	601
Orge	827	800
Avoine	192	127
Maïs-grain	108	176
Céréales-grain	1 686	1 719
Pommes de terre	74	20
Betteraves	167	78
Maïs-fourrage	109	435
Total cultures fourragères	946	1 274
Légumes		
– plein champ	46	13
– maraîchage	–	3
Superficie toujours en herbe	284	332

CHEPTEL

Catégorie d'animaux	RGA 1970	RGA 1979
Vaches laitières	1 640	1 710
Total vaches	1 657	1 782
Total bovins	3 282	3 968
Brebis-mères	65	155
Total ovins	80	211
Total équidés	41	29
Truies mères	1 659	3 324
Total porcins	13 999	31 789
Poules et poulettes	10 936	59 527
Poulets de chair	1 156	59 797
Dindons et dindes	126	15 492
Pintades	36	73

Population- Emplois	RGA 1970	RGA 1979
Population total des exploitations	1 058	737
– dont actifs familiaux (y. c. chef)	564	396
Nbre de salariés permanents	45	31
Nbre d'expl. en ayant		26
C. Ex. ayant une retraite		18
C. Ex. avec une activité Ext. principale	20	20
C. Ex avec une activité Ext. secondaire	16	14

Nbre d'expl. ayant	RGA 1970	RGA 1979
au moins 1 bovin	214	147
au moins 1 vache	209	131
au moins 10 vaches		68
au moins 1 porc	207	135
au moins 1 truie	126	93
au moins 10 truies		65
1 installation de traite	53	73

Fiche 61

R.G.A. 1988

RÉSULTATS PROVISOIRES – R.G.A /88

EXPLOITATION SELON LA TAILLE EN S.A.U.	Nb Exploit.	S.A.U. ha
Moins de 1 ha	4	–
De 1 à - de 2 ha	16	21
De 2 à - de 5 ha	13	44
De 5 à - de 10 ha	21	155
De 10 à - de 20 ha	32	442
De 20 à - de 35 ha	52	1 390
De 35 à - de 50 ha	18	710
De 50 et plus	11	718
ENSEMBLE	167	3 480

CLASSE D'AGE	POPULATION FAMILIALE Chef. d'expl.	P. AGRICOLE Y. C. Chefs	SALARIÉS
< à 25	1	239	7
25 - 34	33	84	2
35 - 49	39	91	2
50 - 54	29	41	1
55 - 59	27	48	1
> à 60	38	96	0
TOTAL	167	599	13

CULTURES	Nb	SURFACE
Blé	126	811
Orge	117	587
Avoine	51	73
Maïs-Grain	32	200
TOTAL CÉRÉALES	139	1 672
Maïs-fourrage	81	570
Prairie temporaire	115	624
TOTAL CULTURES FOURRAGÈRES	128	1 251
Colza	39	152
Pois Protéagineux	29	99
S.T.H.	90	248
Pommes de terre	6	3
Légumes (principal)		–
S.A.U.	163	3 480
Cultures fourragère en dérobée	11	27

CHEPTEL	Nb EXPL.	EFFECTIFS
Vaches laitières	64	1 289
Vaches nourrices	14	92
Veaux de boucheri	19	103
TOTAL BOVINS	98	3 091
Équidés	10	71
Chèvres	6	7
Brebis-mères	20	148
Truies-mères	64	4 488
Porcs engrais	82	23 485
TOTAL PORCINS	94	47 918
Lapines-mères	61	479
Pondeuses (cons.)	104	55 997
Pondeuses (repro.)	–	–
Poulettes	4	31 023
Poulets	41	7 331
Dindes	14	3 857
Pintades	6	178
Canards	21	12 692

MODE FAIRE VALOIR	Nb	SURFACE
Faire valoir direct	134	1 392
Fermage	123	2 088

EXP. SELON TAILLE EN U.T.A.	U.T.A. familiale Nb Expl.	U.T.A. TOTAL Nb Expl.
< 1	39	38
1 à 1,5	54	50
1,5 à 2	9	12
2 à 5	65	65
5 et +	–	2

MATÉRIEL	EN PROP.	EN COPROP.
Tracteurs	134	5
Mois. Bateuses	26	13
Tonnes à lisser	44	11

SUCCESSEUR (C.E. X de plus de 50 ans en exploitation individuelle)

- Successeur : 37
- Pas de successeur : 31
- Sans réponse : 20

Fiche 62

Tableau n° 1

		1970		1979		1988
S.A.U (en ha)						
nombres de fermes	de 1 à 10 ha					
	de 10 à 20 ha					
	de 20 à 35 ha					
	de + de 35 ha					
	Total					
superficie moyenne d'une ferme (en ha)						

Tableau n° 2

	1970		1979		1988
céréales					
cultures fourragères					
dont maïs					
pommes de terre					
S.A.U					

Fiche 63

Fiche 64

Tableau n° 3

	1970		1979		1988
Bovins					
dont vaches laitières					
porcins					
poules + poulets					
poulets de chair					
dindes					
canards					

Je découvre l'industrie à partir de l'étude d'une entreprise de ma région[1]

SÉQUENCE 1
ÉVALUATION DES CONNAISSANCES INITIALES DES ENFANTS
ET ÉMERGENCE DE LEURS REPRÉSENTATIONS

Réflexions par petits groupes :

– Qu'est-ce qu'une usine ?

– À quoi sert une usine ?

– Comment étudier une usine ?

Synthèse collective des idées recueillies. Pistes de recherche : nécessité d'étudier les locaux (apprécier leur caractère fonctionnel), les machines, le personnel, la production et la commercialisation des produits...

Élaboration du questionnaire d'enquête.

SÉQUENCE 2
VISITE D'UNE USINE
(AVEC GUIDE-ENQUÊTE) (Fiche 66)

SÉQUENCE 3
EXPLOITATION DE LA VISITE

Classe entière :

– dépouillement des réponses au questionnaire.

– apport d'informations complémentaires (maître, documentation).

Répartition des enfants en plusieurs groupes qui travaillent sur : les locaux, le personnel, la production, la commercialisation des produits.

SÉQUENCE 4
SYNTHÈSE ORALE PUIS ÉCRITE (Fiches 67 et 68). ÉVALUATION

SÉQUENCE 5
EXTENSION HISTORIQUE, RECONSTITUER L'HISTOIRE DU SECTEUR INDUSTRIEL ÉTUDIÉ
CONSTRUIRE UNE FRISE CHRONOLOGIQUE

SÉQUENCE 6
COMMUNICATION ORALE ET SOUS FORME DE GRANDS PANNEAUX

---

1. D'après un travail réalisé par Nicole Thersen et Patrick Rebillet, instituteurs en Ardèche.

Fiche 66

Guide enquête

1. Quelle est la date de création de l'usine ?
2. Pourquoi a-t-on choisi cet emplacement ?
3. Les locaux ont-ils été agrandis ? oui, quand ?, pourquoi ? non. Existe-t-il des projets d'agrandissement ?
4. Quelle est la fonction de chaque bâtiment ?
5. Quel est le nombre d'employés ?

nom de l'emploi	nombre d'hommes	nombre de femmes

6. Combien y avait-il d'employés lors de la création de l'usine ?
7. Dans les années à venir, le nombre d'employés est-il appelé à augmenter ou diminuer ?
8. Quels sont les horaires de travail des ouvriers ?
9. Travaille-t-on à la chaîne ?
10. Quels sont les produits fabriqués par l'usine ?
11. Quelles sont les matières premières utilisées ?
12. D'où proviennent-elles ?
13. Par quels moyens de transport sont-elles acheminées ?
14. Quelles sont les différentes étapes de la fabrication des produits ?
15. Où sont vendus les produits fabriqués ?
16. Quelle a été l'évolution de la production depuis la création de l'usine ?
17. Est-il possible de prévoir son évolution future ?
18. Origine des employés (nationalité, lieu et conditions de résidence...) ?
19. L'usine est-elle affiliée à un groupe industriel ?
20. L'usine a-t-elle connu, ou connaît-elle des difficultés économiques ?
21. L'usine a-t-elle connu, ou connaît-elle des problèmes sociaux : licenciements, grèves ?

Fiche 67

Le fonctionnement de l'entreprise

Différents domaines observables	Sous-objectifs visés	Tâches proposées	Extensions possibles
Les locaux	• Savoir représenter ces locaux • Connaître les différents éléments qui constituent cette entreprise	→ Faire un dessin, un plan un montage, une photo	
	• Analyser l'implantation de ces locaux par rapport aux voies de communication	→ Sur une carte du département situer l'usine et colorier les différentes industries	→ Même travail sur la carte de la France Localisation des principaux foyers
	• Apprécier le caractère fonctionnel de ces locaux • Prendre conscience de l'évolution de ces locaux depuis leur existence • Évolution des modes de fabrication	→ Noter les différentes dates de construction des bâtiments Fonction de chaque bâtiment	Évolution des ateliers dans des usines de secteurs différents
Le personnel	• Analyser la vie de l'usine par rapport à l'évolution du nombre d'employés • Découvrir les différentes catégories de personnels Répartition par sexe, âge, qualification…	→ Noter ces catégories, expliquer leurs responsabilités Faire un organigramme	
	• Découvrir les différentes origines géographiques du personnel	→ Noter les différentes origines	→ Les travailleurs immigrés Les gens bougent pour trouver du travail
La production	• Connaître les différentes étapes de fabrication du produit	→ Faire un schéma simplifié	
	• Étudier l'évolution de la production	→ Construire une courbe représentant cette évolution	
	• Étudier l'écoulement des produits	→ Carte représentant les différentes directions prises par le produit, quantités	→ Importation Exportation
	• Connaître les matières premières nécessaires à la fabrication des produits • Connaître l'énergie utilisée	→ Les énumérer, indiquer leur provenance (carte)	

Fiche 68

L'entreprise et son système économique

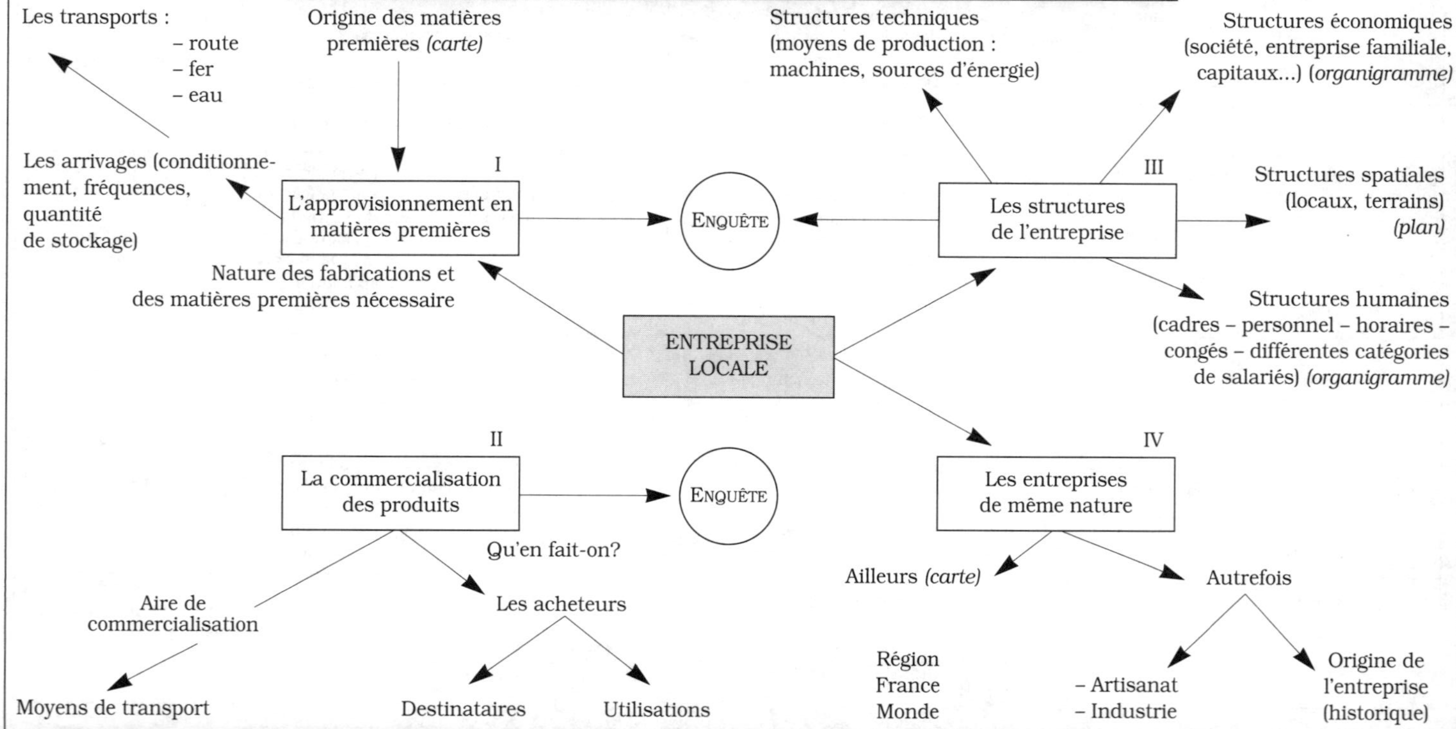

Je découvre le commerce à partir de l'épicerie locale[1]

DÉTERMINATION PAR LES ENFANTS DES DIFFÉRENTS COMMERCES SITUÉS DANS LEUR QUARTIER

• **Enquête**

Réalisation d'un tableau sur lequel on fait figurer les commerces et les produits vendus.

Les commerces sont localisés (légende) sur le plan du quartier.

Certains commerces font-ils défaut dans le quartier ?

Plusieurs commerces de même nature existent-ils dans le quartier ?

ÉTUDE DE L'UN DES COMMERCES DU QUARTIER

• **Épicerie**

Localisation de l'épicerie, sa situation dans le quartier (type de rue, proximité d'autres commerces....)

Visite de l'épicerie :

– Observation du magasin : dimension, disposition, nombre d'employés, nature des produits vendus, rangement de ces produits, circuit des clients.

– Entretien avec la personne responsable du magasin : origine des produits, produits les plus vendus, comment se fait l'approvisionnement ? (périodicité, moyens de transport). Fréquentation du magasin (nature de la clientèle, horaires, périodicité...) Questions et réponses sont enregistrées.

Exploitation de la visite :

– Classement des produits vendus : ce qui conduit à distinguer les produits frais, les conserves, les produits secs, les boissons, les produits alimentaires....

– Les réponses aux questions sur l'origine des produits permettent d'approcher deux notions importantes :

• celle d'organisation du système commercial : transporteur, grossiste.

• celle de chaîne de transformation.

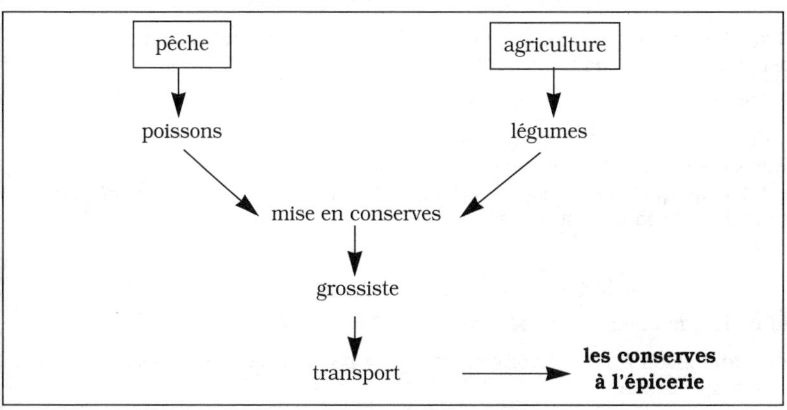

Fiche 69

DÉTERMINATION DES PRINCIPAUX CENTRES D'APPROVISIONNEMENT DE LA VILLE

(enquête auprès des parents : où font-ils leurs achats ? magasins et rues)

Établissement de la liste des centres d'approvisionnement : commerçants du quartier, marchés, commerçants du centre ville, grandes surfaces, achats par correspondance.

Localisation sur le plan de la ville (légende)

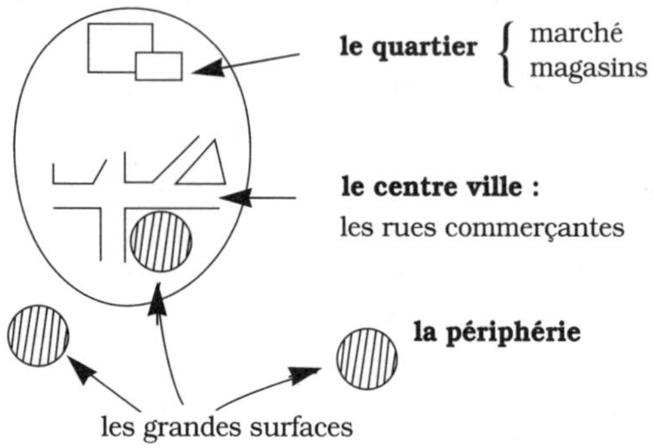

En fonction de quoi les parents opèrent-ils leur choix ? (distance, attractivité du centre d'approvisionnement ? ...)

Nature des achats réalisés dans ces différents centres.

Périodicité des visites dans les différents centres d'approvisionnement.

1. D'après *Recherches pédagogiques*, n°93, I.N.R.P.

Fiche 70

Je prends conscience de la catastrophe écologique que représentent les incendies de forêts (CM2)[1]

PRISE DE CONSCIENCE GLOBALE DU PROBLÈME

À la suite de l'incendie de la calanque de Morgion, près de Marseille, les élèves débattent des incendies de forêt.

– Mise à jour des représentations.

– Émission d'hypothèses sur les causes de ces incendies, les conditions de leur développement, les moyens à mettre en œuvre pour les combattre et leurs conséquences écologiques. Les différents domaines d'investigation du sujet d'étude sont ainsi définis.

LES INCENDIES DE FORÊT DÉTRUISENT LA NATURE

• Sortie à la calanque de Morgion

– Comparaison du milieu originel (forêt de pins) et de ce même milieu, après le passage du feu.

Dans le milieu non atteint, les enfants constatent la stratification de la forêt et le rôle protecteur des différentes couches de végétation, contre la chaleur, un ensoleillement excessif, le dessèchement.

En revanche, dans la zone ravagée par le feu, la terre est chaude, sèche et dure quand on la touche. Les enfants n'ont aucun mal à comprendre, que pour que la couche d'humus, riche en végétaux (graminées, plantes rares, lichens, mousses...) et en animaux, se reconstitue, il faudra que la forêt ait repoussé, ce qui demandera beaucoup de temps.

– Visite d'une région qui a brûlé il y a une dizaine d'années (avant la naissance des enfants). Une garrigue, faite d'arbustes épineux, occupe l'espace. Des pins hauts de 1m 20 à 1m 50 commencent à peine à dépasser les buissons de chênes Kermes. L'herbe est rare sous les buissons. La fraîcheur est moins grande que sous les mêmes buissons en forêt. On prend conscience du temps qu'il faut pour que le reboisement naturel s'effectue.

• **Conclusion**

Les enfants au cours de cette sortie ont compris :

– Que la réalité est organisée d'une certaine façon, et que cette organisation correspond à des besoins déterminés chez les êtres vivants.

– Que la végétation peut modifier les conditions de vie dans un milieu donné, en agissant sur plusieurs facteurs de ce milieu, permettant ainsi la présence d'espèces qui, sans elle, ne pourraient s'y développer.

– Que l'homme, par des actions inconsidérées, ne détruit pas seulement la végétation, mais également l'organisation naturelle à laquelle celle-ci est intégrée (l'écosystème).

La problématique se met ainsi peu à peu en place.

Les causes des incendies de forêt

• **Informations fournies par la protection civile**

– Causes humaines (grande fréquentation)

– Causes topographiques (difficultés d'accès)

– Causes climatiques (intensité du vent, de la sécheresse)

– Causes botaniques (essences végétales particulièrement inflammables).

L'accroissement des risques d'incendie est donc dû en partie à l'essor du tourisme, mais également à l'exode rural (entretien insuffisant et moindre protection des forêts).

La lutte contre les incendies de forêts

Visite au centre de protection civile et militaire de Valabre, qui organise la lutte contre les incendies de forêts pour le Sud de la France et la Corse.

Les enfants assistent à la mise en œuvre du dispositif de lutte contre l'incendie – qui est fonction de l'importance du feu, de la météo, de la sécheresse du sol, du nombre d'habitations menacées..., – depuis la décision du responsable du centre, jusqu'à l'arrivée des canadairs sur le lieu de l'incendie.

AFFINEMENT DE LA PROBLÉMATIQUE

• **Mise en évidence des relations existant entre les facteurs en cause**

– Interaction entre sécheresse et incendies de forêts.

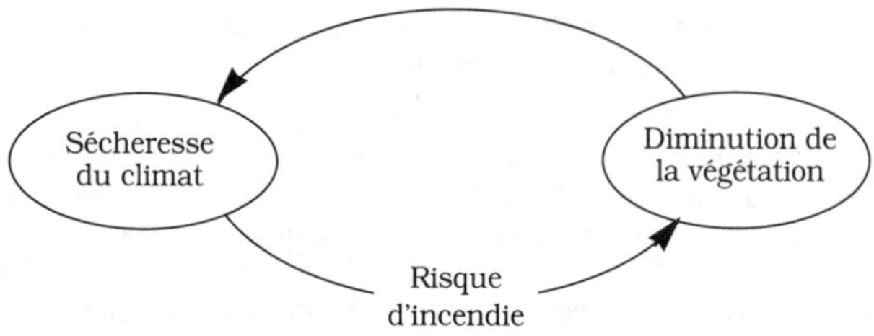

– En ce qui concerne la coordination des secours, trois éléments sont étroitement liés : relation entre information/décision/mise en œuvre, structure de fonctionnement, paramètre pris en compte.

• **Recherche d'un point de vue global**

La mise en évidence de ces réactions en chaîne conduit les enfants :

– À concevoir la complexité : dans les causes des incendies de forêts, dans leurs effets, dans les moyens d'intervention, dans la relation entre facteurs et effets, dans les conditions du développement de l'incendie.

– À dégager la conception d'un seuil de dégradation végétale (désertification) au-delà duquel il devient impossible de rétablir les équilibres antérieurs.

Quant à l'examen des causes et des moyens de lutte, il peut amener les enfants à concevoir :

– Que la prévention joue un rôle déterminant contre les incendies de forêts, et qu'elle-ci englobe leur propre comportement ;

– Qu'elle comporte des aspects multiples : information, éducation, protection du milieu par divers moyens, etc.

1. D'après *Activités d'éveil au cycle moyen, fiches d'accompagnement des instructions officielles*, octobre – décembre 1981, n°1, C.N.D.P.-Direction des Écoles, pp. 6-8.

Bibliographie

A. ANDRÉ, *L'expression géographique, cartes et diagrammes*, Paris, Masson, 1980.

Y. ANDRÉ, A. BAILLY, R. FERRAS, j.-P. GUÉRIN, H. GUMUCHIAN, *Représenter l'espace. L'imaginaire spatial à l'école*, Anthropos, 1989.

Y. ANDRÉ, A. BAILLY, M. CLARY, R. FERRAS, J.-P. GUÉRIN, *Modèles graphiques et représentations spatiales*, Anthropos-Reclus, 1990.

A. BAILLY, *Les concepts de la géographie humaine*, Paris, Masson, 1984.

F. BEST, F. CULLIER, A. LEROUX, *Pratiques d'éveil en histoire et géographie à l'école élémentaire*, Paris, Armand Colin-Bourrelier, 1983.

N. BROC, « L'établissement de la géographie en France : diffusion, institution, projets (1870-1890) », *Annales de géographie*, n° 459, 7 octobre 1974.

R. BRUNET, *La carte mode d'emploi*, Fayard-Reclus, 1987.

V. CHAGNY, *Initiation à la géographie*, Paris, Armand Colin, 1958.

M. CLARY, G. DUFAU, R. DURAND, R. FERRAS, *Cartes et modèles à l'école* (préface de A. FRÉMONT), Montpellier, Reclus, 1987.

P. CLAVAL, *La nouvelle géographie*, Paris, PUF, coll.*Que sais-je ?*, 1982.

R. CLOZIER, *La géographie, discipline de convergence et de synthèse, Cahiers pédagogiques*, n°4, 1er février 1958.

J. CRESSOT et A. TROUX, *La géographie et l'histoire locale*, Paris, Colin-Bourrelier.

M.-L. DEBESSE – ARVISET, « Contestation géographique : récitation d'une nomenclature ou formation d'une notion d'espace géographique », *Les Sciences de l'éducation*, n°4, octobre-décembre 1969.

DEBESSE-ARVISET, « Une nouvelle géographie », *L'éducation*, n° 172, 5 avril 1973.

M.-L.DEBESSE-ARVISET, *La géographie à l'école*, Paris, P U F, coll. *Sup*, 1969.

A. DEMANGEON, *Du rôle de la géographie dans l'enseignement. La géographie*, Paris, Bourrelier, 1953.

J. DRESCH, « Crise de la géographie », *La Pensée*, n° 194, août 1977.

J. DRESCH, « Les tendances de la géographie française », *L'Éducation nationale*, n° 28, octobre 1957.

J. Dresch, « Réflexion sur l'enseignement de la géographie », *Perspectives*, vol IX, n°3, 1979.

P. Dupuy, La géographie dans l'enseignement primaire, *Revue de géographie*, septembre 1889.

Enseignement de la géographie à l'école primaire (L'), compte rendu des journées franco-belges, 1956, Lille, CRDP, 1966.

Enseignement de la géographie (L.), Petit guide à l'usage des maîtres, Paris, UNESCO, 1952.

Enseigner la géographie du collège au lycée. Journées d'études nationales 3 au 6 juin 1991 - Amiens, organisées par l'Inspection générale de l'Éducation nationale, Histoire et géographie. Amiens, C.R.D.P. de Picardie 1992.

Enseigner l'histoire et la géographie. Un métier en constante rénovation. Mélanges offerts à Victor et Lucile Marbeau, A.F.D.G., 1992.

Histoire de l'enseignement géographique (L') », *Revue de géographie*, juillet 1987.

Histoire et géographie à l'école élémentaire. Pour une mutation », Paris, I.N.R.P., coll. *Rencontres pédagogiques*, n°13, 1986.

Histoire et géographie : des didactiques dans tous leurs écarts, formation des instituteurs aux didactiques par la recherche, Paris, I.N.R.P., coll. *Rencontres pédagogiques*, n°26, 1989.

J.-P. JESSENNE, J.-P. MAIRESSE, *Histoire et géographie, pour un enseignement cohérent de la maternelle au CM2*, Lille, C.R.D.P. , 1987.

M. LEBERRE, « Aspects nouveaux de la géographie française », *L'Information régionale*, Grenoble, C.R.D.P., n°37, 1981.

J. Maréchal, M. Presle, «L'histoire et la géographie d'hier à aujourd'hui, école élémentaire», *Historiens et géographes,* n°274, juillet 1979.

J. Maréchal, «La géographie à l'école élémentaire», *l'Éducation,* n° 56, février 1970.

A. Merlier, «La place de l'histoire-géographie à l'école primaire?» *Bulletin de la société française de pédagogie,* n°119, janvier 1957.

A. Moles, E. Rohmer, *Psychologie de l'espace,* Paris, Casterman, 1972.

L.-R. et M. Nougier, *L'enfant et la géographie,* Paris, PUF, 1952.

S. Nouaille, «Pour une géographie vraiment concrète», Dossier *l'École et la vie,* n°2 novembre 1981.

Ph. Pinchemel, *Lire les paysages,* la Documentation photographique, n°6088, 1987.

Ph. Pinchemel, La géographie et l'enseignement, *Cahiers pédagogiques,* n°4, 1er février 1958.

– L. Promeyrat,«Du contrôle de mémoire au contrôle d'intelligence», *Pédagogie,* n°8, octobre 1970.

Quatrième rencontre nationale sur la didactique de l'histoire, de la géographie, des Sciences économiques et sociales, 8,9 et 10 mars 1989, Actes du colloque : Savoirs enseignés – Savoirs acquis, Paris, I.N.R.P., 1989.

Rencontre nationale sur la didactique de l'histoire et de la géographie, 21 et 22 janvier 1986, Actes du Colloque, Paris, I.N.R.P., 1986.

C. Rhein, «La géographie, discipline scolaire», *Revue française de sociologie,* avril-juin 1982.

J. Richard, «La perception de l'espace géographique à l'école élémentaire», *L'École libératrice,* n°15, 19 janvier 1979.

A. Ripart, *Géographie et histoire à l'école élémentaire,* Nice, CRDP, 1985.

J. Scheibling, «Débats, combats sur la *crise* de la géographie en France», *La Pensée,* n°194, août 1977.

Seconde rencontre nationale sur la didactique de l'histoire et de la géographie, 18, 19 et 20 mars 1987, Actes du Colloque, Paris, I.N.R.P., 1987.

L. Tirone, M. Joannon, *Pour une approche didactique de la gégraphie,* Aix-Marseille, C.R.D.P., Institut de géographie, 1988.

A. Troux, *La géographie et l'histoire locale. Guide pratique pour l'étude du milieu,* Paris, J.-B. Baillere, 1972.

G. Viers, «Réflexions sur la géographie en France», *La Pensée,* n°194, août 1977.

Index des fiches techniques

Documents

Fiches pédagogiques

Index alphabétique des fiches

Index des noms cités

Pédagogies pour demain

Références
L'École du dedans, Georges Lerbet
Le Métier d'élève, René La Borderie
La Conversation enfantine, Jean-François Simonpoli
Agir pour la réussite scolaire, Daniel Pasquier
Les Manuels scolaires, histoire et actualité, Alain Choppin

Nouvelles approches
Le Projet d'établissement, Jean-Pierre Obin, Françoise Cros
Pédagogie différenciée, Halina Przesmycki
Des Méthodes pour mieux s'organiser, Roger Monti
Aider les élèves à apprendre, Gérard de Vecchi
Travailler en équipe, Pierre Mahieu
Corriger des copies, Odile et Jean Veslin
Enseigner en modules, Françoise Clerc

Centres de ressources
Le C.D.I. au cœur du projet pédagogique, Jacqueline Bayard-Pierlot, Marie-José Birglin

Didactiques premier degré
Évaluer les écrits à l'école primaire, Groupe EVA, I.N.R.P.
Apprendre à lire comme on apprend à parler, Marie-Joëlle Bouchard
Apprendre à communiquer, Jean-François Simonpoli
Didactiques de l'orthographe, Jean-Pierre Jaffré (I.N.R.P.)
Enseigner le français à l'école, Carole Tisset, Renée Léon
Enseigner les mathématiques à l'école, Françoise Aberkane
Enseigner la géographie à l'école, Pierre Giolitto

Didactiques second degré
Enseigner le français. Pour qui? Comment?, Gilberte Niquet

Guides de l'éducation
Guide des métiers de l'éducation, ONISEP, René Dang
Guide du chef d'établissement, André Six
Guide du lycéen, Claude Coulon
Guide pour comprendre l'École, Yves Nazé, Odile Lugimbulh, Nicole Marty, Roger Monti, Dario Pellegrini

Former, organiser pour enseigner
Organiser des formations, André de Peretti
Droit de l'éducation, Claude Durand-Prinborgne

Imprimé en France par I.M.E. - 25110 Baume-les-Dames
Dépôt légal n° 5271-12/1994 - Collection n° 08 - Edition n° 03
17/0277/8